das Sketchnote ARBEITSBUCH

Ihr Zugangscode für die Videos zum Buch

MIT DEM UNTENSTEHENDEN CODE KÖNNEN SIE SICH DIE ENGLISCHEN VIDEOS ZUM BUCH ANSEHEN UND DIE ARBEITSBLÄTTER HERUNTERLADEN.

17E32E4B9C47

AF628590

SO GEHEN SIE VOR:

1. Gehen Sie zu **www.peachpit.com/join**, füllen Sie die Felder aus und klicken Sie auf **»Create Account«**, um ein Benutzerkonto zu erstellen.
2. Auf der folgenden Seite geben Sie rechts unter **»Digital Product Voucher«** Ihren Zugangscode ein und klicken auf **»Submit Your Code«**.
3. Unter Digital Purchases finden Sie nun das Video. Klicken Sie auf **»Watch Now«**, um zu den einzelnen Videos sowie zu den Arbeitsmaterialien zu gelangen.
4. Wenn Sie die englischen Arbeitsblätter herunterladen möchten, klicken Sie oben auf **»LESSON FILES & LINKS«**, dann auf **»Lesson Files«**. Der Download der Zip-Datei startet automatisch.
5. Sie können sich jederzeit wieder bei Peachpit anmelden, um die Videos erneut anzusehen.

SYSTEMVORAUSSETZUNGEN:

Mac OS X 10.6.8 oder höher mit Safari 5.1.9+, Firefox 21+ oder Chrome 29+ oder Windows XP oder höher mit Firefox 21+, Chrome 21+ oder IE8

LOB FÜR *DAS SKETCHNOTE ARBEITSBUCH*

„Die praktischen Übungen im *Sketchnote Arbeitsbuch* ermöglichen es jedem, auf einfache und amüsante Weise visuelle Notizen wirkungsvoll einzusetzen, sie einprägsamer und aussagekräftiger zu machen und Ideen vollständiger auszuarbeiten."
— Todd Henry, Autor von *Die Empty*

„Wenn Sie Ihre Ideen erfolgreich festhalten und kommunizieren möchten, sollten Sie dieses Buch lesen. Denn es ist nicht bloß ein Buch:
Es ist eine Blaupause für eine neue Denkweise und unglaublich wertvoll."
— Daniel Coyle, *The New York Times* Bestseller-Autor von
The Talent Code und *The Little Book of Talent*

„Mike hat eine Inspirationsquelle geschaffen, die jederman dazu anregt, seine Notizen auf ein neues Niveau zu bringen und passend für jede Lebenssituation Sketchnotes zu erstellen. Nach der Lektüre dieses Buches werden meine Rezepte und Reisetagebücher nie mehr so aussehen wie zuvor!"
— C.C. Chapman, Autor von *Amazing Things Will Happen*

„Mike Rohde möchten Ihnen eine einfache Idee vermitteln: Zeichnen fördert Denken.
Oder besser, Zeichnen IST Denken. Ich bin ganz seiner Meinung:
Stift und Papier verstärken unseren Denkprozess, wenn wir sie dazu einsetzen, das festzuhalten, was wir sehen, und zu reflektieren, was es bedeutet.
Dieses Buch wird Sie wie sein Vorgänger, *Das Sketchnote Handbuch*, nicht nur zu einem besseren Künstler, sondern auch zu einem besseren Denker machen.
— Alberto Cairo, Autor von *The Functional Art*

„Ich präsentiere Informationen als kommentierte Grafiken, daher halte ich Mikes Ansatz für sehr sinnvoll. Visuelle Darstellungen sind der Schlüssel, um Komplexität zu verstehen und die Kombination aus Bild und Text als Notizen ist immer effektiver als rein textliche Notizen. Manchmal sind sie sogar effektiver als die ursprüngliche Präsentation."
— Horace Dediu, Gründer von Asymco

„Menschen sind visuell! Wenn Sie also Ihre kreativen und kommunikativen Fähigkeiten erweitern möchten, um wichtige Geschäftsmeetings zu unterstützen und geniale Präsentationen zu halten, ist *Das Sketchnote Arbeitsbuch* eine der unterhaltsamsten und effektivsten Methoden, die ich dafür kenne."
— Mark Bowden, Präsident von TRUTHPLANE® Communication Training
und Autor von *Winning Body Language*

„Zu lernen, wie man die Welt in Bildern und Worten festhält, hat mein Leben verändert, aber es hat mich Jahre des Ausprobierens gekostet. Ich wünschte, ich hätte Mike Rohdes freigiebige Bücher als Anleitung gehabt!"
— Austin Kleon, Autor vom *The New York Times* Bestseller *Steal Like an Artist*

DAS SKETCHNOTE ARBEITSBUCH:
Fortgeschrittene Techniken zum Erstellen visueller Notizen

Mike Rohde
Übersetzung aus dem Englischen von Claudia Herling

Bibliografische Information der Deutschen Nationalbibliothek
Die Deutsche Nationalbibliothek verzeichnet diese Publikation in der Deutschen Nationalbibliografie; detaillierte bibliografische Daten sind im Internet über
<http://dnb.d-nb.de> abrufbar.

Bei der Herstellung des Werkes haben wir uns zukunftsbewusst für umweltverträgliche und wiederverwertbare Materialien entschieden.
Der Inhalt ist auf elementar chlorfreiem Papier gedruckt.

ISBN 978-3-8266-8493-7
1. Auflage 2015

www.mitp.de
E-Mail: mitp-verlag@sigloch.de
Telefon: +49 7953 / 7189 -079
Telefax: +49 7953 / 7189 -082

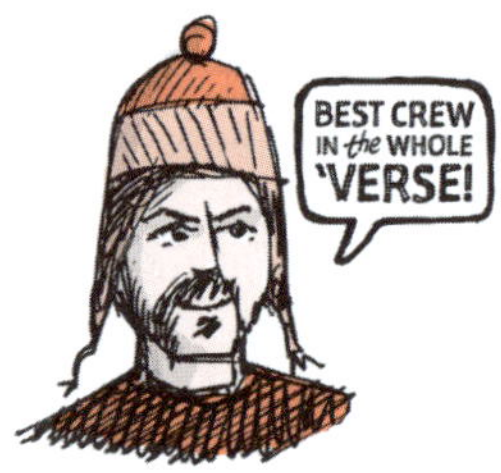

Lektorat: Sabine Schulz
Sprachkorrektorat: Marita Bähm
Satz: Claudia Herling, digitale frische
Cover- und Layoutdesign: Mike Rohde
Druck: Medienhaus Plump GmbH, Rheinbreitbach

klimaneutral
natureOffice.com | DE-077-529981
gedruckt

Dieses Buch widme ich Gail, Nathan, Linnea, Landon, Mom, Dad, meinen guten Freunden und der Community. Ich hätte dieses Buch nie ohne eure Unterstützung schreiben können.

Wir haben's geschafft!

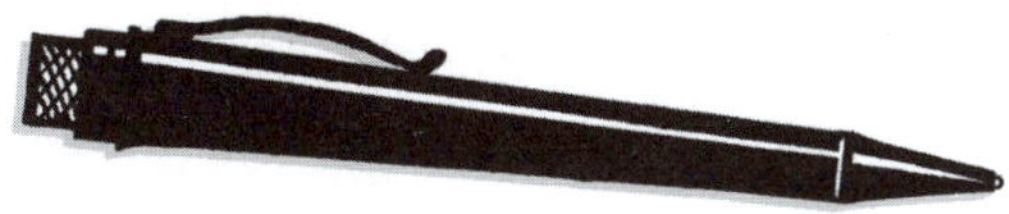

DANKSAGUNG

DAS SKETCHNOTE ARBEITSBUCH KAM GUT VORAN, bis ein medizinischer Notfall in meiner Familie auf der Hälfte des Weges alles auf den Kopf stellte. Dass Sie dieses Buch dennoch in den Händen halten, ist der großen Unterstützung des Netzwerks sowie den fantastischen Lektoren und Verlegern zu verdanken. Mein besonderer Dank gilt meiner Familie, meinen Freunden, Kollegen und der Sketchnote-Community, die uns unterstützten, als sich offenbar alles gegen uns verschworen hatte.

GAIL, du bist meine Inspiration. Wir mussten in dieser Phase unseres Lebens manch schwere Tage durchstehen, aber wir geben nicht auf. Danke für deine beständige und großartige Unterstützung bei all den Dingen, die mir am Herzen liegen. Ich liebe dich!

NATHAN, LINNEA UND LANDON, danke für eure Unterstützung bei meiner Arbeit an meinem zweiten Buchprojekt. Ich wünsche, dass euch meine Arbeit sehr stolz macht und es euch Spaß macht, Leuten zu erzählen, dass euer Vater ein paar ziemlich coole Bücher geschrieben hat.

NIKKI MCDONALD, danke für deinen treuen Beistand und dafür, dass du so hart mit mir an der Entstehung dieses zweiten Buches gearbeitet und stets an mich geglaubt hast. Trotz aller Herausforderungen, denen wir gegenüberstanden, hast du nicht aufgegeben. Ich bin sehr stolz darauf, mit dir zwei wunderbare und unvergleichliche Bücher auf den Weg gebracht zu haben.

JAN SEYMOUR, es war toll, dich zum Lektor zu haben. Du hast dich meinem Buch von Anfang an mit ganzem Herzen angenommen, und gemeinsam haben wir dieses Buch sogar besser als *Das Sketchnote Handbuch* gemacht. Danke, dass du mich auch in dunklen Stunden wieder aufgeheitert hast.

PEACHPIT, euer Team war wieder einmal meine Geheimwaffe. Ich danke Liz Welch für ihr Adlerauge, James Minkin für einen weiteren perfekten Index, Tracey Croom für ein wunderschönes Buch und Eric Geoffroy für sein Expertenwissen bei der Erstellung eines weiteren fantastischen Videos.

DAVID FUGATE, ich schätze deine fachkundige Beratung als mein Agent bei einem weiteren Buchprojekt. Danke, dass du jede verrückte Frage beantwortet hast, die mir in den Sinn kam.

BRIAN ARTKA, danke, dass du meine Story als Video erzählt hast und dass du ein so guter Freund warst. Du bist immer bereit, mich zu Bestleistungen zu motivieren. Ich würde mit niemandem sonst eine Story per Video erzählen wollen.

DELVE WITHRINGTON, vor vielen Jahren haben wir den Sketchnote-Font entwickelt, dies ist nun das zweite Buch, das damit gesetzt wurde. Danke, dass du mir damit die Buchproduktion so viel einfacher und eine Übersetzung in andere Sprachen so viel wahrscheinlicher gemacht hast.

GABE WOLLENBURG, danke für deinen Sinn für Humor und deine sofortige Bereitschaft, ein weiteres fabelhaftes Drehbuch für mein Video zu schreiben. Du bist der Größte!

STEPHEN MORK, Danke, dass du einen lustigen, ermunternden und tanzbaren Soundtrack geschrieben hast. Deine Musik gibt dem Video die perfekte positive Atmosphäre.

ERIC RESCH, JOE SORGE, MARK FAIRBANKS, CYNTHIA THOMAS, JON MUELLER, TOM & KATE GOMOLL UND CYNTHIA LEVAN, dass wir eure Räume im Arbeitsbuch-Video nutzen durften und so den Betrachtern zeigen konnten, was für ein cooler Ort Milwaukee doch ist.

VORGESTELLTE SKETCHNOTER: Don Pollitt, Jackie Pomeroy-Tso, Julie Stitt, Mauro Toselli, Chris Spalton, Sam „Pub" Smith und Doug Neill, danke, dass ihr eure Sketchnote-Reisen und Erfahrungen zur Verfügung gestellt habt, und für die Arbeit, die ihr investiert habt.

FREUNDE UND KOLLEGEN, danke für eure Kritik und das Feedback zu Buch und Video im Verlauf des Entstehungsprozesses. Dank eurer Hilfe ist es ein besseres Buch geworden.

AN DIE SKETCHNOTE-COMMUNITY, dieses Buch ist für euch. Danke für eure Sketchnote-Beiträge und eure große Unterstützung und Ermutigung während meiner Arbeit an diesem Buch. Ich kann es kaum abwarten, zu sehen, wie ihr diese neuen Ideen anwendet und verbessert!

HERZLICHEN DANK an meine Freunde Ralf Appelt, Carolin Kram, Oliver Bildesheim und Tanja „Frau Hölle" Cappell für die Bereitstellung von deutschen Sketchnotes in diesem neuen Arbeitsbuch. Ich schätze meine deutsche Sketchnote-Community sehr, da sie so tatkräftig und hilfsbereit die Community für sich und andere aufbauen.

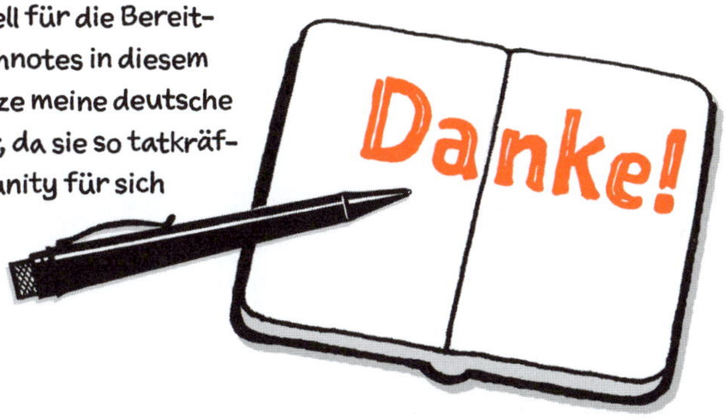

ÜBER DEN AUTOR

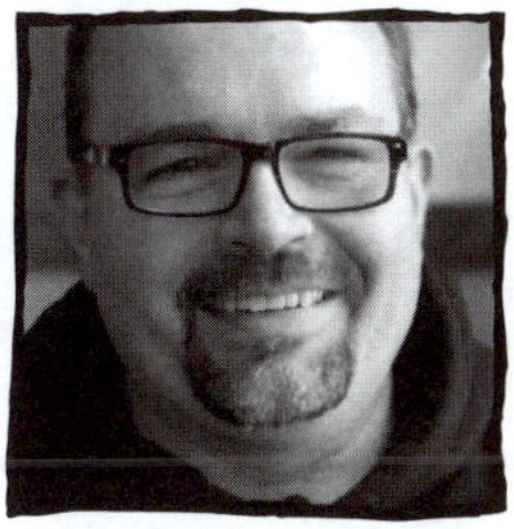

MIKE ROHDE hat eine Leidenschaft für einfache und nützliche Designlösungen. Diese Leidenschaft zusammen mit seiner lebenslangen Gewohnheit, Konzepte und Beobachtungen durch Skizzen und Kritzeleien festzuhalten, hat ihn inspiriert, Sketchnotes zu entwickeln — eine praktische Kunst, die einfache und komplexe Ideen in leicht zu merkende Informationshäppchen übersetzt.

Beruflich konzentriert sich Mike auf User Interfaces, User Experience, Visual Design und Icon Design für mobile und Webanwendungen bei *Gommoll Research + Design* in Milwaukee, Wisconsin.

Mikes beliebtes erstes Buch, *Das Sketchnote Handbuch*, überzeugt täglich weltweit Menschen, Sketchnoter zu werden. Es wurde bereits ins Deutsche, Russische, Chinesische und Tschechische übersetzt und leitet seine Leser an, ihre natürlichen visuellen Fähigkeiten für die Erstellung von Sketchnotes einzusetzen — Notizen, die Spaß machen und leichter verständlich sind.

In öffentlichen Vorträgen auf Veranstaltungen in den gesamten Vereinigten Staaten vermittelt er seine Leidenschaft für Sketchnotes, Skizzieren und visuelles Denken.

Bei seiner Illustrationstätigkeit setzt Mike seinen besonderen Zeichenstil ein, um Ideen hervorzuheben und zu verdeutlichen. Seine Arbeiten fanden Einsatz in *REWORK* und *REMOTE*, zwei Bestsellern von Jason Fried und David Heinemeier Hansson; *The $100 Startup*, einem Bestseller von Chris Guillebeau; und *The Little Book of Talent* von Daniel Coyle.

Community und Sharing sind wichtige Ecksteine von Mikes Philosophie, wie die Erstellung von *The Sketchnote Army* beweist, einer Website, die Sketchnotes und ihre Erzeuger aus der ganzen Welt vorstellt.

Auf seiner persönlichen Website, **rohdesign.com**, stellt Mike seit 2003 seine Ideen, seinen Designprozess und Beispiele seiner Entwürfe und Illustrationsarbeiten vor.

Mike lebt mit seiner Frau Gail und seinen Kindern Nathan, Linnea und Landon in der Nähe von Milwaukee. Er ist ein begeisterter Fan der Green Bay Packers.

Mehr über Mike erfahren Sie auf **rohdesign.com**.

INHALT

Kapitel 1

SKETCHNOTE-SCHNELLEINSTIEG & ÜBERBLICK 2

Was sind Sketchnotes, aus welchen Elementen bestehen sie, und mit welchen Techniken und Ansätzen kann man Ideen in Worten und Bildern darstellen?

Kapitel 2

IDEENFINDUNG MIT SKETCHNOTES 14

Sketchnotes eignen sich hervorragend, um Ideen festzuhalten – ob Sie allein arbeiten oder im Team. Im Verlauf der Ideenfindung helfen Ihnen Sketchnotes dabei, Ideen auszuarbeiten und spielerisch zu erforschen.

Kapitel 3

IDEEN-MAPPING MIT SKETCHNOTES 38

Sketchnotes stehen nicht zwangsläufig am Ende des visuellen Denkprozesses. Sie können Sketchnotes auch als wertvollen Zwischenschritt mitten im Projekt einsetzen, um Informationen zu analysieren und besser zu verstehen.

Kapitel 4

PLANEN MIT SKETCHNOTES 66

Sketchnotes helfen bei der Planung: Verwenden Sie Sketchnotes, um Projekte wie einfache To-do-Listen, Familienurlaube und Arbeitsaufträge visuell vorauszuplanen.

Kapitel 5

DOKUMENTATION MIT SKETCHNOTES 92

Mit Sketchnotes können Sie auf effektive Weise Informationen in prägnanten visuellen Dokumenten darstellen und so Abläufe und Ideen vermitteln.

Kapitel 6

REISEERLEBNISSE MIT SKETCHNOTES 112

Sketchnotes sind eine unterhaltsame Methode, mithilfe von Zeichnungen, Text, Typo und anderen Elementen erinnerungswürdige Reiseerlebnisse festzuhalten und zu dokumentieren.

Kapitel 7

KULINARISCHE SKETCHNOTES 132

Dokumentieren Sie mit Zeichnungen, Typo und Text köstliche Mahlzeiten als Sketchnotes. Halten Sie Ihre schönsten kulinarischen Erlebnisse fest, um sich daran zu erfreuen und mit anderen zu teilen.

Kapitel 8

FILME, TV & MEDIEN MIT SKETCHNOTES 144

Mithilfe von Sketchnotes lässt sich die Handlung von Filmen, Serien und anderen Medien aufbereiten, vermitteln und festhalten.

Kapitel 9

SKETCHNOTE-TIPPS & -TECHNIKEN FÜR FORTGESCHRITTENE 168

Hier biete ich eine Sammlung von Tipps & Techniken für Fortgeschrittene an, um Ihre Sketchnote-Fähigkeiten auf das nächste Level zu katapultieren.

EINFÜHRUNG

VOR ANDERTHALB JAHREN KAM DAS SKETCHNOTE HANDBUCH HERAUS. Ehrlich gesagt war ich vor der Veröffentlichung sehr nervös. Ich hatte keine Ahnung, wie mein erstes Buch ankommen würde.

Junge, lag ich mit meinen Sorgen falsch! Das Sketchnote Handbuch wurde von seinen Lesern von Beginn an mit Begeisterung aufgenommen. Ich erhielt einen konstanten Zulauf positiver Social-Media-Kommentare, ermutigende E-Mails und mehr positive Buchkritiken, als ich mir hatte vorstellen können. Es war eine unglaubliche Erfahrung.

Einladungen für Auftritte in Podcasts trudelten ein, während Kritiken auf Blogs und Websites gepostet wurden. Innerhalb weniger Monate musste Peachpit Press aufgrund der guten Verkäufe weitere Ausgaben der Video-Edition des Handbuches herausgeben.

Verlage in Deutschland und Russland lizenzierten und druckten Übersetzungen des Handbuches, die dort ebenfalls erfolgreich wurden. Ihnen folgten Verlage in Tschechien und China.

Ich hielt Vorträge in Portland, Austin, San Antonio und Chicago und verkaufte sämtliche Exemplare meines Buches, die ich dabeihatte. Ich war aus dem Häuschen, als Moleskine anbot, eine limitierte Auflage von maßgeschneiderten Skizzenbüchern für die SXSW in Austin zu erstellen.

Alles, was ich denken konnte, war: „Wow, dieses Buch ist ein Hit!" Immer noch erhalte ich positives Feedback von Leuten auf der ganzen Welt.

Warum so viele positive Rückmeldungen? Geschäftsinhaber, Berater, Designer, Entwickler, Autoren, Ärzte, Lehrer, Studenten und Eltern erzählen mir, wie mein Sketchnote Handbuch ihre Denkweise verändert hat. Viele hat es ermuntert, sich intensiver mit den Ideen, die sie sehen und hören, zu beschäftigen.

Viele Leute erklären mir, dass Sketchnotes ihnen die Freiheit und Flexibilität geben, mit Ideen zu spielen, und es ihnen ermöglichen, sinnvolle visuelle Dokumente zu erzeugen, die ihnen helfen, Ideen und Erlebnisse besser zu verstehen und zu erinnern.

Der konstante Zustrom an positivem Feedback gepaart mit dem Wunsch, weitere Anwendungen von Sketchnotes zu vermitteln, inspirierten mich, *Das Sketchnote Arbeitsbuch* zu schreiben.

WAS IST *DAS SKETCHNOTE ARBEITSBUCH?*

Sobald Leser bei Meetings oder Konferenzen Notizen erstellen, können sie Sketchnote-Techniken unmittelbar anwenden und den großen Nutzen des Ansatzes verstehen. Hunderte von Sketchnotes, die ich seit der Veröffentlichung des Handbuches gesehen habe, bezeugen dies. Aber es gibt noch viele weitere Methoden, wie man Sketchnotes anwenden kann, die ich hier gerne vermitteln möchte.

Als altgedienter Designer verwende ich Sketchnotes zur Ideenfindung und zum täglichen Ideen-Mapping. Seit Jahren erstelle ich auf Reisen und zu besonderen

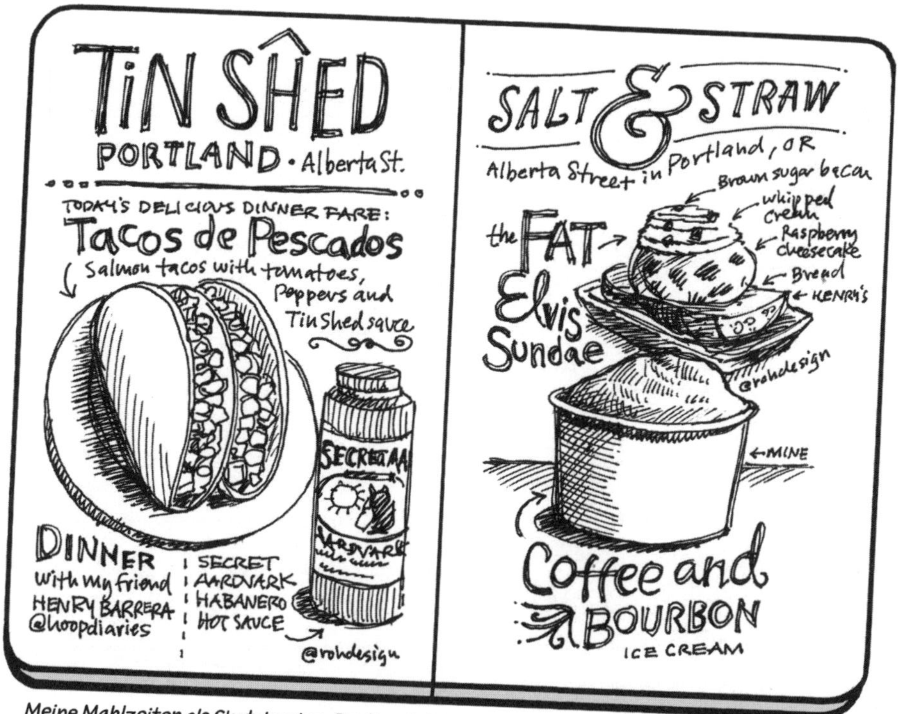

Meine Mahlzeiten als Sketchnotes, Portland, Oregon

kulinarischen Momenten Sketchnotes, die mich später zu erinnerungswürdigen Erlebnissen zurücktransportieren.

Aber es geht nicht nur mir so. Freunde in der Sketchnote-Community zeigen ständig, wie sie mit Sketchnotes Prozesse dokumentieren, Projekte planen und Ideen von Büchern, Filmen, Serien und Sportereignissen festhalten.

Ich habe von Mitstreitern in der Sketchnote-Community Techniken gelernt und gesammelt und auf den richtigen Moment gewartet, um diese zu teilen. Dieses Arbeitsbuch ist voll neuer Sketchnote-Ideen, bietet jede Menge Arbeitsblätter und eine Reihe von Übungen, die dazu dienen, Ihre Sketchnote-Fähigkeiten rapide zu verbessern.

Ich hoffe, Sie fühlen sich nach der Lektüre dieses Buches inspiriert, neue Sketchnote-Ideen auszuprobieren. Ich würde mich freuen, zu sehen, wie Sie erweiterte Zeichentechniken anwenden, um schwierigere Sketchnote-Aufgaben anzugehen, die Sie — bisher — vermieden haben.

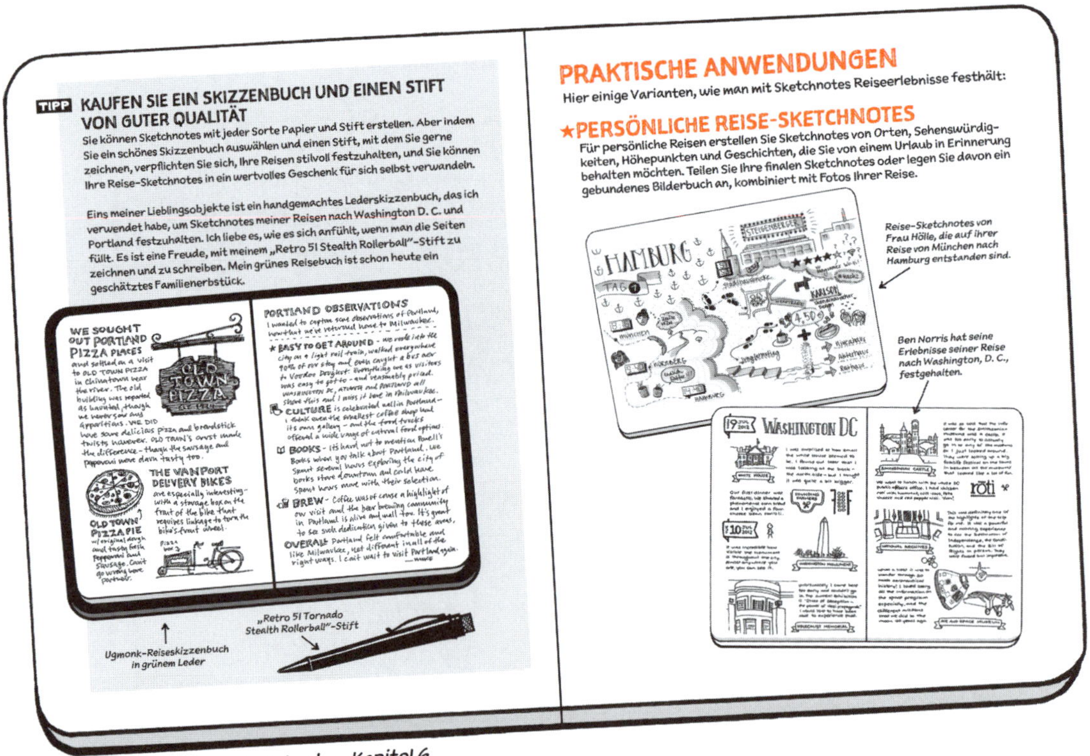

Das Sketchnote Arbeitsbuch — Kapitel 6

WIE MAN MIT DIESEM BUCH ARBEITET

Ich habe dieses Buch so entworfen, dass man es in einem Durchgang genießen oder als Nachschlagewerk verwenden kann, in dem man querbeet springt. Entscheiden Sie, was Ihnen mehr liegt! Experimentieren Sie, bis es zu Ihrem Arbeitsstil passt.

Die Ideen in diesem Buch dienen der Wiederholung und Verbesserung. Arbeitsblätter und Übungen im Buch sind nicht starr und haben auch nicht nur eine mögliche Lösung. Stattdessen sollten Sie dieses Buch und seine Übungen als Experimente und nicht als Aufträge betrachten. Genießen Sie es, zu spielen und zu forschen!

DIE SKETCHNOTE-COMMUNITY

Teilen Sie Ihre Arbeit mit der Sketchnote-Community, wenn Sie mit diesem Buch arbeiten. Hier ist jeder willkommen und findet Ermutigung! Starten Sie mit der *The Sketchnote Handbook* Flickr-Gruppe, **flickr.com/groups/thesketchnotehandbook** und schauen Sie dann bei *The Sketchnote Army*, **SketchnoteArmy.com** vorbei.

Sie werden die Arbeiten von vielen anderen sehen, die Sie inspirieren und anspornen werden. Ich würde mich freuen, wenn Sie mitdiskutieren!

SAGEN SIE HALLO

Machen Sie mit und sagen Sie Hallo. Stöbern Sie in meinen Sketchnotes, lesen Sie, was ich schreibe, und abonnieren Sie meinen kostenlosen Newsletter auf **rohdesign.com**. Ich bin auch ein sehr aktiver Twitter-User, Sie finden mich unter **twitter.com/rohdesign**.

Ich freue mich darauf zu hören, wie Sie die Ideen des Arbeitsbuches anwenden und auf welche Ideen Sie für die Anwendung von Sketchnotes in Ihrem eigenen Leben gekommen sind.

OKAY, GENUG GEREDET — JETZT IST ZEIT FÜR ACTION.
SCHNAPPEN SIE SICH NOTIZBUCH UND STIFT.

LASSEN SIE UNS EIN PAAR NOTIZEN MACHEN!

ROCK & ROLL!

TEIL 1: DIE GRUNDLAGEN

Kapitel 1

SKETCHNOTES

SCHNELLEINSTIEG & Überblick

Finden wir heraus, was Sketchnotes sind, aus welchen Elementen sie bestehen, und lernen die Techniken und Ansätze kennen, um Ideen festzuhalten und in Worten und Bildern darzustellen.

IN MEINEM ERSTEN BUCH,

***Das Sketchnote Handbuch*,**
habe ich die Idee von Sketchnotes vermittelt, indem ich eine Anleitung für Einsteiger geschrieben habe: was sie sind, wie man sie erstellt und warum man sie erstellt.

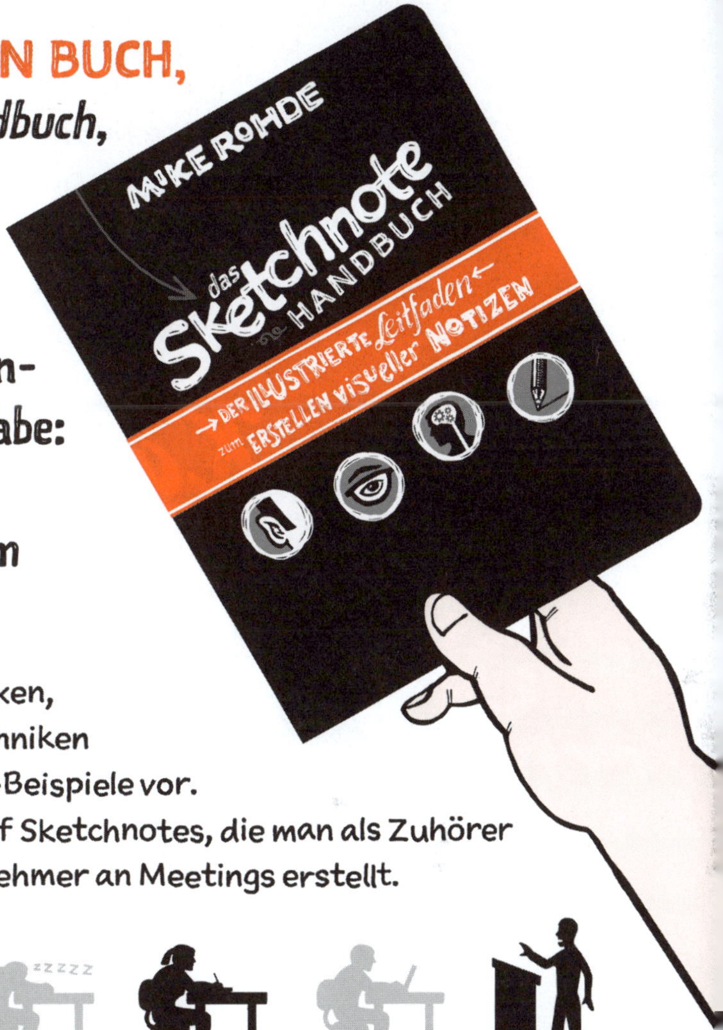

Ich beschrieb Zuhörtechniken, Zeichen- und Lettering-Techniken und stellte viele Sketchnote-Beispiele vor. Das Hauptaugenmerk lag auf Sketchnotes, die man als Zuhörer von Vorträgen oder als Teilnehmer an Meetings erstellt.

IN DIESEM KAPITEL WERDE ICH DIE SKETCHNOTES-GRUNDLAGEN WIEDERHOLEN, DAMIT WIR EINE GEMEINSAME AUSGANGSBASIS HABEN.

Wenn Sie *Das Sketchnote Handbuch* bereits gelesen haben, können Sie direkt zu Kapitel 2 springen. Sie brauchen Das Sketchnote Handbuch? Mehr Informationen finden Sie unter:
www.mitp.de/8203

Was sind Sketchnotes?

SKETCHNOTES sind visuelle Notizen, die aus einer Mischung aus Handschrift, Zeichnungen, handgezeichneter Typografie, Formen und grafischen Elementen wie Pfeilen, Kästen und Linien bestehen.

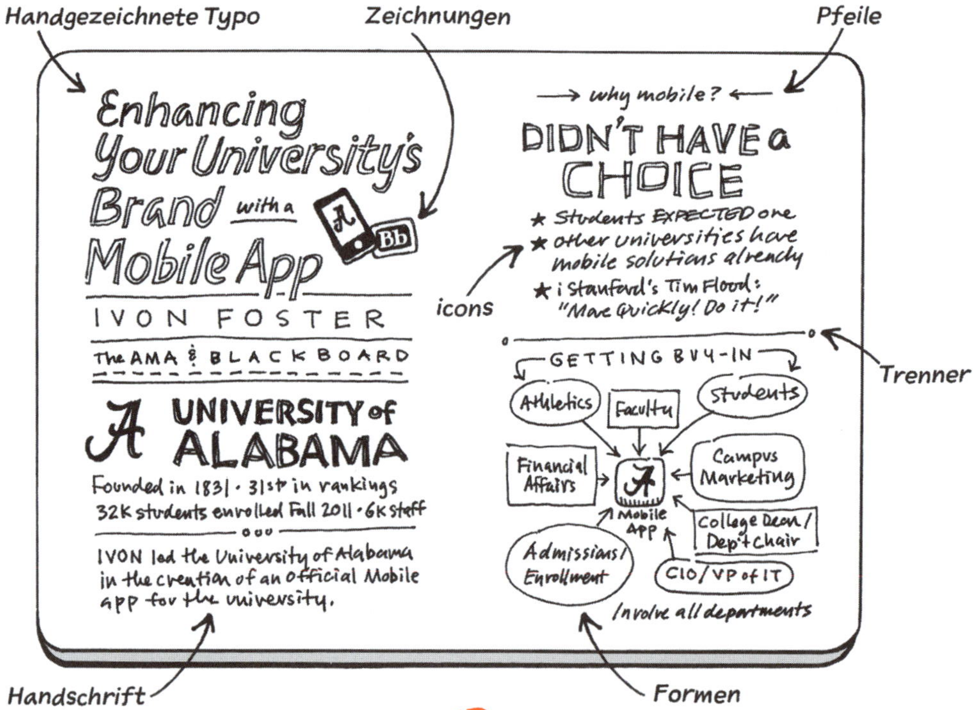

ES SIND NOTIZEN PLUS!

Ich nenne Sketchnotes Notizen plus, weil sie wie Ihre gewohnten Notizen sind, aber mit zusätzlichen visuellen Elementen, die Ihre Ideen verstärken.

SKETCHNOTES KONZENTRIEREN SICH DARAUF, GROSSE IDEEN IM *Moment* FESTZUHALTEN.

WARUM SKETCHNOTES?

Sketchnotes regen Ihren ganzen Verstand an.

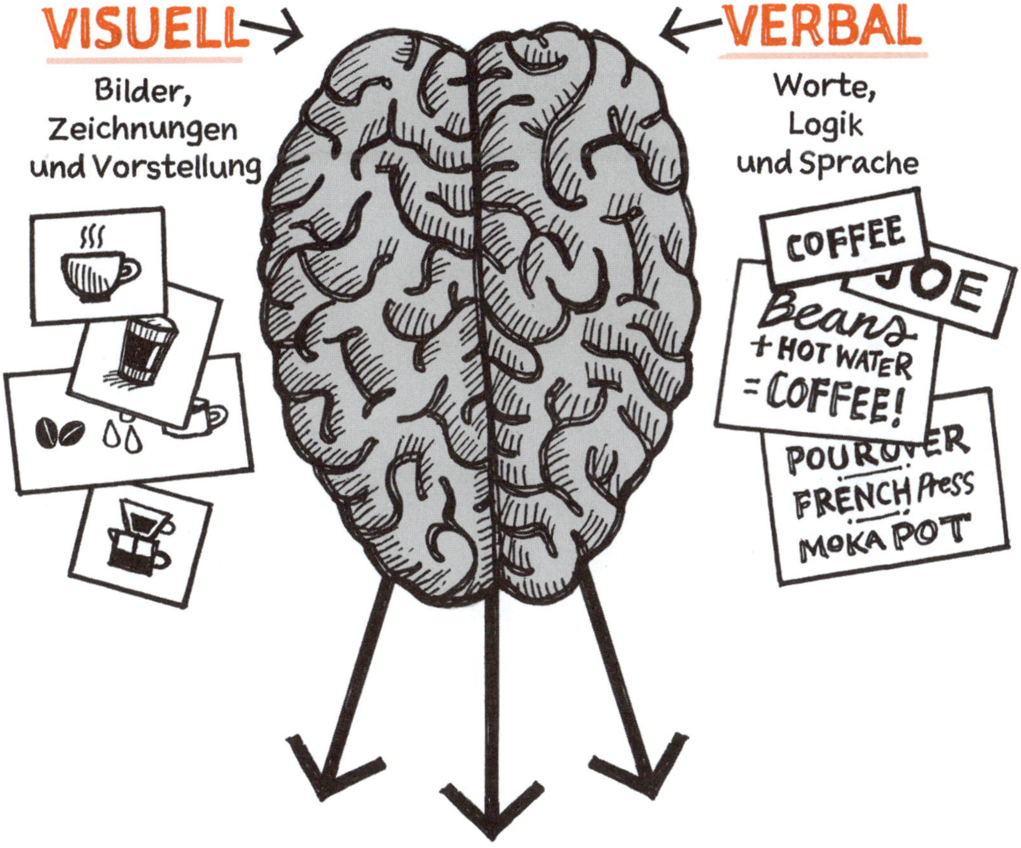

Wenn Ihr GANZER VERSTAND beansprucht wird,
können Sie visuelle Landkarten davon erstellen,
WAS SIE HÖREN, SEHEN UND DENKEN.

SKETCHNOTES legen den FOKUS AUF DAS GROSSE GANZE:

Hervorheben

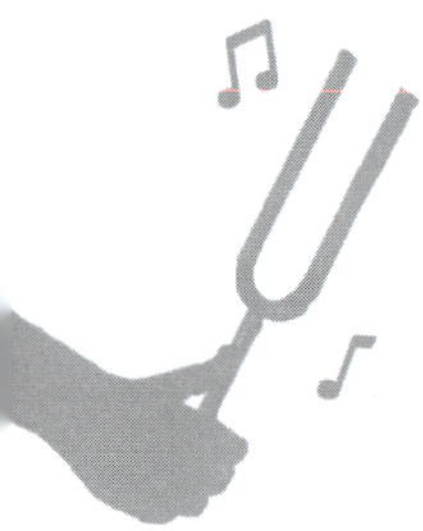

Zuhören und Analysieren und zugleich Ideen wählen, die **RESONANZ** finden.

Vertiefen Sie sich in das Gehörte und Gedachte. Speichern Sie Ideen, stellen Sie Verbindungen her, finden Sie Muster.

ES FÄLLT ERST EINMAL SCHWER, WIRKUNGSVOLLE IDEEN ZU SUCHEN. DAS IST NORMAL.

Mit mehr Übung wird es leichter. Wichtige Ideen werden von allein offensichtlich.

Können SIE SKETCHNOTES erstellen?

JA!

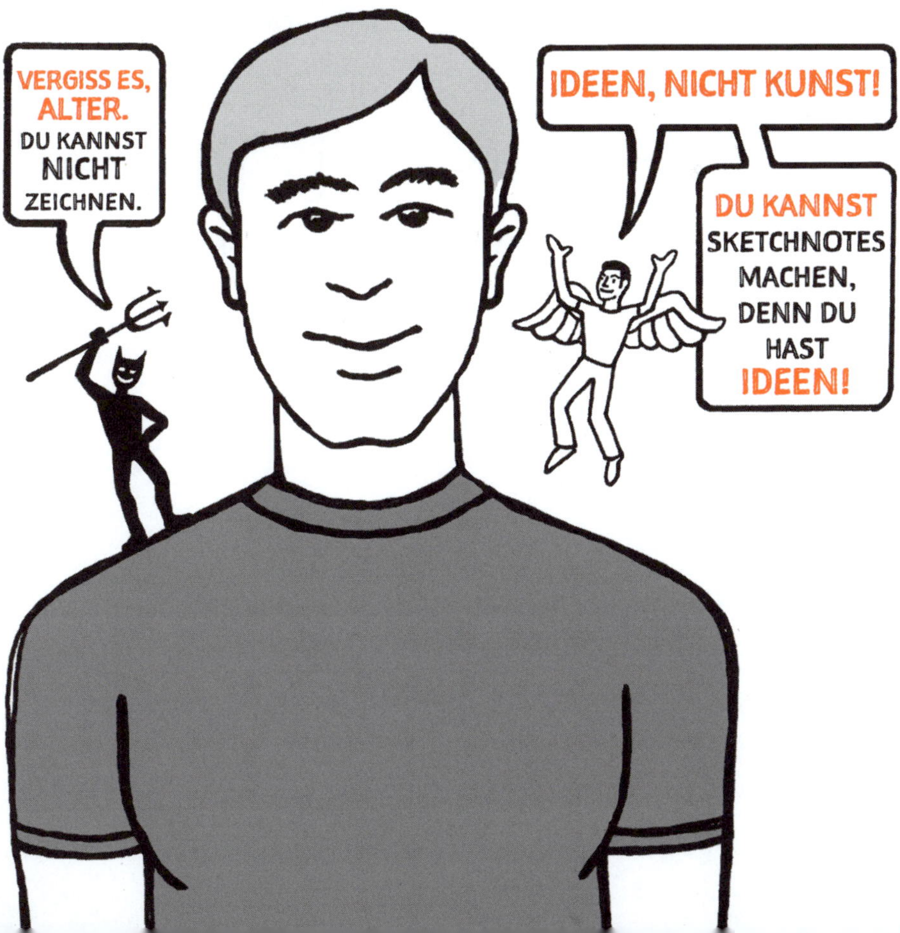

die 5 Elemente des Zeichnens

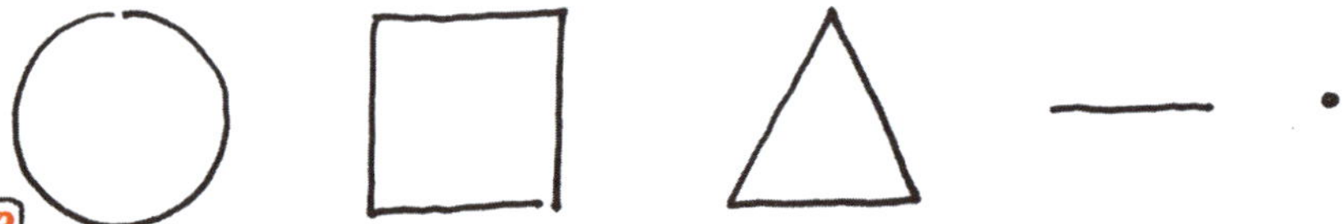

KREIS QUADRAT DREIECK LINIE PUNKT

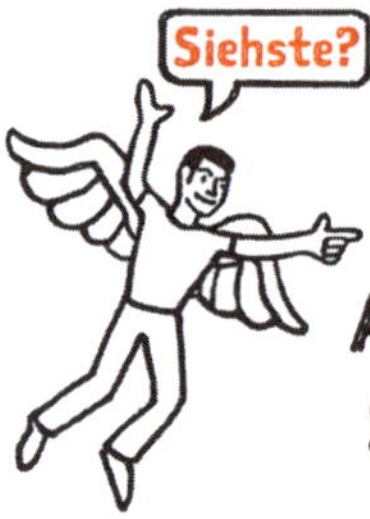

ALLES, WAS SIE ZEICHNEN MÖCHTEN, LÄSST SICH AUS DIESEN 5 ELEMENTEN ERZEUGEN.

Finden Sie die 5 Elemente in diesen einfachen Zeichnungen?

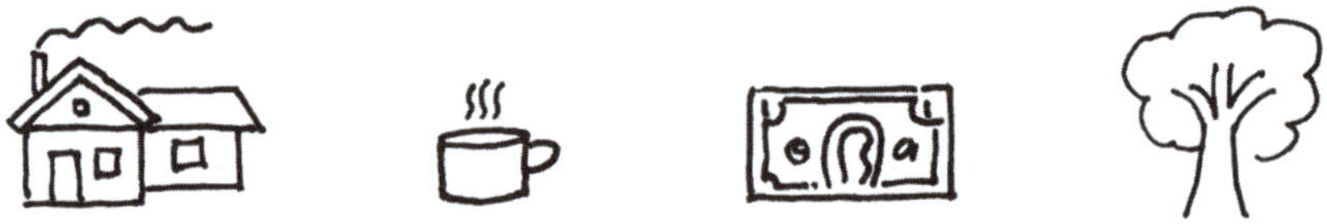

HAUS KAFFEE DOLLAR BAUM

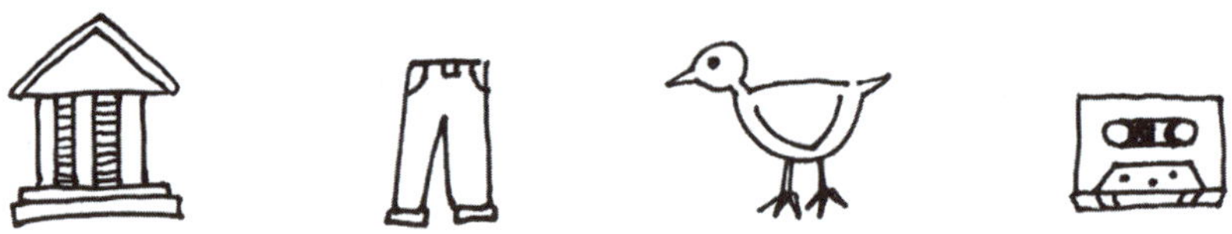

BANK JEANS VOGEL MIXTAPE

WENN SIE ERST EINMAL DIESE 5 ELEMENTE ERKENNEN,
aus denen die Objekte bestehen, die Sie umgeben, wird es viel einfacher alle möglichen Dinge zu zeichnen ... wie ...

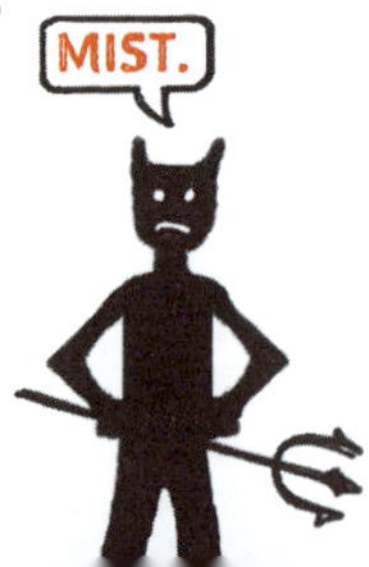

MENSCHEN ZEICHNEN

Für Sketchnotes ist es nützlich, Menschen zeichnen zu können. Hier zwei Methoden: die Stern- und die Dave-Gray-Methode:

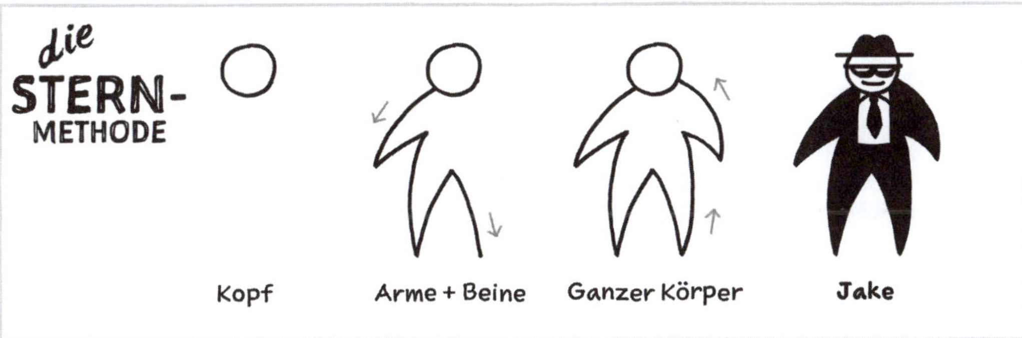

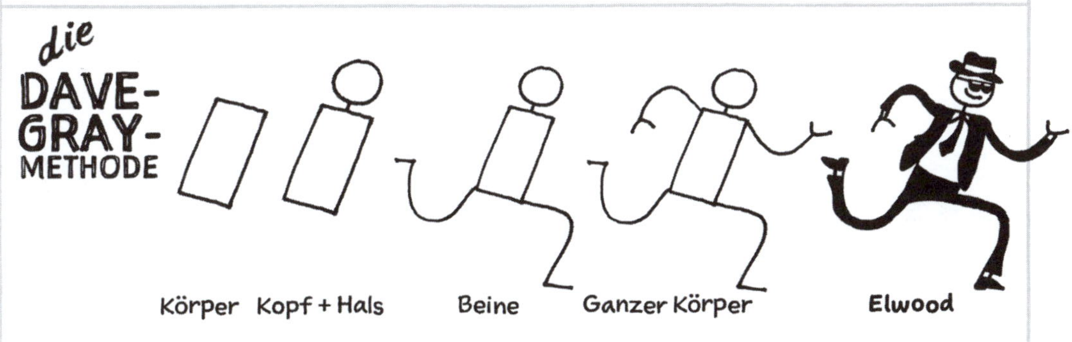

GESICHTER ZEICHNEN

Mit nur wenigen einfachen Linien können Sie eine Vielzahl von Gesichtsausdrücken darstellen. Mein Freund Austin Kleon erzeugt mit nur 3 verschiedenen Linien innerhalb einer Matrix auf ganz einfache Weise 9 verschiedene Gesichter.

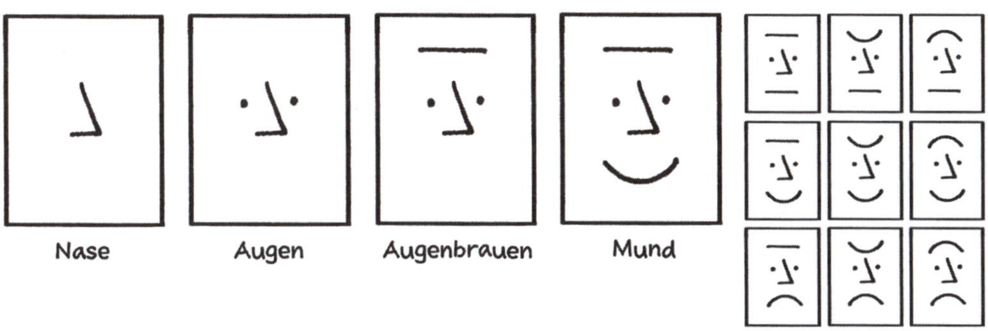

TYPO ZEICHNEN

Mit handgezeichneten Schriftzügen lassen sich Ihre Sketchnotes interessanter gestalten und Hierarchien definieren. Es gibt vier einfache Methoden, die Sie in Ihren Sketchnotes verwenden können:

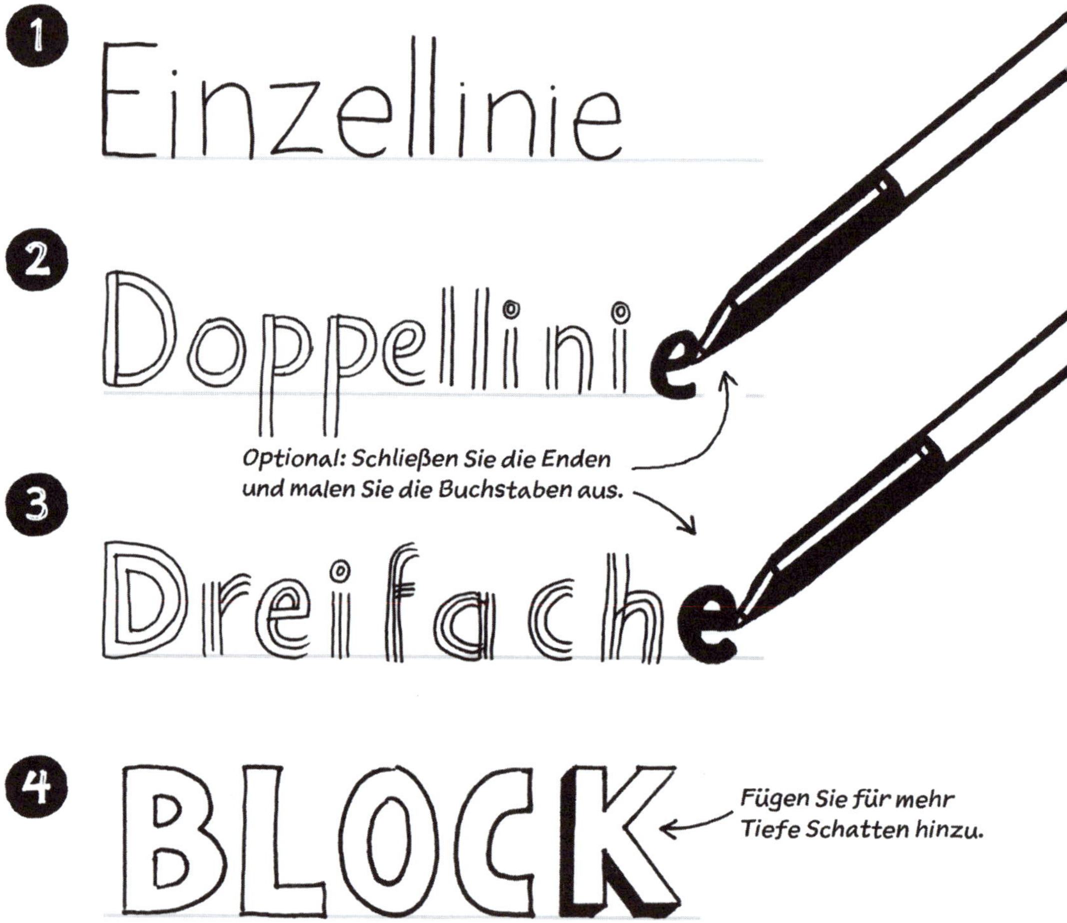

DER SCHLÜSSEL ZUM ERFOLG:

★JEDE MENGE ÜBUNG!★

SKETCHNOTE-TYPEN

Die Basis einer guten Sketchnote ist nicht Kunst, sondern eine gute Struktur. Hier sind sieben der gängigsten Sketchnote-Muster, die ich finden konnte:

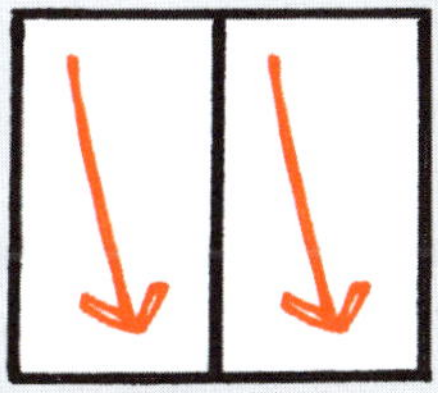

LINEAR
Wie ein Buch, von links nach rechts, von oben nach unten.

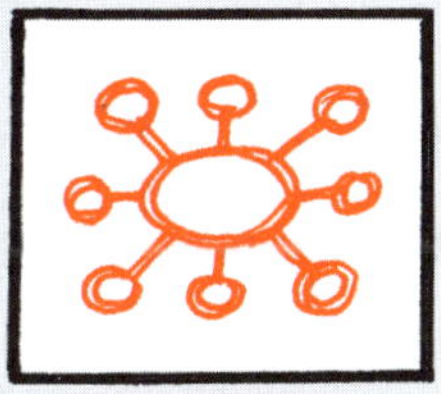

RADIAL
Ein zentraler Angelpunkt mit vielen Informationsspeichen.

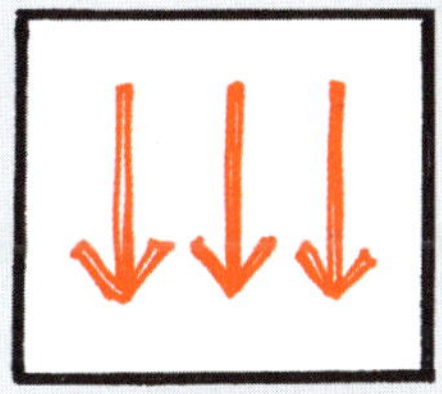

VERTIKAL
Informationen verlaufen von oben nach unten.

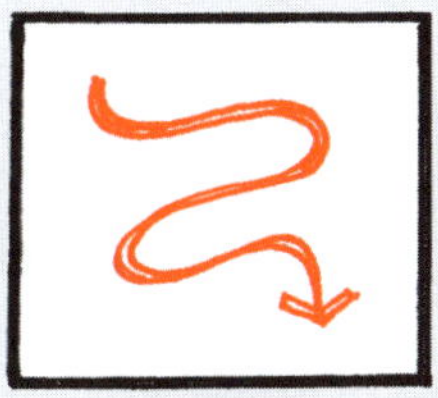

PFAD
Informationen schlängeln sich über die Seite.

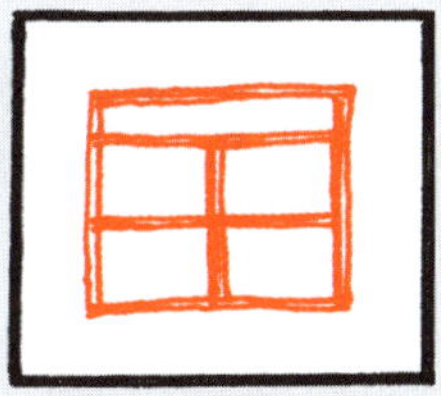

MODULAR
Informationen in Häppchen aufgeteilt.

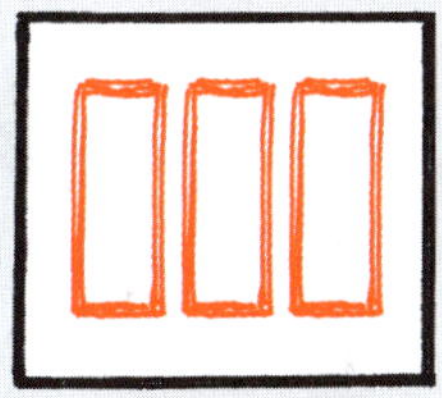

SÄULEN
Informationen in Spalten arrangiert.

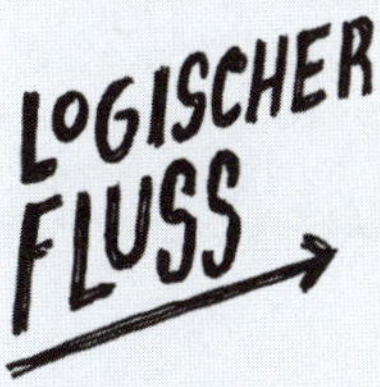

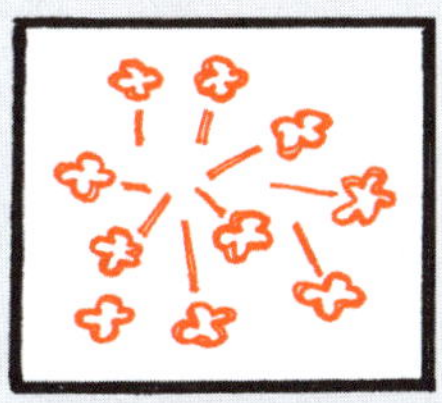

POPCORN
Zufällige Anordnung von Informationen.

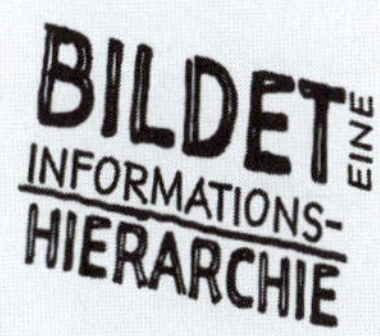

Sketchnote-Elemente

Sie können eine Reihe von Elementen beim Aufbau einer Sketchnote verwenden. Die Elemente unterstützen nicht nur Ihre Ideen, sondern fügen oft eine neue Aufmerksamkeitsebene hinzu.

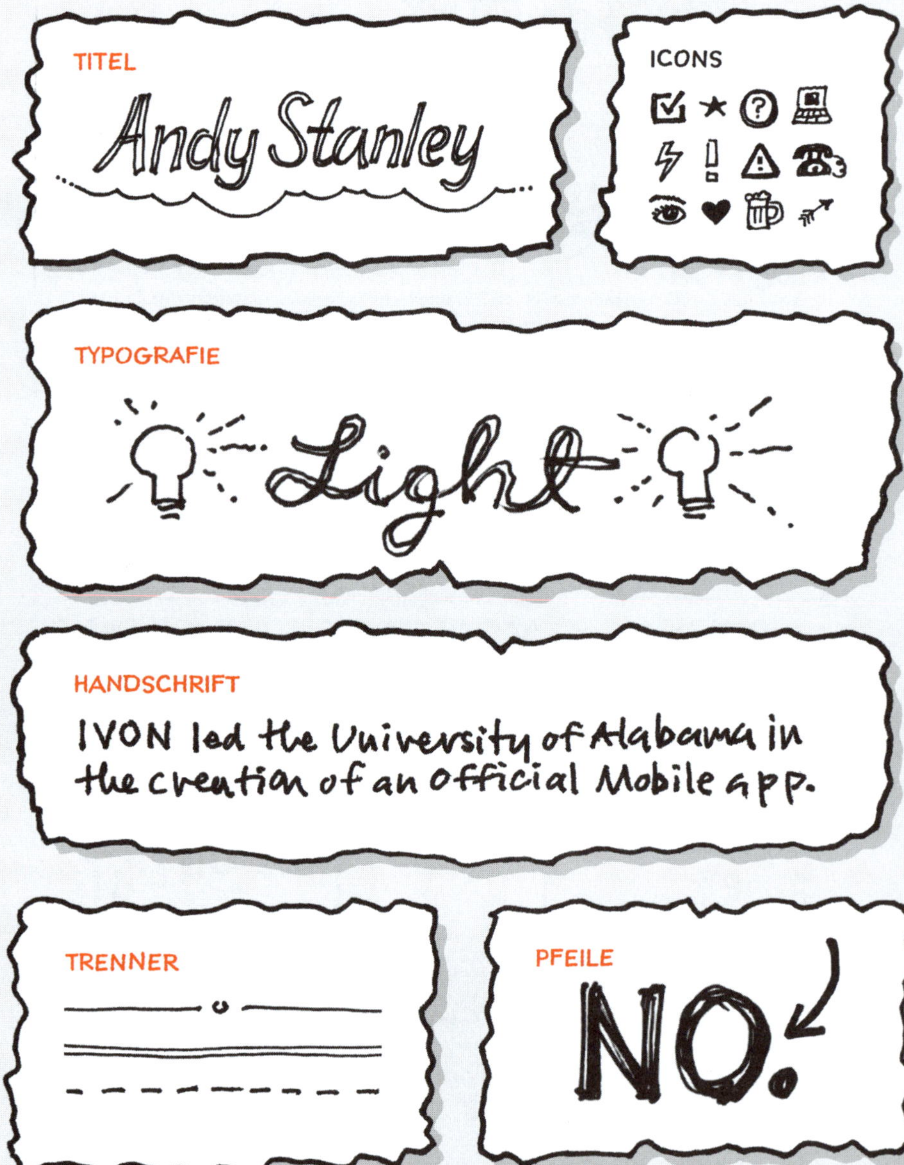

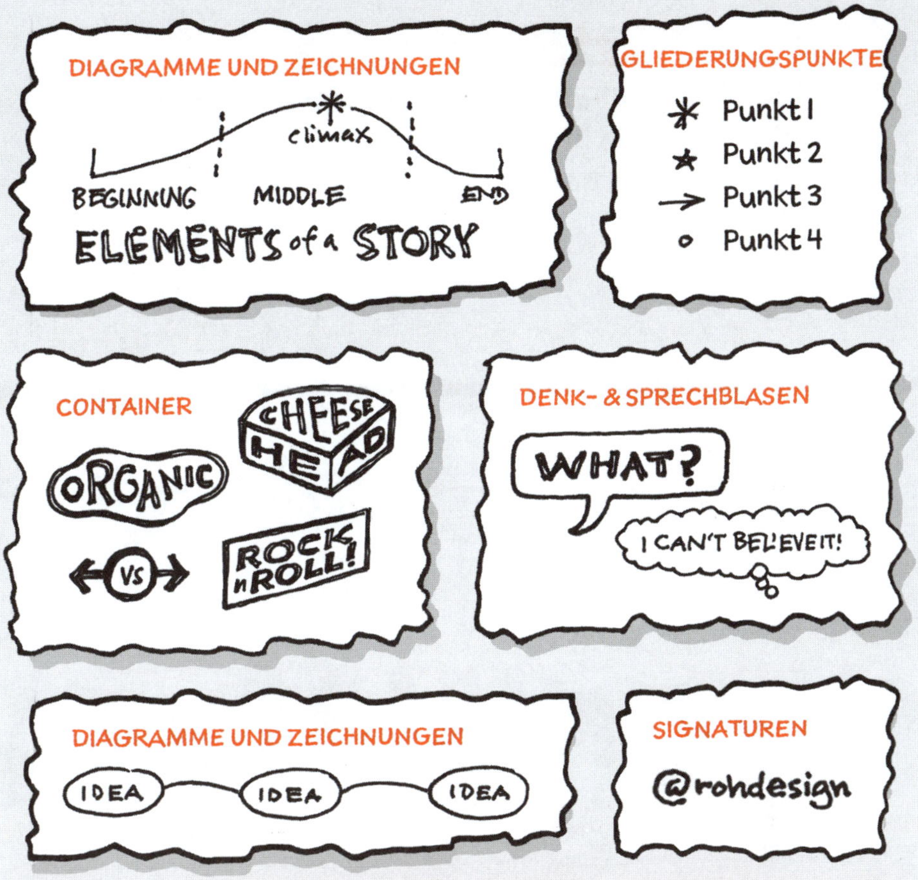

Los geht's mit Sketchnotes!

Da Sie nun die Grundlagen in der Tasche haben, wird *Das Sketchnote Arbeitsbuch* Ihnen helfen, diese Ideen anzuwenden und damit abwechslungsreichere Sketchnotes zu erstellen.

IN DEN FOLGENDEN KAPITELN werden wir Methoden behandeln, wie man diese Elemente bei Ideenfindung, Mapping, Planung, Dokumentation, Reisen, Essen, Medien und fortgeschrittenen Techniken anwendet.

AUF GEHT'S: WEITERLESEN UND LOSLEGEN!

Kapitel 2

IDEENFINDUNG mit SKETCHNOTES

Sketchnotes eignen sich hervorragend, um Ideen festzuhalten – ob Sie allein arbeiten oder im Team. Im Verlauf der Ideenfindung helfen Ihnen Sketchnotes dabei, Ideen auszuarbeiten und spielerisch zu erforschen.

IDEENFINDUNG

DER PROZESS DER IDEENFINDUNG beginnt damit, Ihre Gedankengänge zu einem Thema zu beobachten: Identifizieren Sie Ihre Ideen und verwenden Sie Sketchnotes, um diese Ideen zu Papier zu bringen. Sie können dann Ihre Ideen überprüfen, ausfeilen und kommunizieren.

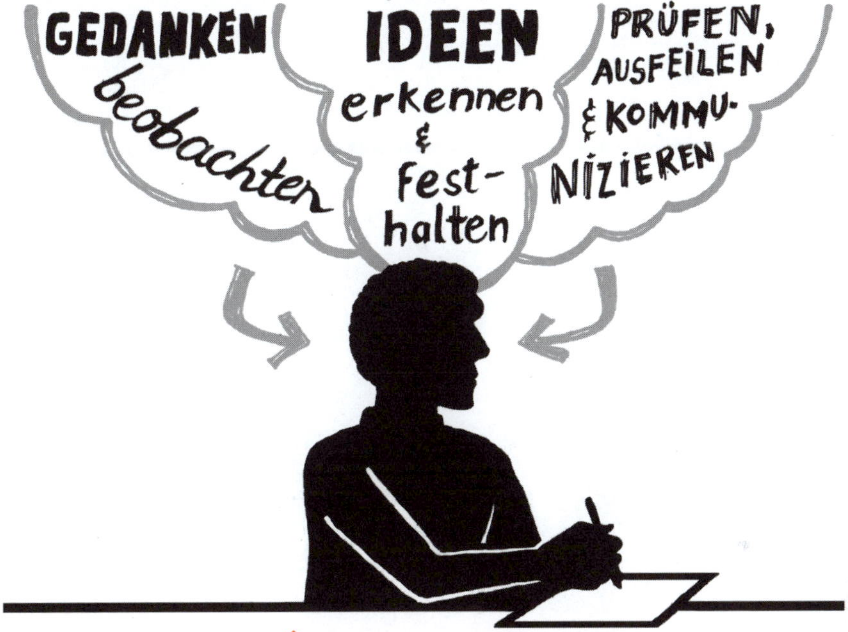

TEMPO und FLOW SIND WICHTIG!

Locker bleiben ★ Schnell arbeiten ★ Spaß haben!

TIPP ZEITRAHMEN STECKEN

Ein fester Zeitrahmen hilft Ihnen, den Ideenfindungsprozess locker und auf das große Ganze konzentriert durchzuführen, anstatt sich mit unwichtigen Details aufzuhalten. Dabei müssen Sie sich auf einen festen Zeitrahmen beschränken, den Fortschritt nach der Session bewerten und diese dann wiederholen.

25min Session — **5min** Fortschritt bewerten — **Wiederholen**

Wählen Sie eine Zeitspanne, halten Sie Ihren Verstand auf Trab und erzeugen Sie Ihre Ideen schnell.

DIE MACHT DES VERBALEN & VISUELLEN DENKENS

Sketchnotes sind so wirkungsvoll, weil dabei die verbalen und visuellen Bereiche Ihres Gehirns zusammenarbeiten, um eine detaillierte visuelle Landkarte Ihrer Ideen und Gedanken zu erzeugen.

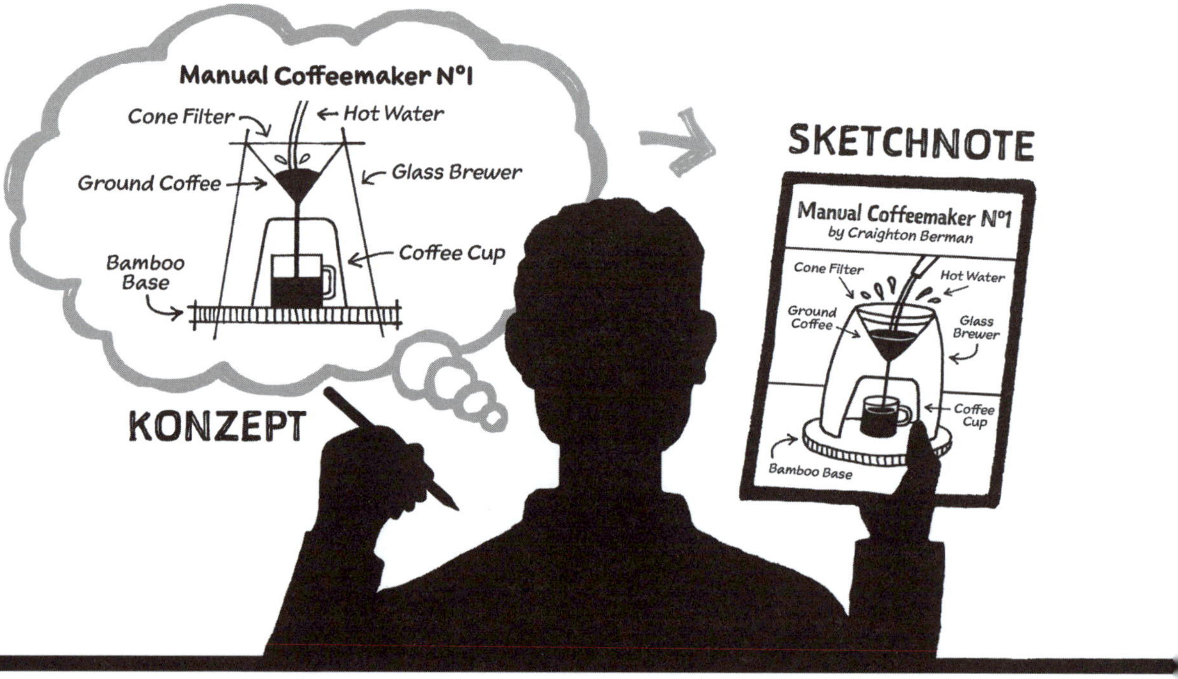

SOBALD EINE IDEE *HANDFEST* IST – WIE EINE SKETCHNOTE AUF PAPIER –, HABEN SIE ETWAS *KONKRETES*, MIT DEM SIE ARBEITEN KÖNNEN.

Ideen greifbar zu machen hilft, grundlegende Konzepte zu erfassen, Fehler in Gedankengängen zu finden, neue Ideen und Richtungen entstehen zu lassen.

DIE FREIHEIT, IDEEN ZU ERFORSCHEN

Sketchnotes bieten viel Flexibilität. Da es sich dabei um grobe Ideenfindung handelt und nicht um die Erstellung fertiger Konzepte, ist Ihr Verstand unter weniger Perfektionsdruck und kann mehr Optionen erkunden. Ihr Verstand hat die Lizenz zum Spielen.

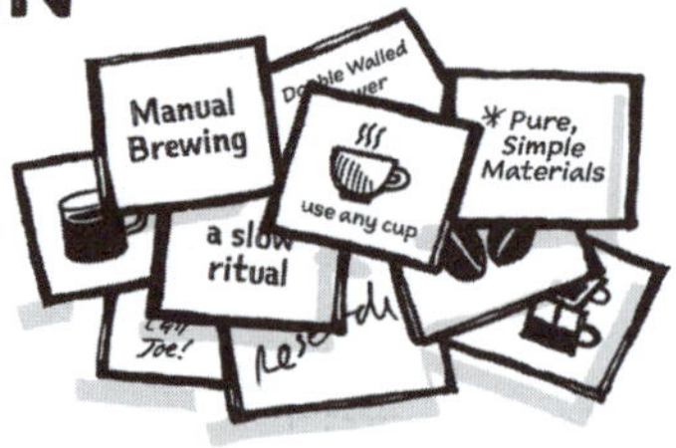

FORMATE ZUR IDEENFINDUNG

Die Ideenfindung lässt sich in überschaubare Häppchen aufteilen, wenn man die Seite im Vorfeld formatiert. Formate können die lähmende Wirkung einer leeren Seite mildern, da Sie sich mit ihrer Hilfe darauf konzentrieren können, Ideen schrittweise zu entwickeln. Ideen zu nummerieren hilft Ihnen, konkrete Konzepte zu erkennen und Ihren Denkprozess zu rekonstruieren. Nummerierungen sind besonders nützlich, wenn Sie Ihre Ideen anderen vermitteln müssen.

DREI FORMATE

Hier sind drei Formate, die ich an dieser Stelle nützlich finde:

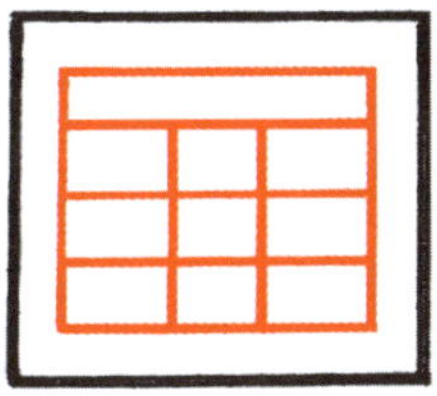

RASTER

Unterteilen Sie Ihre Seite in ein Raster, nummerieren Sie jedes Rasterkästchen. Wenige große Kästchen (4 pro Seite) erlauben mehr Details, während viele kleinere Rasterkästchen (10 bis 12) auf viele schnell erzeugte Ideen abzielen.

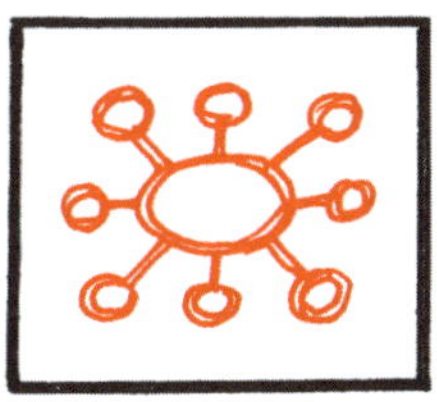

RADIAL

Platzieren Sie die Kernidee, das Hauptthema oder einen Hinweis in der Mitte. Nutzen Sie die Freifläche darum, um Notizen, Zeichnungen, Icons und separate Unterideen bei Bedarf mit Trennelementen hinzuzufügen.

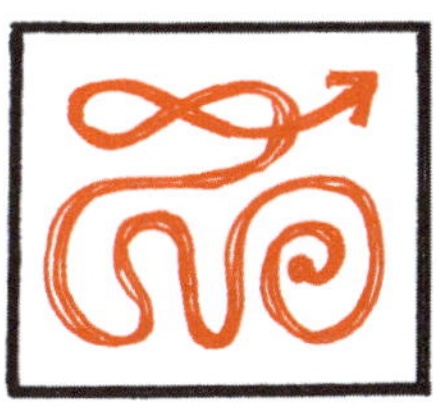

FREIFORM

Bei diesem offenen Format haben Sie die Freiheit, irgendwo auf der Seite zu beginnen und sich von den Ideen leiten zu lassen, was Sie festhalten möchten und wo. Ihre Ideen werden üblicherweise einem Entstehungspfad folgen. Am besten nummerieren Sie jeden Schritt im Verlauf des Prozesses.

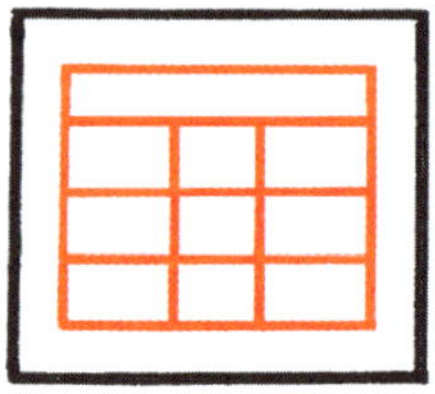

RASTERFORMAT

Dieses Format eignet sich gut, um einen festgelegten Umfang an Ideen zu entwickeln. Ich schreibe gerne Angaben zu Details und Anforderungen direkt über das Raster.

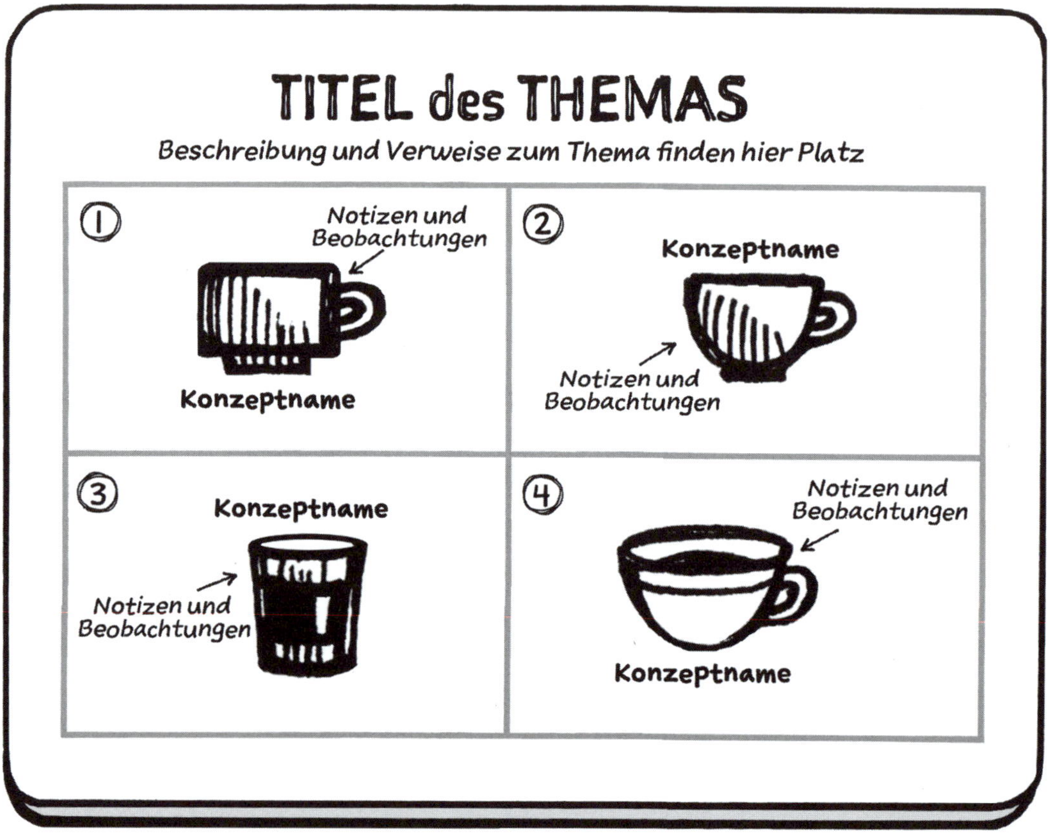

Vier große Rasterflächen ermöglichen mehr Details, während 10 bis 12 kleine Rasterkästchen Ihnen helfen, sich auf viele schnell erzeugte Ideen zu konzentrieren.

Die Ideenfindung innerhalb eines Rasters liefert die Struktur, sich frei auf die Erzeugung von neuen Ideen zu konzentrieren.

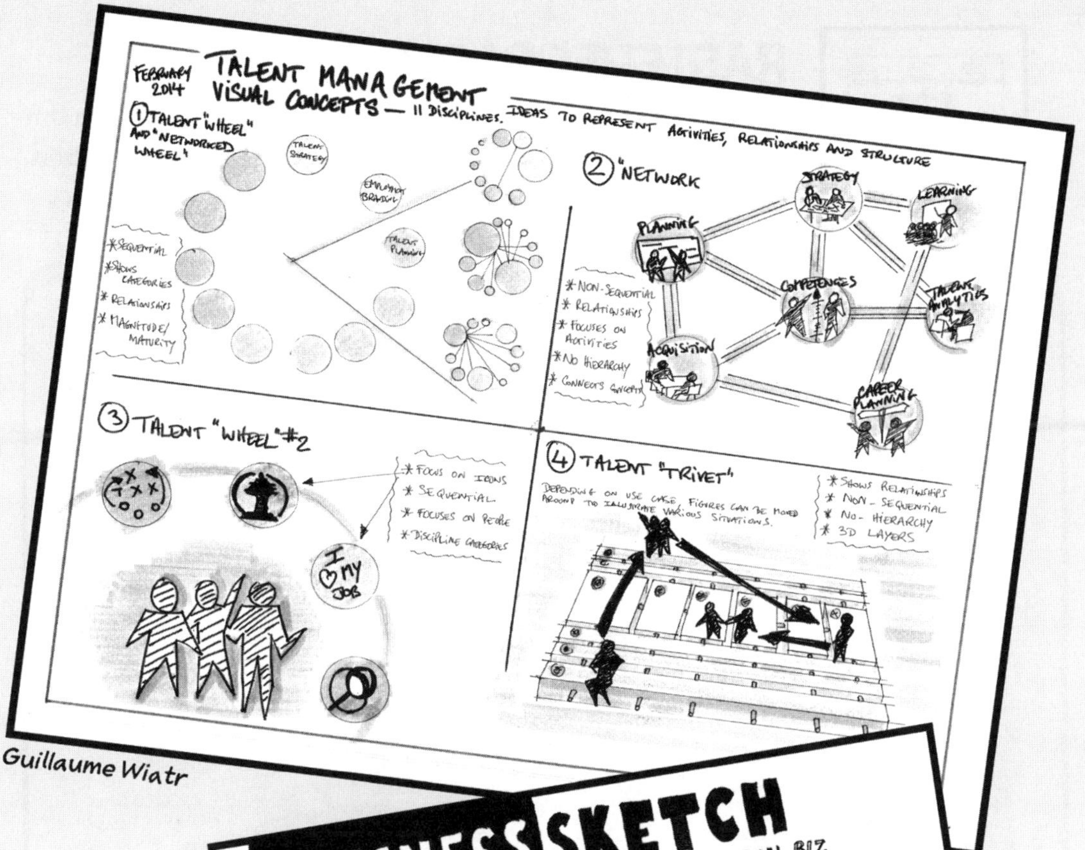

Guillaume Wiatr

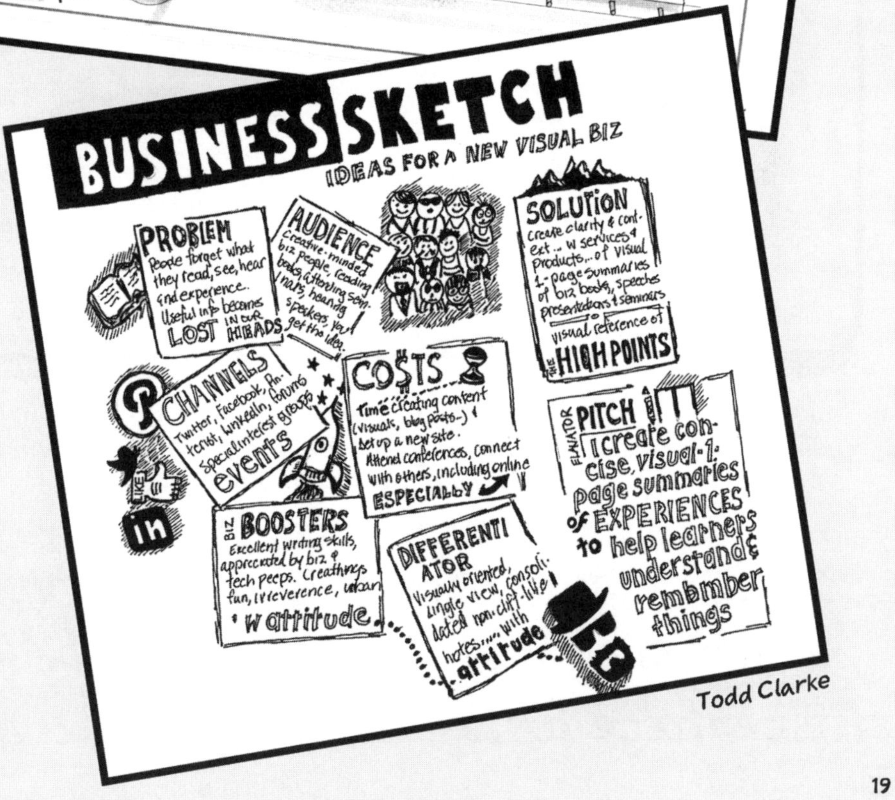

Todd Clarke

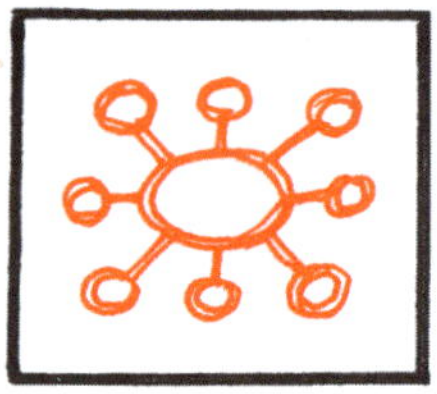

RADIALES FORMAT

Das radiale Format passt gut zu einer einzelnen zentralen Idee, die von Informationen umringt wird. Auf der Fläche rund um den zentralen Angelpunkt können Sie Konzepte ausloten.

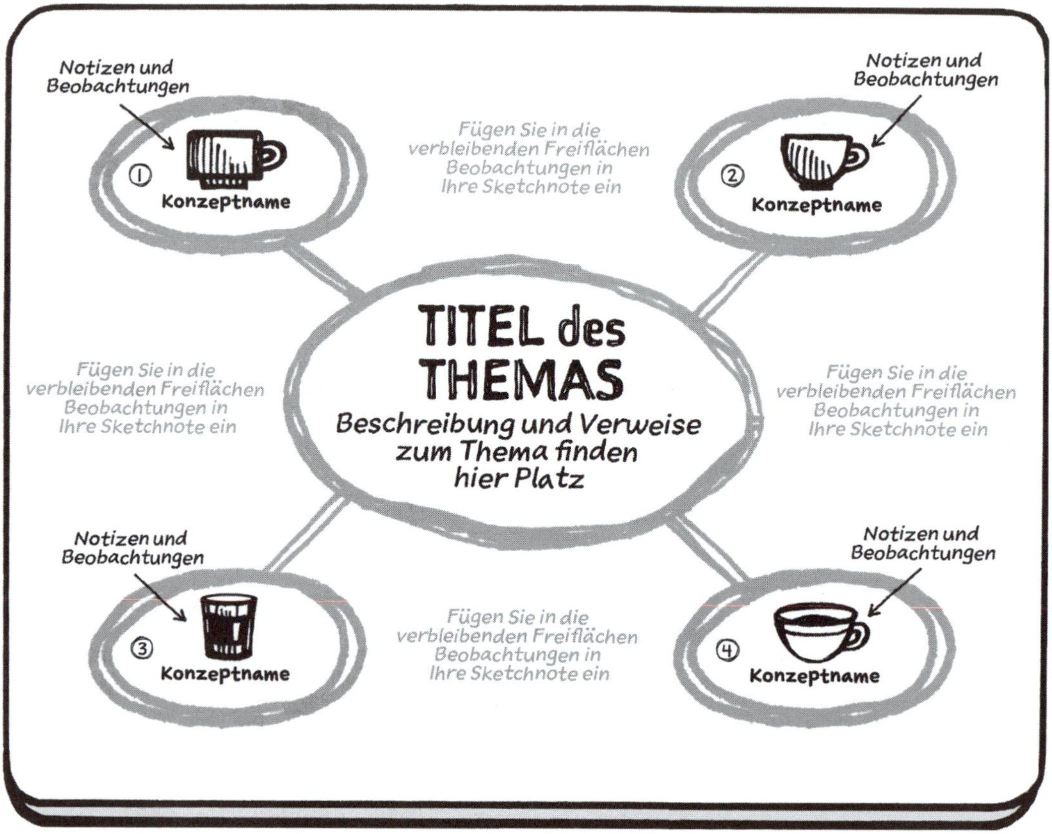

Platzieren Sie die Kernidee, das Hauptthema oder einen Hinweis in der Mitte. Fügen Sie Notizen, Zeichnungen und Icons in die Flächen rund um den zentralen Angelpunkt hinzu.

Sich vom Zentrum nach außen vorzuarbeiten erlaubt Ihnen, Ideen in beliebiger Reihenfolge festzuhalten und auszuarbeiten.

Mathias Vestergaard

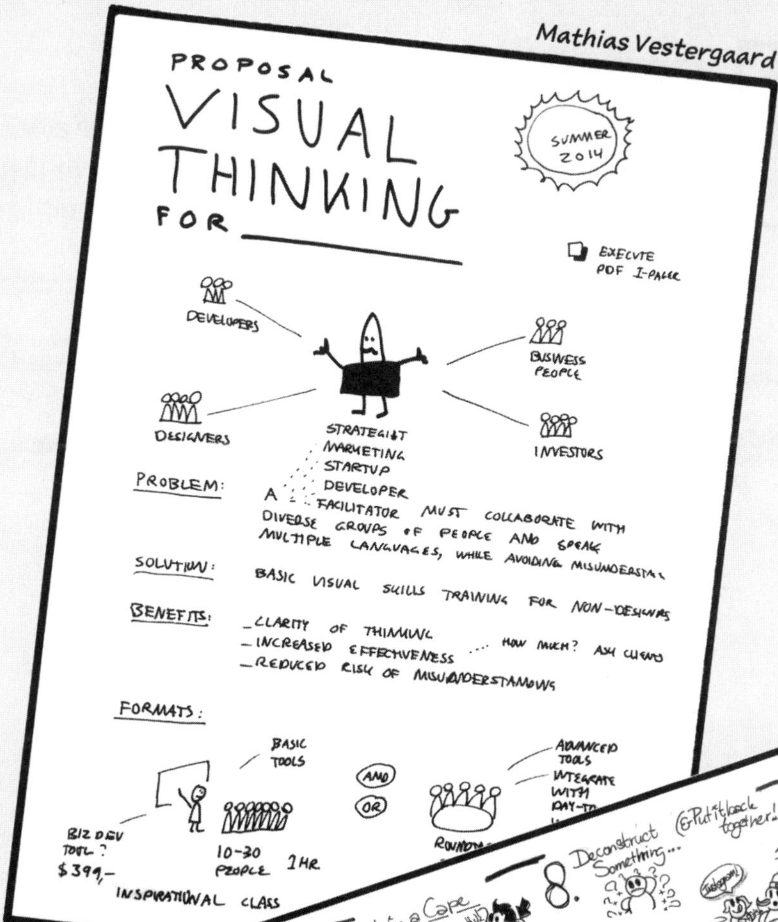

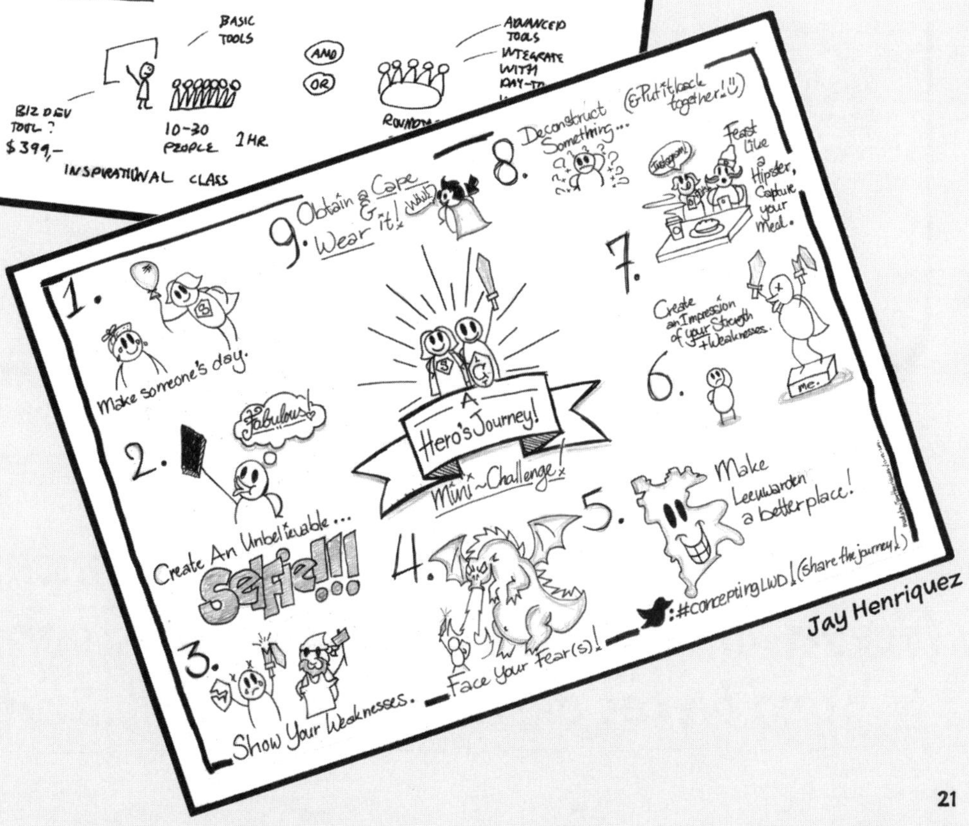

Jay Henriquez

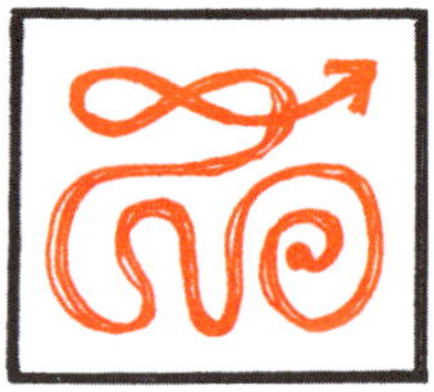

FREIFORM-FORMAT

Das Freiform-Format bietet Freiraum für die frühe Experimentierphase, in der man völlige Flexibilität benötigt, um mit Ideen spielen zu können.

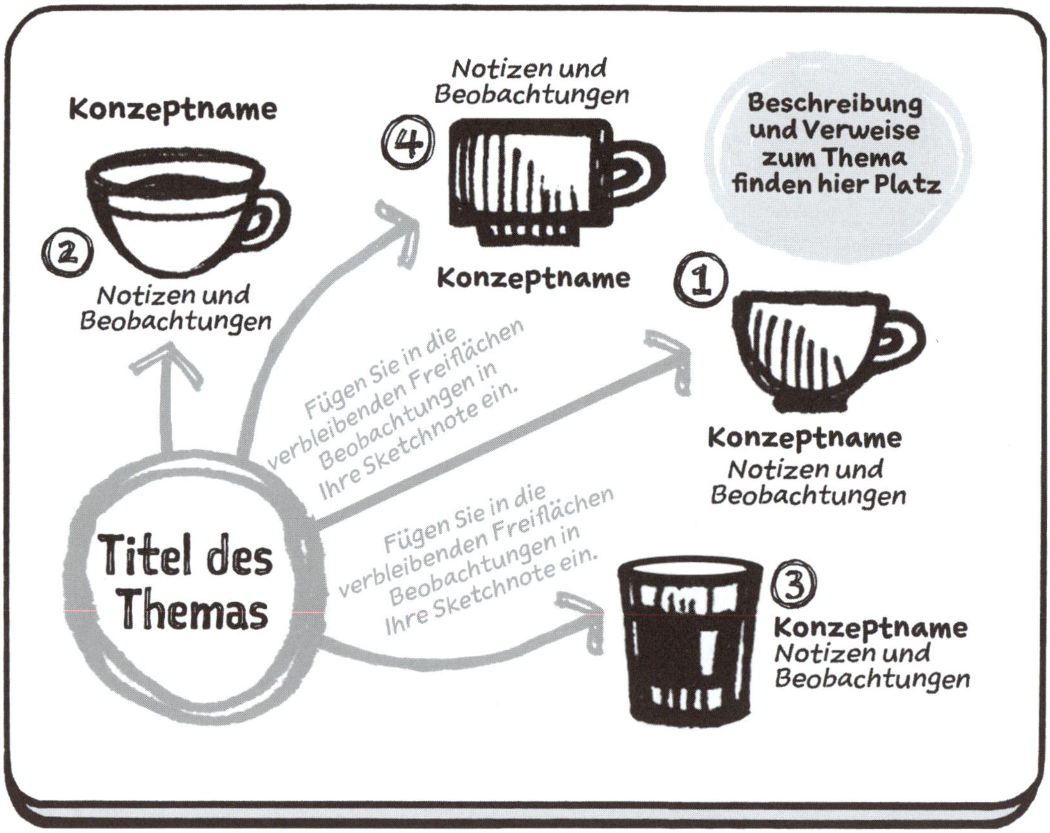

Positionieren Sie die Kernidee, das Hauptthema oder einen Hinweis und Ihre Ausführungen in einem beliebigen Muster.

Das Freiform-Format erlaubt Ihnen, Ideenelemente frei auf der Seite anzuordnen, und bietet die ultimative Flexibilität.

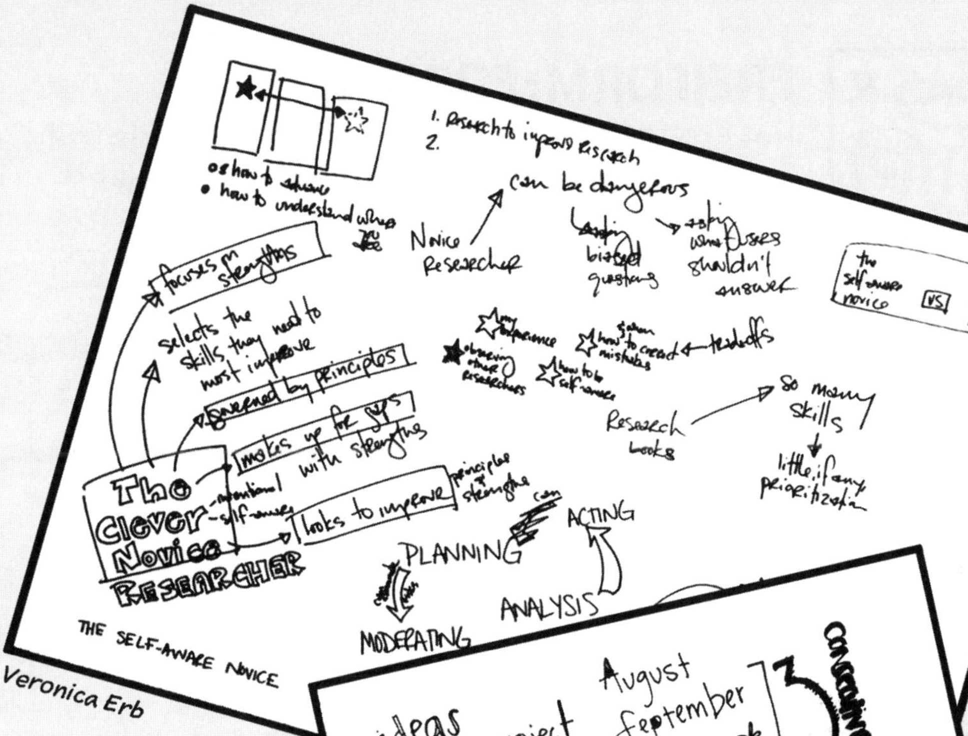

Veronica Erb

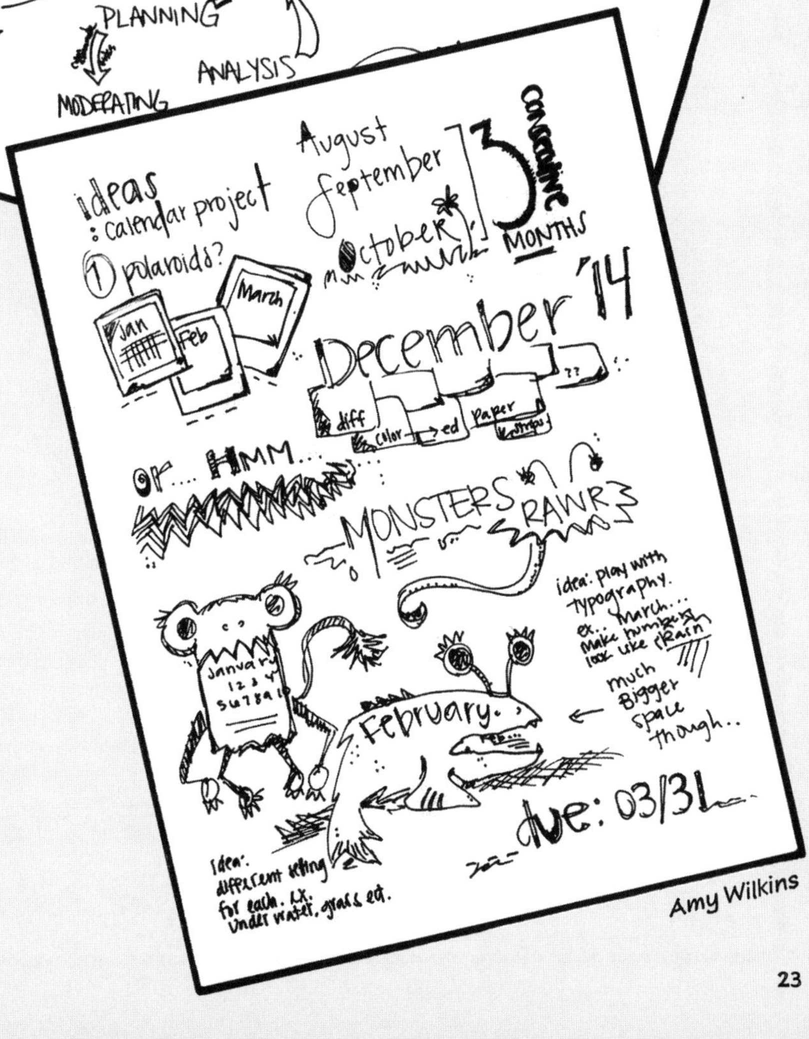

Amy Wilkins

ARBEITSBLATT 2.1

DAS RASTERFORMAT ANWENDEN

Entwickeln Sie mithilfe des Rasterformats Ideen für einen Limo-Stand um die Ecke. Machen Sie ein Brainstorming zu Location, Materialkosten, Preisen, Standdesign und Öffnungszeiten. Vergleichen Sie die drei Formatstile in Bezug auf Effektivität und Wirkung sowie die Unterschiede zwischen den erzeugten Ideen.

ARBEITSBLATT 2.2

A DAS RADIALE FORMAT ANWENDEN

Wenden Sie nun das radiale Format an, um Ideen für einen Limo-Stand um die Ecke zu entwickeln, auf Basis derselben Kriterien wie beim Rasterformat. Beobachten Sie, wie das radiale Format Ihre Herangehensweise und die Ideen, die Sie entwickeln, beeinflusst.

ARBEITSBLATT 2.3

A DAS FREIFORM-FORMAT ANWENDEN

Zu guter Letzt wenden Sie das Freiform-Format an, um Ideen für einen Limo-Stand um die Ecke zu entwickeln, auf Basis derselben Kriterien wie bei den vorherigen Rastern. Wie unterscheiden sich die Ergebnisse von denen der anderen Formate?

ÜBUNG 2.1

BAUMHAUS-IDEEN ALS SKETCHNOTE (TEIL 1)

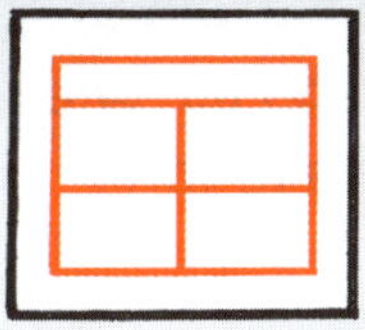

Skizzieren Sie in einem Raster mit vier Feldern grob vier verschiedene Ideen für den Bau eines Baumhauses (oder eines anderen Projekts, wenn Sie möchten). Setzen Sie sich einen 25-minütigen Zeitrahmen mit einer 5-Minuten-Pause, nummerieren Sie Ihre Ideen und verwenden Sie die Icon-Bibliothek.

ZEITRAHMEN: **25min** Session **5min** Fortschritt bewerten **Repeat**

FRAGEN

Wie gut funktionierte es, vier Ideen für das Projekt innerhalb eines begrenzten Zeitrahmens zu erzeugen? War es einfach oder schwer, locker zu bleiben?

ÜBUNG 2.2

BAUMHAUS-IDEEN ALS SKETCHNOTE (TEIL 2)

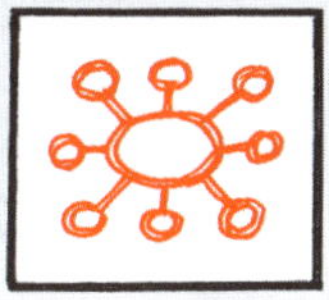

Wählen Sie die beste der vier Ausgangsideen und erzeugen Sie eine finale Sketchnote mit mehr Details und genaueren Zeichnungen.

Verwenden Sie für diese Aufgabe das radiale Format. Zeichnen Sie die gewählte Idee in den Mittelpunkt und drum herum strahlenförmig angeordnet die Notizen, Icons und Detailzeichnungen.

FRAGEN

Wie hat die Ausführung der groben Sketchnote-Ideen als finale Version geklappt? Haben Sie während der Ausarbeitung ihres Favoriten etwas weggelassen oder hinzugefügt?

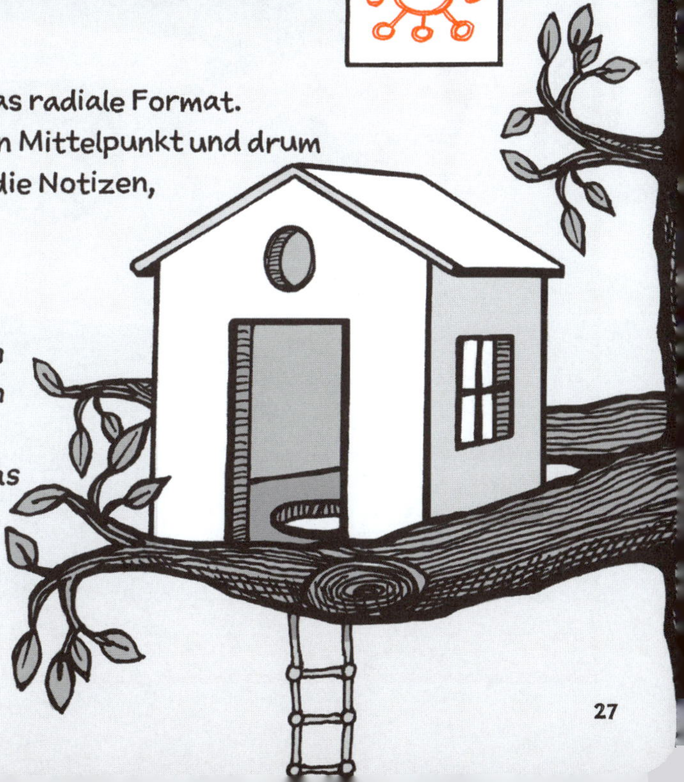

EINSATZ VON ICONS für die IDEEN*findung*

Mit Icons können Sie Ihre Ideen im Verlauf des Arbeitsprozesses markieren, um später schneller darauf zugreifen zu können. Haben Sie erst einmal Icons in Ihren Sketchnotes etabliert, wird das Überfliegen und Suchen nach bestimmten Markierungen viel einfacher.

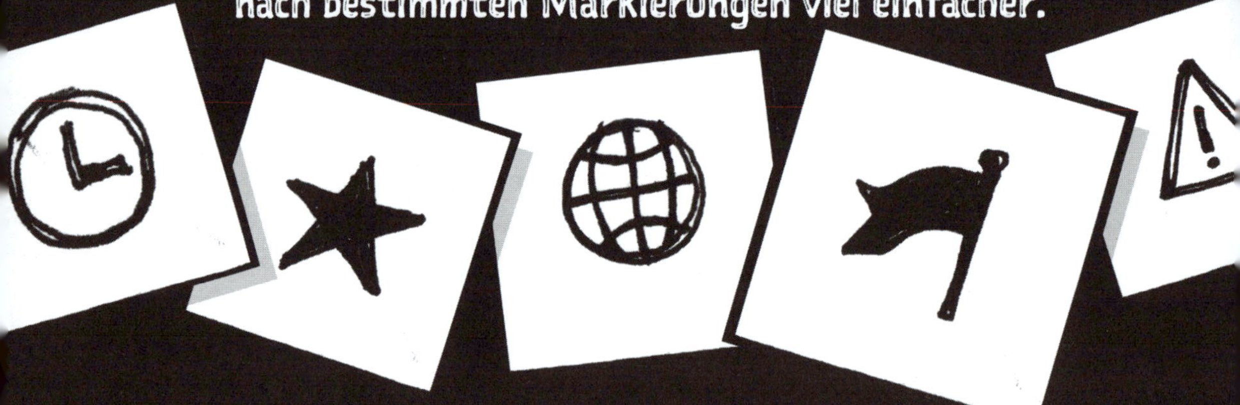

Mithilfe einer eigenen, auf Ihre Arbeit, Ihre Branche oder Ihr Interessengebiet zugeschnittenen Icon-Bibliothek können Sie passend zu Ihrer Denk- und Arbeitsweise Markierungen setzen.

TIPP EINE ICON-BIBLIOTHEK ZUR IDEENFINDUNG ANLEGEN

Wenn Ihnen eine Icon-Sammlung zur Verfügung steht, können Sie Ihre Sketchnotes im Verlauf des Arbeitsprozesses damit kennzeichnen. Später können Sie sich bei der Ausarbeitung Ihrer Skizzen an den Icons orientieren.

GROB ANFANGEN, DANN AUSARBEITEN

Es ist völlig in Ordnung, zunächst grob zu beginnen und sich über Zwischenschritte zu final ausgearbeiteten Icons vorzuarbeiten. Hier ein Beispiel für die drei Qualitätsstufen von Icons:

Grob
Skizzieren Sie einen lockeren ersten Entwurf, um das Konzept schnell darzustellen.

Zwischenschritt
Fügen Sie mehr Details hinzu, sobald Sie ein gutes Icon-Konzept haben.

Final
Arbeiten Sie Details aus und finalisieren Sie das Icon für Ihre Bibliothek.

BEISPIELE ZUR IDEENFINDUNG

Hier finden Sie eine Sammlung nützlicher Icons, die Sie für Ideenfindungssitzungen einsetzen können.

Deadline Warnung Fragen Recherche Wichtig Tolle Idee

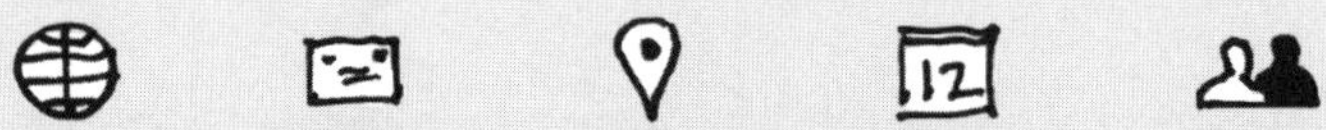

Website Email Adresse Meeting Team

BRANCHENSPEZIFISCHE ICONS

Mithilfe einer eigenen, auf Ihre Arbeit, Ihre Branche oder Ihr Interessengebiet zugeschnittenen Icon-Bibliothek können Sie passend zu Ihrer Denk- und Arbeitsweise Markierungen setzen. Hier einige Icons aus dem Bereich Bildung, Rechtswesen und Gewerbe:

Bildung **Rechtswesen** **Gewerbe**

Hausaufgabe Antrag Bericht

A ARBEITSBLATT 2.4

ICONS FÜR DEN BILDUNGSBEREICH

Verwenden Sie im unten stehenden Raster Vierecke, Kreise, Dreiecke, Linien und Punkte, um Icons für die einzelnen Begriffe zum Thema Bildung zu erstellen. Überspringen Sie ein Icon, wenn Sie nicht weiterkommen. Die letzte Reihe ist für Ihre eigenen Icons leer.

SCHREIBEN	DENKEN	TEST	SCHULE
	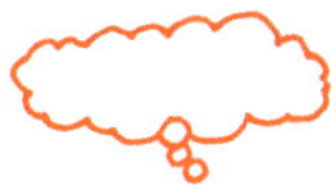	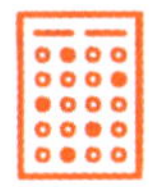	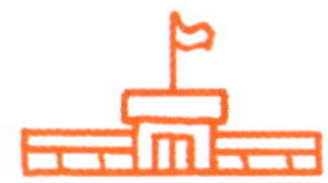
RADIERGUMMI	KREIDE	SCHREIBTISCH	BUCH
SCHÜLER	LEHRER	ARBEITSGRUPPE	AUFGABE
RECHERCHE	MATHE	DEUTSCH	GESCHICHTE

A ARBEITSBLATT 2.5

ICONS FÜR DAS RECHTSWESEN

Verwenden Sie im unten stehenden Raster Vierecke, Kreise, Dreiecke, Linien und Punkte, um Icons für die einzelnen Begriffe zum Thema Rechtswesen zu erstellen. Überspringen Sie ein Icon, wenn Sie nicht weiterkommen. Die letzte Reihe ist für Ihre eigenen Icons leer.

SCHÖFFEN 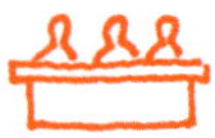	GERICHT 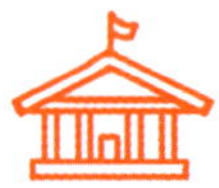	VORLADUNG 	PRÄZEDENZFALL 
RICHTER	ZEUGE	ANGEKLAGTER	STRENG GEHEIM
ERLASS	VERTRAULICH	NAMENS-VERLESUNG	KLÄGER
PROZESS	FALL	GESETZBUCH	MISSACHTUNG DES GERICHTS

A ARBEITSBLATT 2.6

ICONS FÜR GEWERBLICHE ZWECKE

Verwenden Sie im unten stehenden Raster Vierecke, Kreise, Dreiecke, Linien und Punkte, um Icons für die einzelnen Begriffe zum Thema Gewerbe zu erstellen. Überspringen Sie ein Icon, wenn Sie nicht weiterkommen. Die letzte Reihe ist für Ihre eigenen Icons leer.

GESCHÄFTS-MODELL 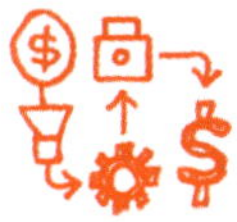	BUSINES PLAN 	AKTIE 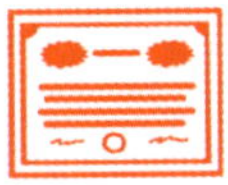	LAPTOP 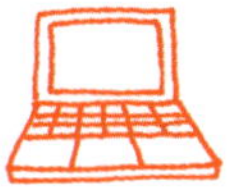
SERVER	OPPORTUNITÄTS-KOSTEN	AUFTRAGNEHMER	KREDIT
RECHNUNG	SCHECK	KAPITAL	PREISGESTALTUNG
WACHSTUM	GEWINN	ZAHLUNG	EINKOMMEN

Don Pollitt

IDEENFINDUNGS-SKETCHNOTES ERZEUGEN, UM PROBLEME ZU LÖSEN

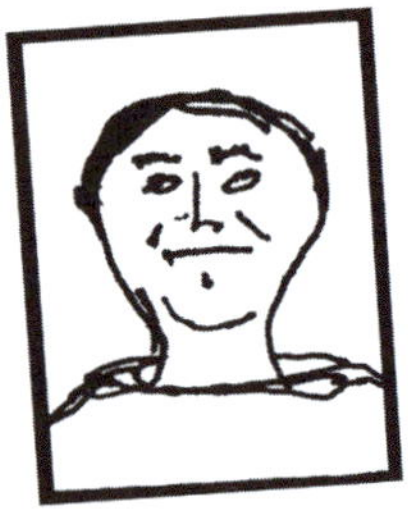

Don ist ein Netzwerk-Systemingenieur und IT-Berater, der von Firmen und Schulen zur Lösung kniffeliger technischer Probleme engagiert wird. Er setzt Sketchnotes ein, um Lösungen für diese Probleme zu finden.

Don nutzt Text, Zeichnungen, Icons und Trenner, um Sketchnotes zu erzeugen, die seine ungefilterten Gedanken grob und ungeprüft festhalten, wie sie gerade aufkommen. Dieser Vorgang hilft ihm, einzigartige und innovative Lösungen zu finden, denn die Ideen werden auf Papier festgehalten, bevor seine mentalen Filter sie aussortieren können.

Dons Ideenfindungsprozess beginnt mit seinem Taschen-Moleskine, einem Stift und einem Timer, der auf 10 oder 15 Minuten gesetzt ist. Am Kopf der ersten Seite erstellt er einen kurzen Titel, der das Problem beschreibt. Dann startet er den Timer und notiert, was immer ihm in den Kopf kommt, wenn er über das Problem nachdenkt. Don verwendet das Freiform-Format, da es ihm erlaubt, Ideen relativ unstrukturiert festzuhalten.

Wenn der Timer klingelt, geht er seine Sketchnote durch, um zu sehen, ob ihm irgendwelche Erkenntnisse ins Auge springen. Manchmal erstellt er eine überarbeitete Sketchnote aus einer oder mehreren Erkenntnissen. Don schätzt diese Form der Ideenfindung, da sie ihm bereits effektive Lösungen für Aufgaben beschert hat, denen er im Lauf seiner Arbeit und seines Lebens begegnet ist.

„Mit einem Stift und einem Taschen-Moleskine bin ich kreativer, und meine Arbeit macht mehr Spaß. Meine Sketchnotes sind keine Kunstwerke, aber sie haben mir geholfen, ein kreativerer und pünktlicherer Problemlöser zu werden."

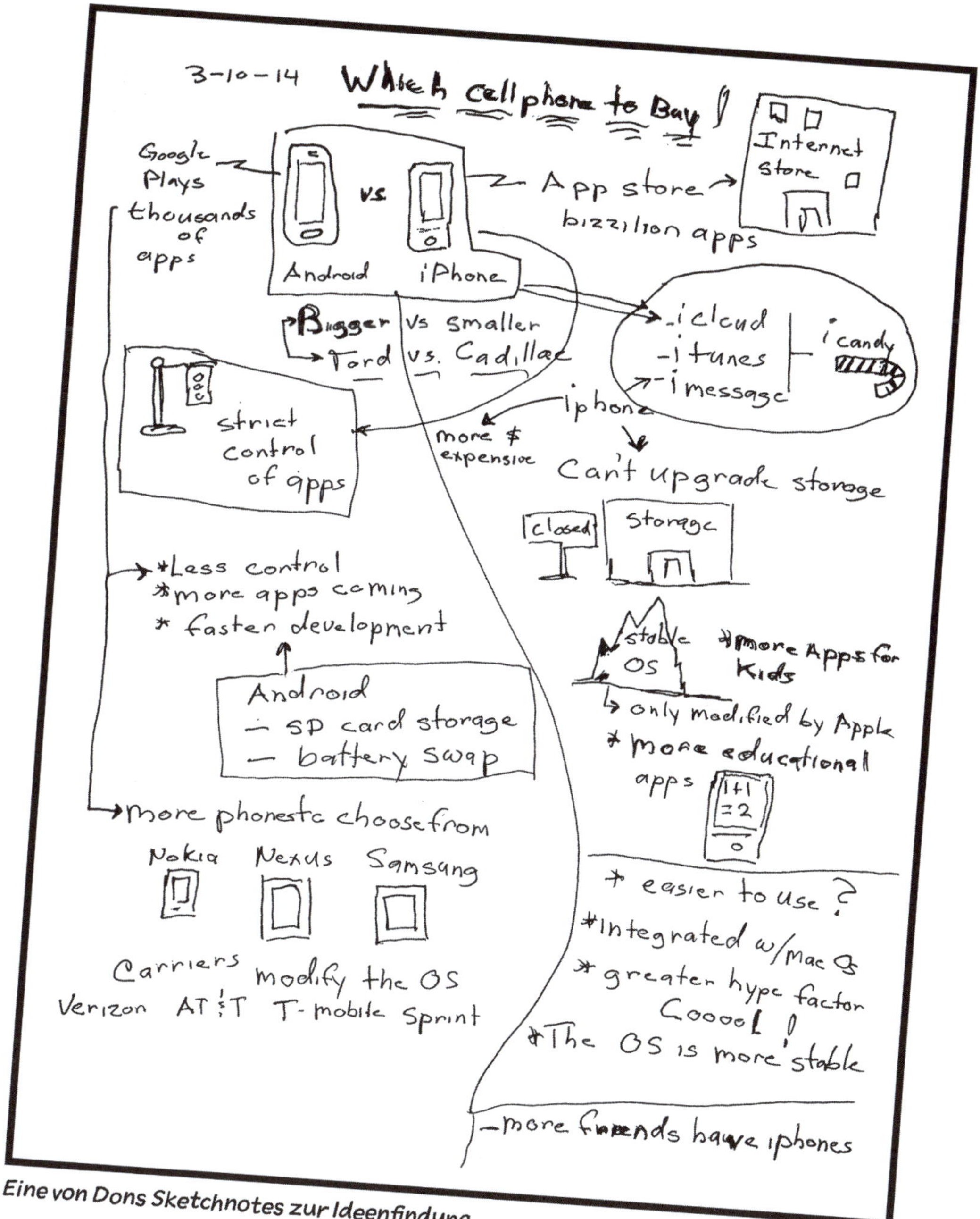

Eine von Dons Sketchnotes zur Ideenfindung

TIPP LEGEN SIE EIN NACHSCHLAGEWERK FÜR ICONS AN

Erstellen Sie in einem neuen Notizbuch oder am Ende eines bestehenden Notizbuches eine Liste mit Begriffen Ihrer Branche, um diese später als Icons umzusetzen. Wenn Sie neuen Begriffen begegnen, fügen Sie diese der Liste hinzu.

Am Ende der Woche nehmen Sie sich 15 bis 30 Minuten Zeit, Ihre Liste durchzugehen und so viele Begriffe wie möglich als Icons zu umzusetzen.

Sie können für die Icons einen eigenen Abschnitt in Ihrem Notizbuch verwenden. Scheuen Sie sich nicht, verschiedene Ideen für jeden Begriff auszuprobieren, bis Sie eine gefunden haben, die sich am besten für den täglichen Gebrauch eignet.

Klauen Sie für Ihre Bibliothek ruhig Icons, die Sie bei anderen Leuten gesehen haben. Eine gute Icon-Bibliothek ist ein nützliches Nachschlagewerk, wenn Sie mit Sketchnotes auf Ideenfindung sind.

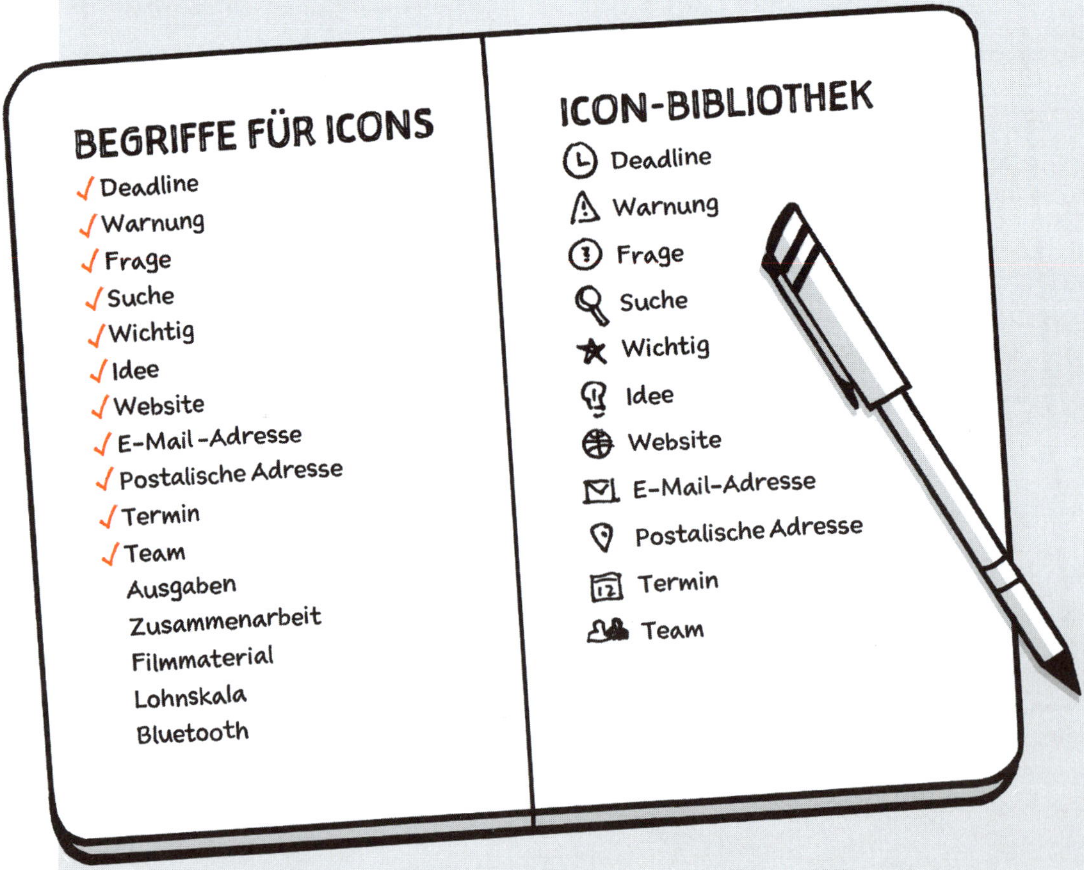

ZUSAMMENFASSUNG

- Beobachten Sie Ihre Gedankengänge, identifizieren Sie neue Ideen und verwenden Sie Sketchnotes, um diese Ideen festzuhalten.
- Erstellen Sie Ihre Sketchnotes schnell und locker und scheuen Sie sich nicht davor, sogar etwas verrückt zu sein. *Verrücktheiten führen oft zu großartigen Ideen.*
- Setzen Sie Ihrer Ideenfindung einen Zeitrahmen. Mit Deadlines bleibt Ihr Verstand locker und Ihre Hand in Bewegung.
- Wenn der visuelle und verbale Teil Ihres Verstands zusammenarbeiten, können Sie eine reich detaillierte visuelle Landkarte Ihrer Ideen und Gedanken erstellen.
- Spielen Sie Ideen in den drei Formaten durch – Rasterformat, radiales Format und Freiform – oder entwerfen Sie Ihr eigenes Format.
- Bauen Sie eine Icon-Bibliothek der Begriffe auf, die Sie häufig nutzen.
- Führen Sie eine Liste mit Ideen, die Sie als Icons umsetzen möchten, und entwerfen Sie die Icons, wenn Zeit dafür übrig ist.
- Klauen Sie Icons von anderen Leuten für Ihre eigene Bibliothek.

★ ALS NÄCHSTES: IDEEN-MAPPING MIT SKETCHNOTES

Kapitel 3

IDEENMAPPING mit SKETCHNOTES

Sketchnotes stehen nicht zwangsläufig am Ende des visuellen Denkprozesses. Sie können Sketchnotes auch als wertvollen Zwischenschritt mitten im Projekt einsetzen, um Informationen zu analysieren und besser zu verstehen.

Was SIND SKETCHNOTE-IDEEN-MAPS?

Ideen-Mapping mit Sketchnotes bedeutet, Recherchematerial mit Sketchnote-Elementen wie Zeichnungen, Schriftzügen, Icons, Pfeilen, Trennern und Text zu einem visuellen Dokument zusammenzufassen.

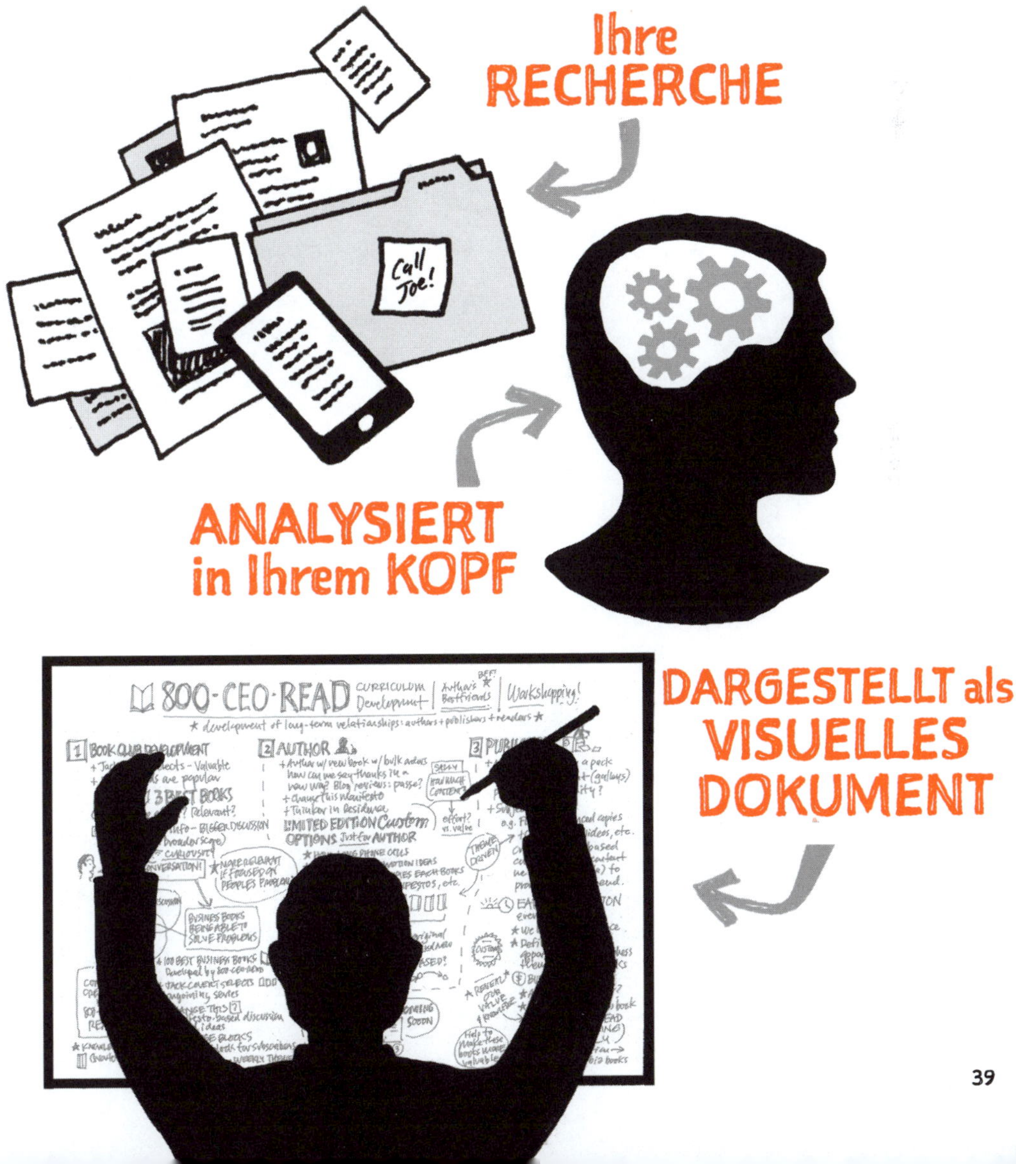

EIN MAPPING, das auf hohem Niveau und detailliert Informationen darstellt, bietet einen Überblick über den Gesamtaufbau, die Beziehungen zwischen Ideen und die genauen Einzelheiten innerhalb eines Dokuments.

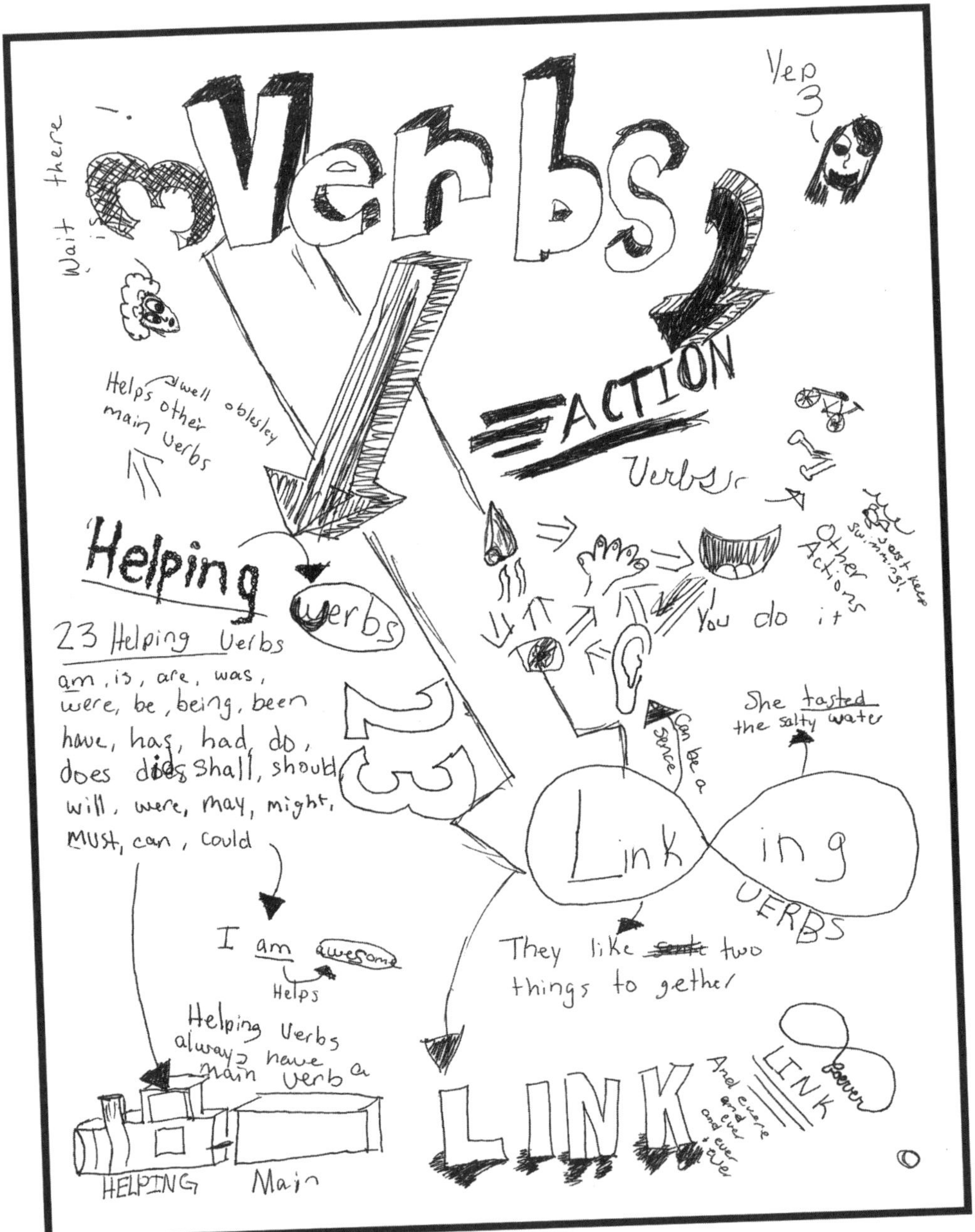

SkylerTiffin

die VORZÜGE DES SKETCHNOTE-IDEEN-MAPPINGS

Ideen-Mapping mit Sketchnotes bietet eine Vielzahl von Vorteilen:

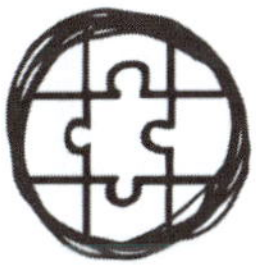

DETAILS EINBETTEN: Während Sie Informationen aufarbeiten, analysieren und per Hand zeichnen, prägen Sie Details in Ihr Gedächtnis ein.

GESAMTBILD: Sie erhalten ein umfassendes Bild zu Ihren Informationen, anstatt auf verstreute Informationshäppchen an verschiedenen Orten zu gucken.

VIELSCHICHTIGE INFORMATIONEN: Betrachten Sie das große Ganze von Weitem und Details aus der Nähe.

LÜCKEN ÜBERBRÜCKEN: Das Ideen-Mapping bildet das Bindeglied zwischen Recherche und Ergebnis. Es ist ein Zwischending aus Synthese, Exploration und Spielen.

SCHREIBBLOCKADEN UMGEHEN: Weil Sie auf andere Weise arbeiten, umgehen Sie Schreibblockaden. Eine visuelle Landkarte ermöglicht Ihnen, mit Informationen zu arbeiten, ohne den Druck zu haben, ein endgültiges Produkt liefern zu müssen.

WIE MAN EINE IDEEN-MAP ERSTELLT

Die nächsten Seiten zeigen meinen eigenen Arbeitsablauf für das Sketchnote-Ideen-Mapping. Wandeln Sie das Verfahren nach Belieben für sich selbst ab.

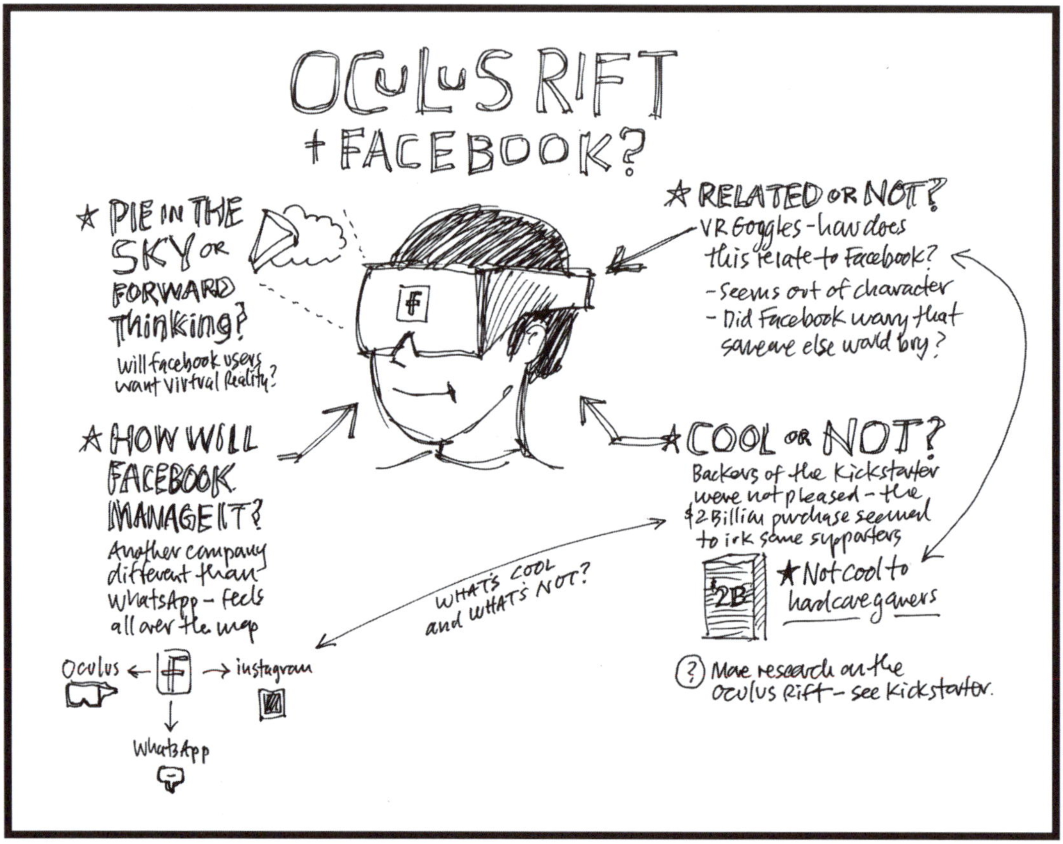

★ FORTSCHRITT, NICHT PERFEKTION ★

Fangen Sie einfach irgendwo an und sammeln Sie im Verlauf der Arbeit die Informationen an.

★ CHAOTISCHE SKETCHNOTES SIND OKAY ★

Wenn das erste grobe Ideen-Mapping zu chaotisch ist, haben Sie bei der Erstellung einer gesäuberten Ideen-Map die Chance, Ihre Gedanken weiter auszuarbeiten.

SCHRITTE FÜR IDEEN-MAPS

Befolgen Sie diese sieben Schritte, um Ihre eigene Ideen-Map zu erstellen. Ändern Sie diese ab, um sie Ihrem Stil und Ihren Bedürfnissen anzupassen.

1 RECHERCHEMATERIAL SAMMELN

Ihre Informationen sind der Ausgangspunkt für Ihre Auswertung und Analyse. Um den Prozess greifbarer zu machen, hilft es, Dokumente auszudrucken, aber ein Laptop oder Tablet zu nutzen ist auch in Ordnung.

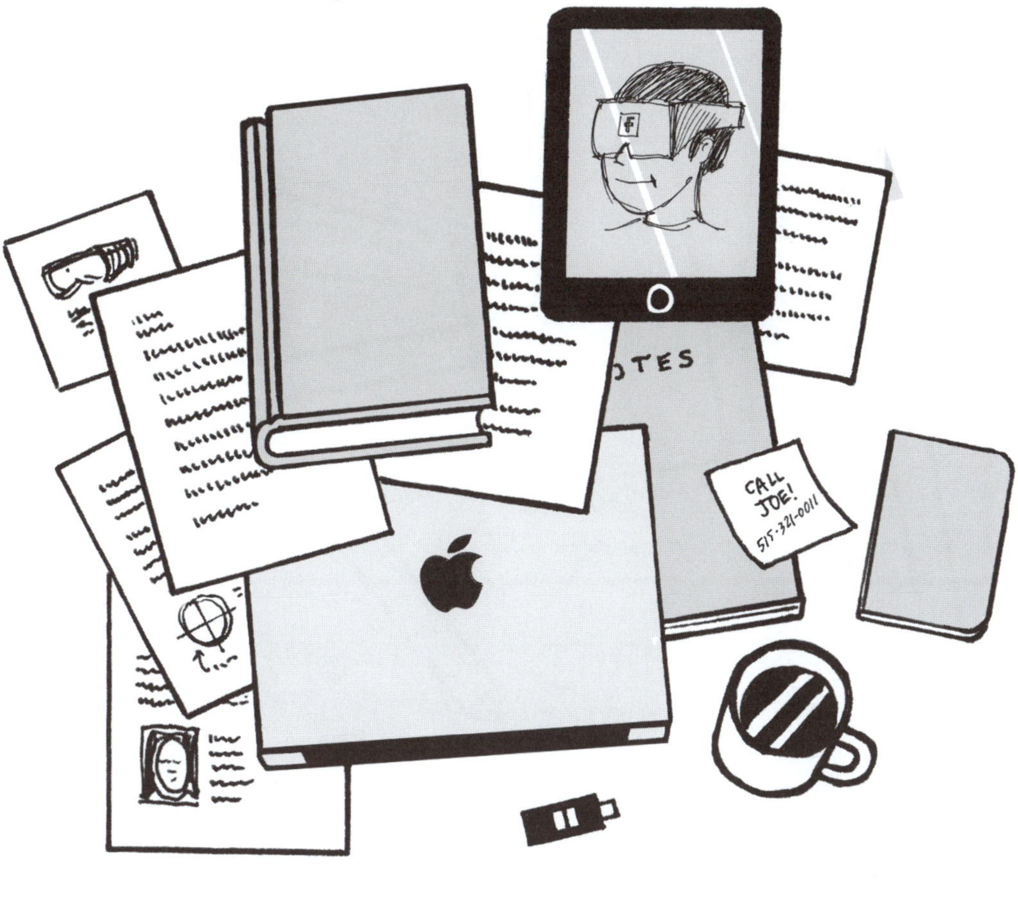

2 WÄHLEN SIE EINE MAPPING-OBERFLÄCHE

Sie können Ihre Map auf einem großen Bogen Papier erstellen, einem normalen Blatt, einer Skizzenbuchseite, einem Whiteboard oder einer Zeichen-App auf Ihrem iPad. Größer ist besser, wenn Sie viele Ideen festhalten müssen. Kleiner hilft Ihnen, sich auf Ihre Gedanken zu konzentrieren.

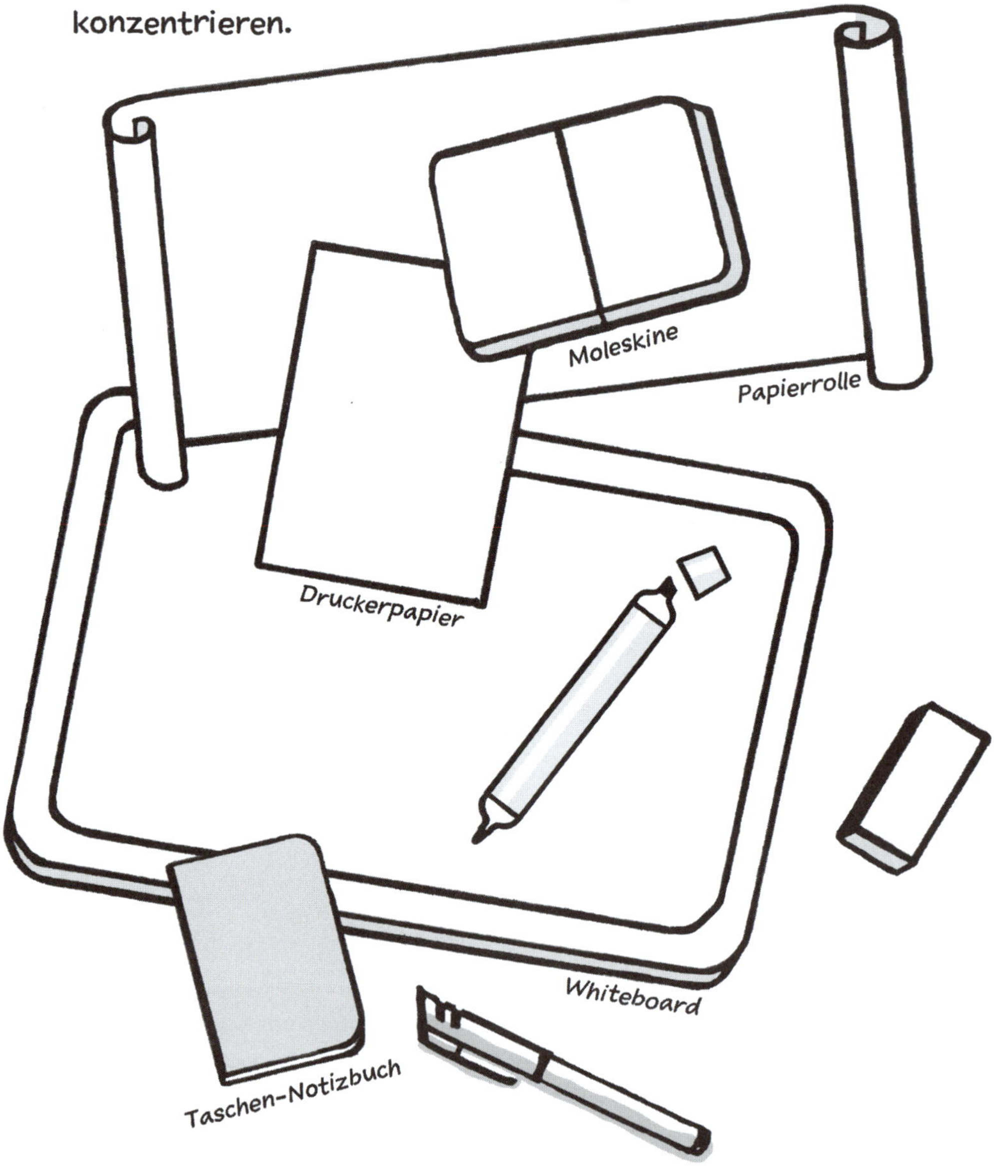

3 BEGINNEN SIE MIT DEM THEMA

Wenn Sie ein Hauptthema haben, beginnen Sie, indem Sie es oben auf der Map links, rechts oder mittig als größere Überschrift platzieren.

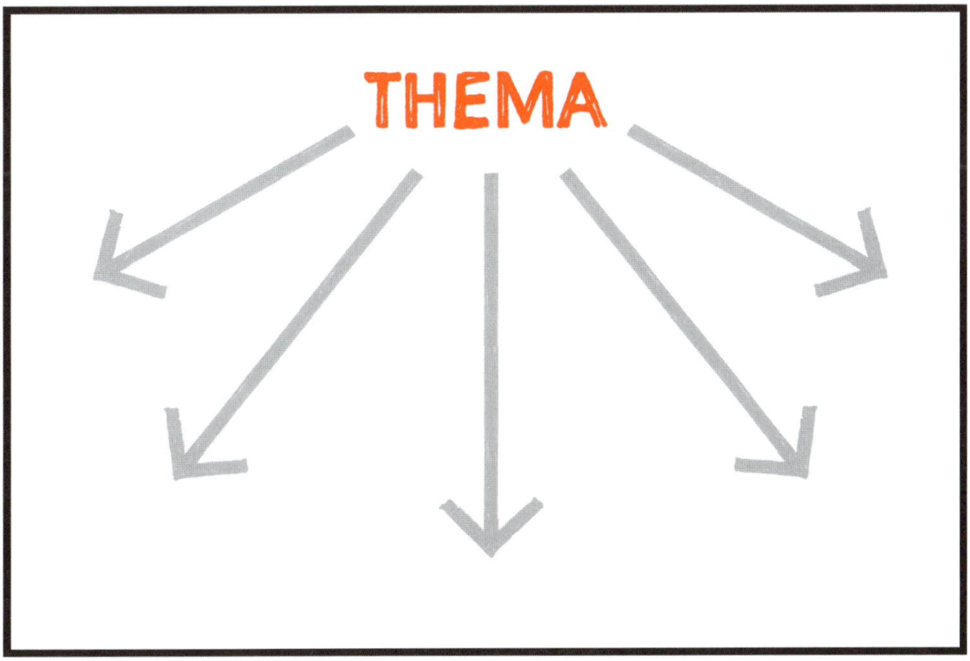

Thema mittig oben

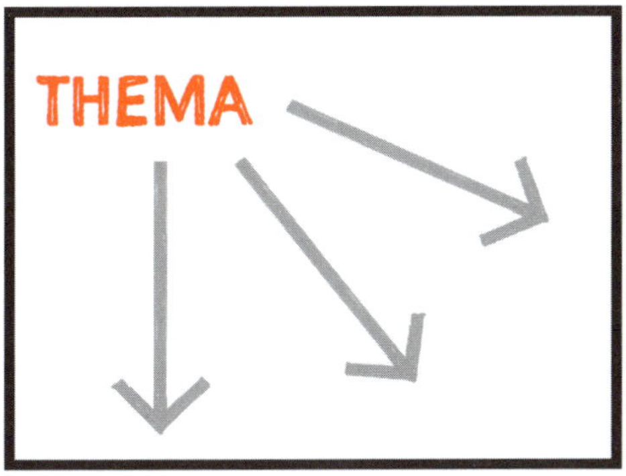

Thema links oben

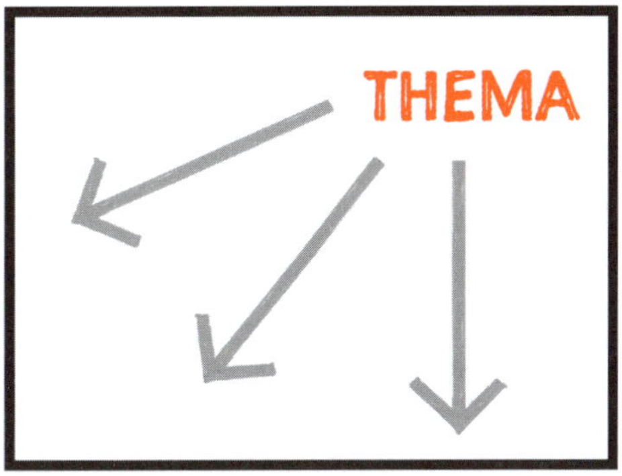

Thema rechts oben

4 PLANEN SIE IHRE IDEEN

Gehen Sie Ihr Recherchematerial durch und suchen Sie nach Schlüsselideen. Halten Sie diese Ideen auf der Map mithilfe von Text und Zeichnungen fest. Bleiben Sie dabei so knapp und präzise wie möglich.

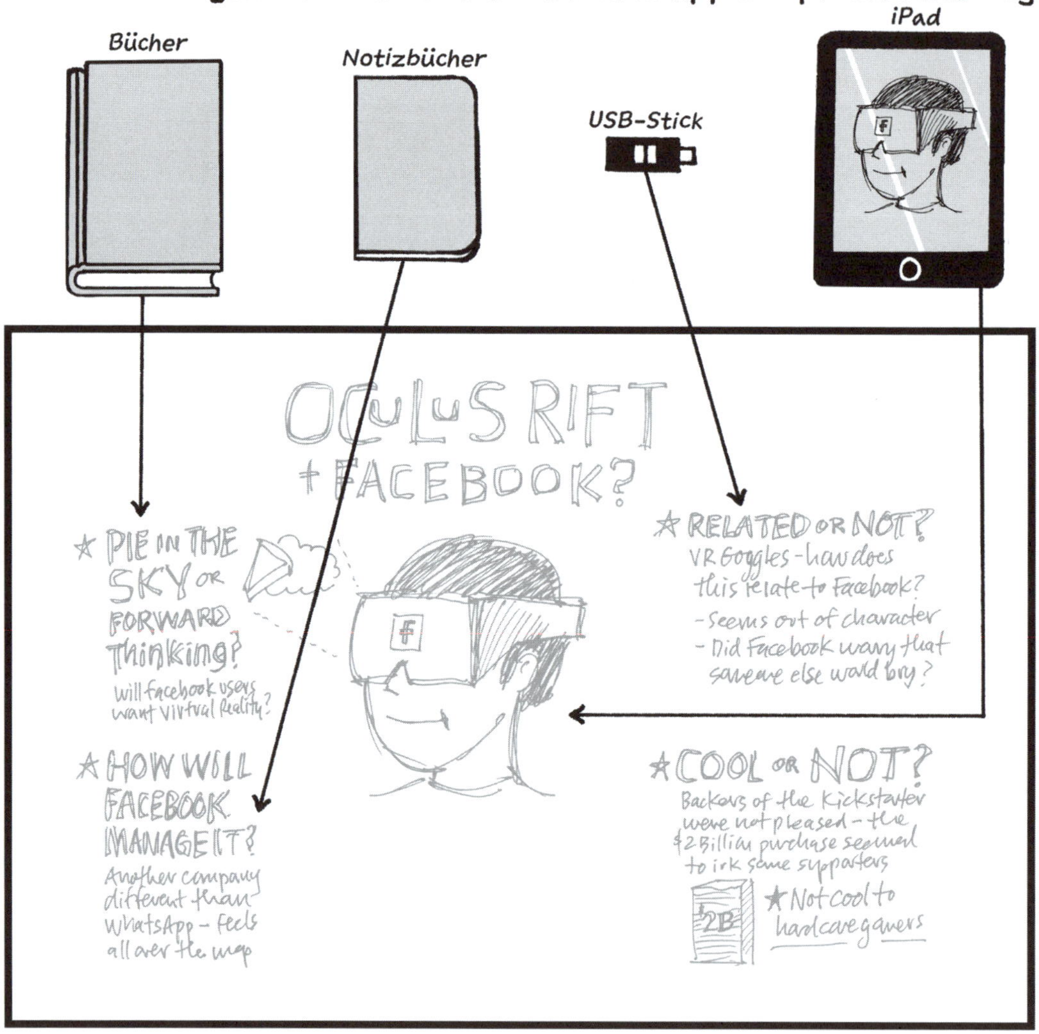

Lassen Sie rund um jeden Schlüsselpunkt Freifläche übrig, damit Sie im Verlauf der Arbeit weitere Details hinzufügen oder später eine Sketchnote anfügen können.

5 IDEEN PRÜFEN & VERKNÜPFEN

Nachdem Sie Ihr Recherchematerial komplett durchgegangen sind, überprüfen Sie die Map und suchen Sie nach Zusammenhängen. Fügen Sie neue Ideen hinzu und verknüpfen Sie Ideen mit Pfeilen und Verbindungselementen.

Die ursprüngliche Sketchnote

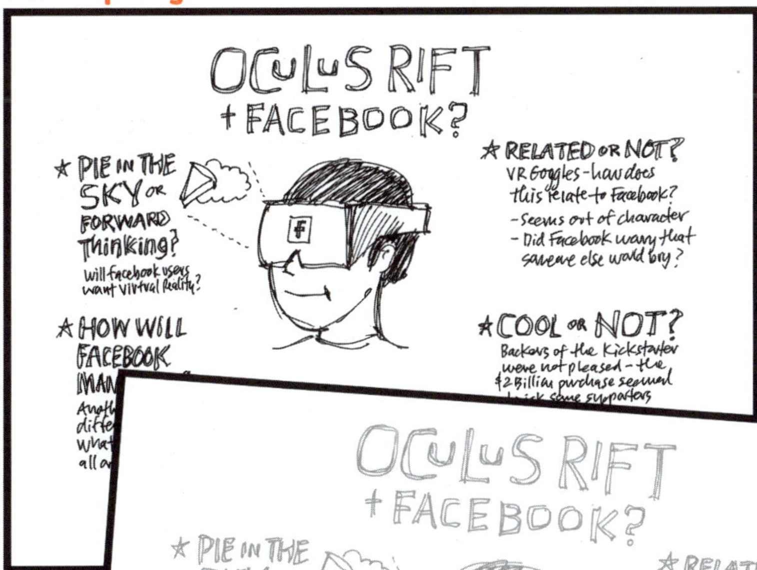

Pfeile hinzufügen, um Zusammenhänge kenntlich zu machen

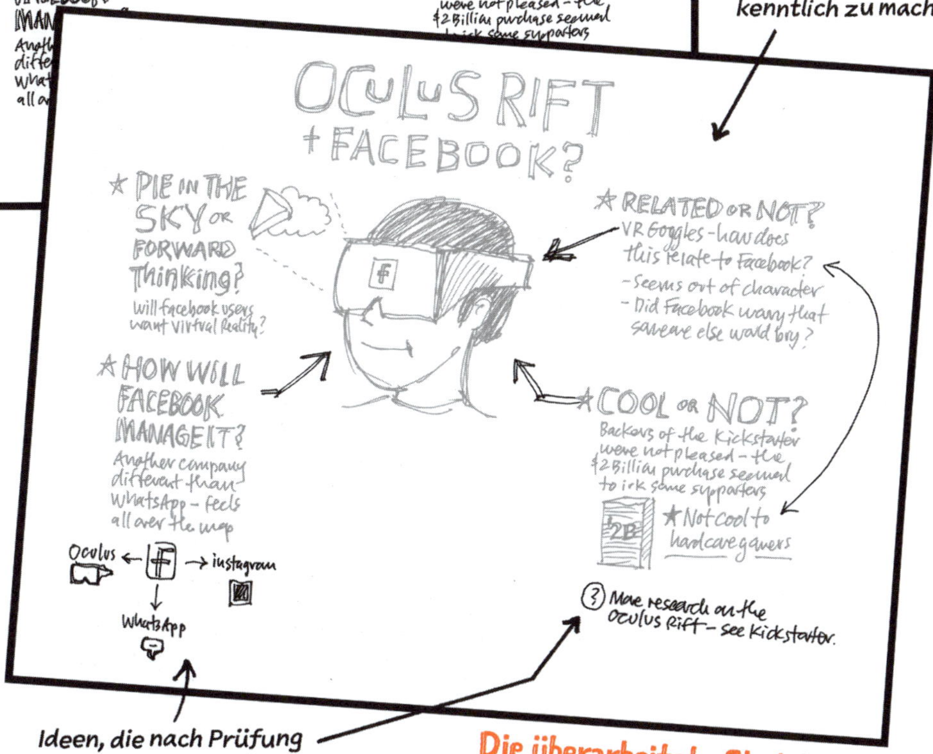

Ideen, die nach Prüfung der Sketchnote hinzugefügt wurden

Die überarbeitete Sketchnote

6 MUSTER ERKENNEN & MARKIEREN

Suchen Sie bei der Überprüfung der Map nach sich wiederholenden Ideen. Halten Sie sich wiederholende Muster auf der Map oder in einem eigenen Bereich mit Icons und Kommentaren fest.

Schlüsselidee-Icon

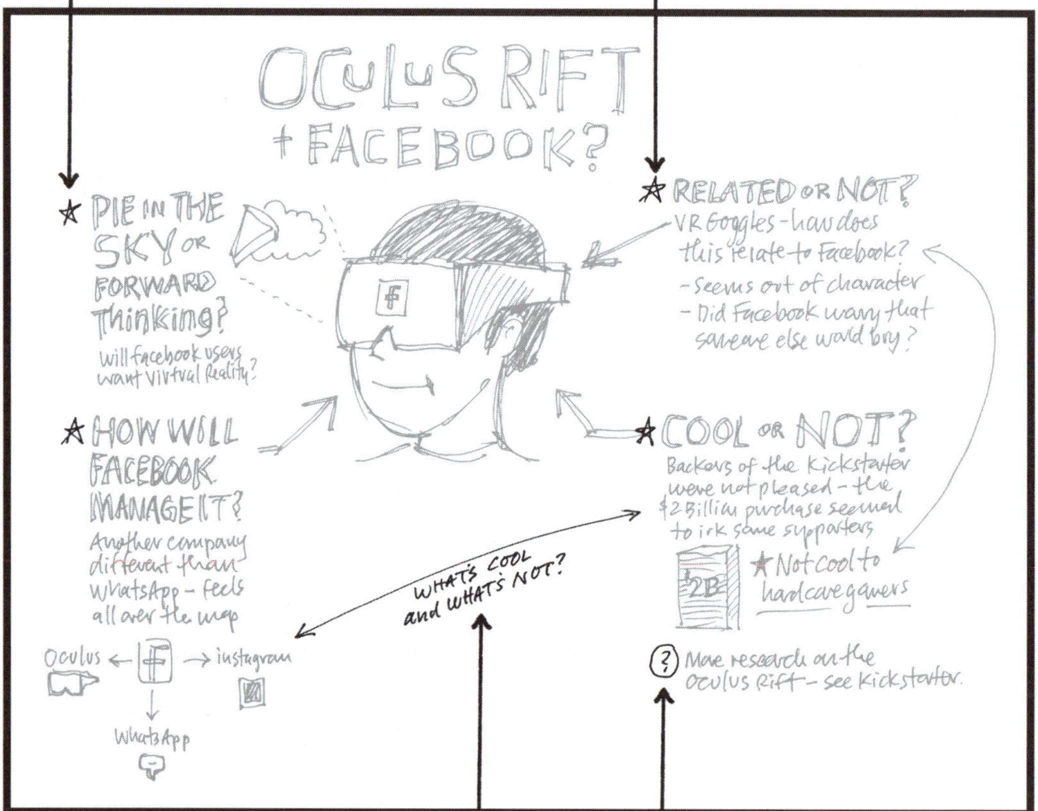

Muster verbinden

Recherche-Icon

7 EINE NEUE MAP ERSTELLEN

Es ist okay, wenn Ihre Ideen-Map chaotisch und schlecht lesbar ist. Sketchnote-Maps sind Denkwerkzeuge. Sie können eine neue Map erstellen, indem Sie Ihre Ideen überprüfen und übertragen: Im selben Schritt lassen sich Details hinzufügen, entfernen, verschieben und anpassen.

ÜBUNG 3.1

ERSTELLEN SIE EINE GROSSE SKETCHNOTE-IDEEN-MAP

Nehmen Sie ein Thema Ihrer Wahl und sammeln Sie Recherchematerial (Artikel, Bilder, etc.). Schreiben Sie in den Kopf eines großen Papierbogens das Thema und beginnen Sie damit, Schlüsselideen mithilfe von Text, Bildern und Icons in eine Ideen-Map zu übertragen.

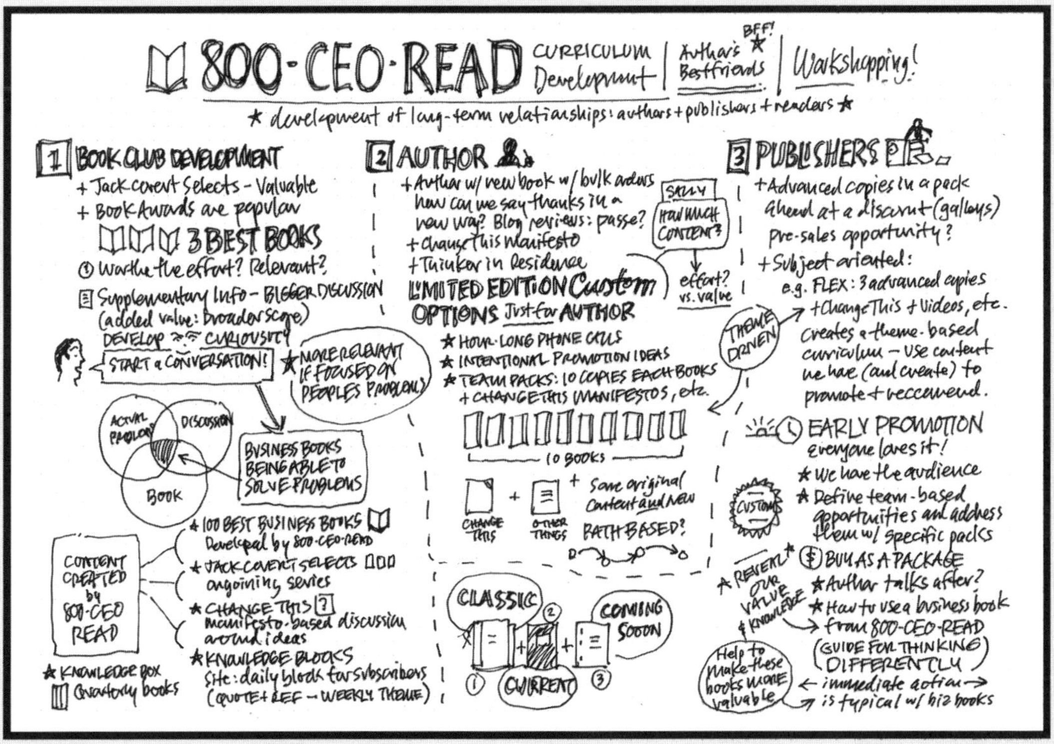

Prüfen Sie Ihre grobe Sketchnote-Ideen-Map nach Zusammenhängen. Markieren Sie Verbindungen mit Linien und Pfeilen.

Suchen Sie nach Mustern, dokumentieren Sie diese auf der verbleibenden Fläche im Fuß der Map und verbinden Sie diese mit den oben stehenden Ideen mithilfe von Icons. Wenn es zu chaotisch wird, erstellen Sie eine neue, aufgeräumtere Version der Ideen-Map.

FRAGEN

Wie hat sich Ihre Perspektive zum Thema nach dem Mapping verändert? Welche Zusammenhänge und Muster sind nach Ihrer Überprüfung aufgetaucht?

PRAKTISCHE ANWENDUNGEN

Sie können Ideen-Mapping mit Sketchnotes in vielen beruflichen wie privaten Bereichen einsetzen. Hier einige Beispiele, wofür es sich eignet:

★SCHREIBEN

Eine visuelle Map Ihrer Ideen zu erstellen, kann beim Verfassen eines Artikels, Buches oder anderen Materials hilfreich sein. Recherche- und Referenzmaterial ist meistens auf mehreren Seiten oder in verschiedenen Computerdateien verteilt. Manchmal gehen Ideen in der großen Textmenge verloren. Informationen in eine visuelle Ideen-Map zu übertragen, führt Ihnen die Beziehung der verschiedenen Elemente vor Augen.

C. WESS DANIELS, ein Doktorand mit Schreibblockade, entschied sich, eine Sketchnote-Map seiner Dissertationsthemen zu erstellen. Indem er seine Recherche als Map gestaltete, konnte er die Schlüsselthemen seiner Arbeit aus einem anderen Blickwinkel betrachten.

MAPPING ALS ZWISCHENSCHRITT HALF IHM, DEN SCHREIBDRUCK ZU MINDERN UND SEINE SCHREIBBLOCKADE DURCH DIESE HINTERTÜR ZU ÜBERWINDEN, UM SEINE DISSERTATION FERTIGZUSTELLEN.

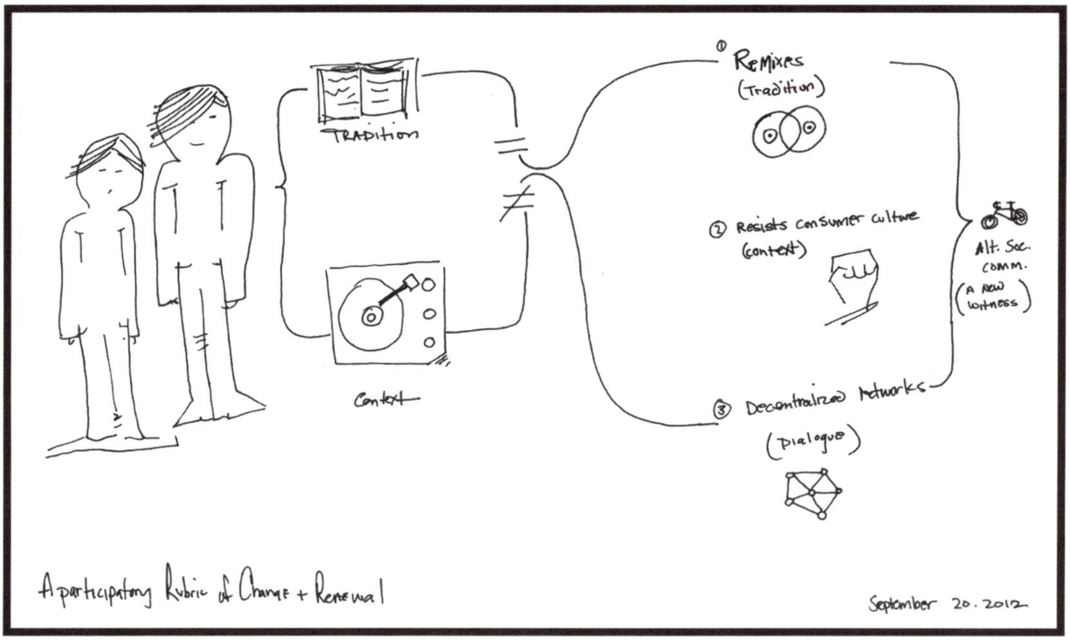

C. Wess Daniels

THIAGO ESSER, Interaction/UX Designer, nutzt Sketchnotes, um sich zu vergegenwärtigen, dass ein Entwickler ganz anders denkt als der User.

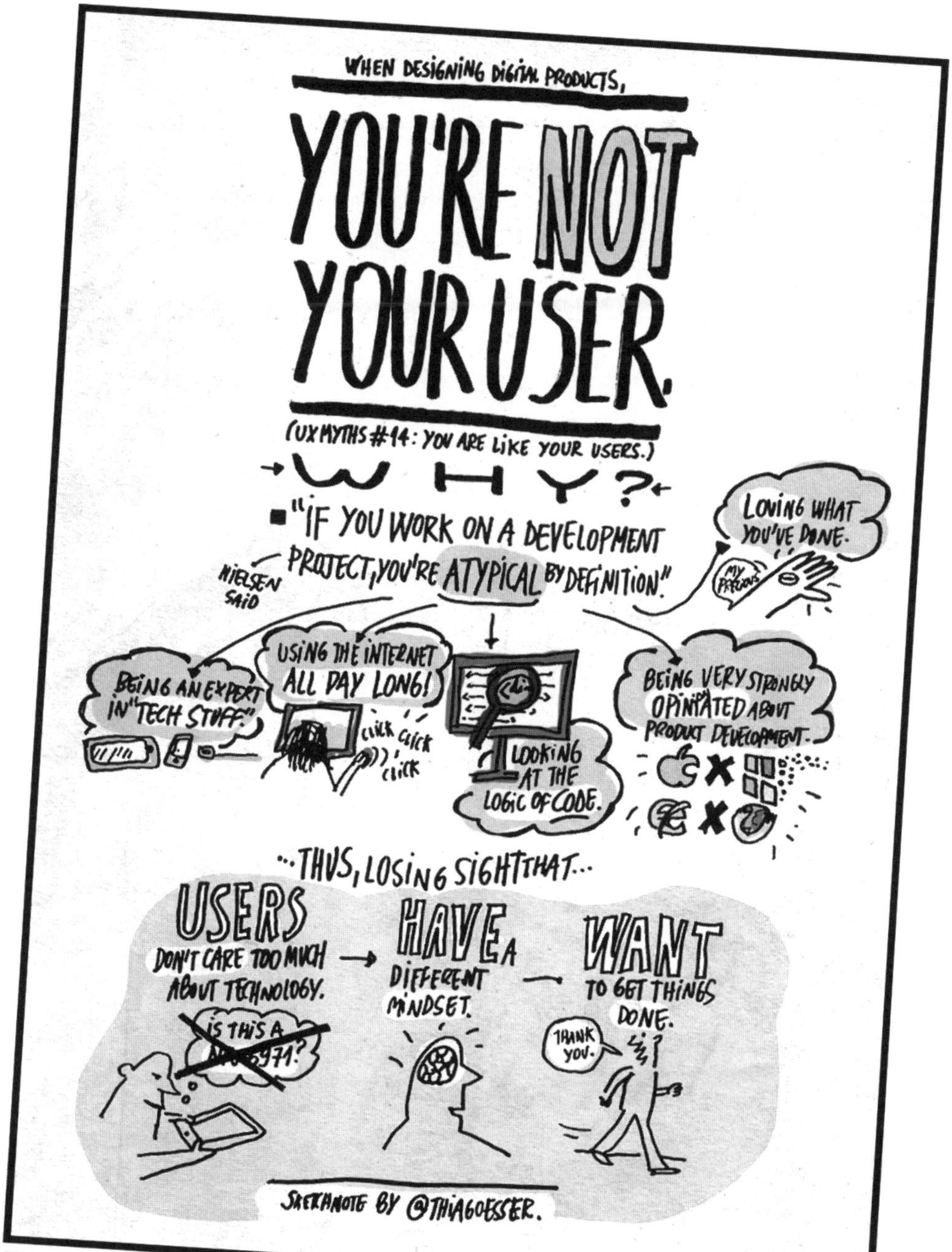

Thiago Esser

CLAUDIA CERANTOLA aus Brasilien verwendet Sketchnotes, um Briefe zu schreiben, die spannender als die üblichen rein textlichen Briefe sind. Ihre handgezeichneten Bilder geben ihren Sketchbriefen eine menschliche Note, und da es Spaß macht, solche Briefe zu verfassen, ist sie davon sehr begeistert.

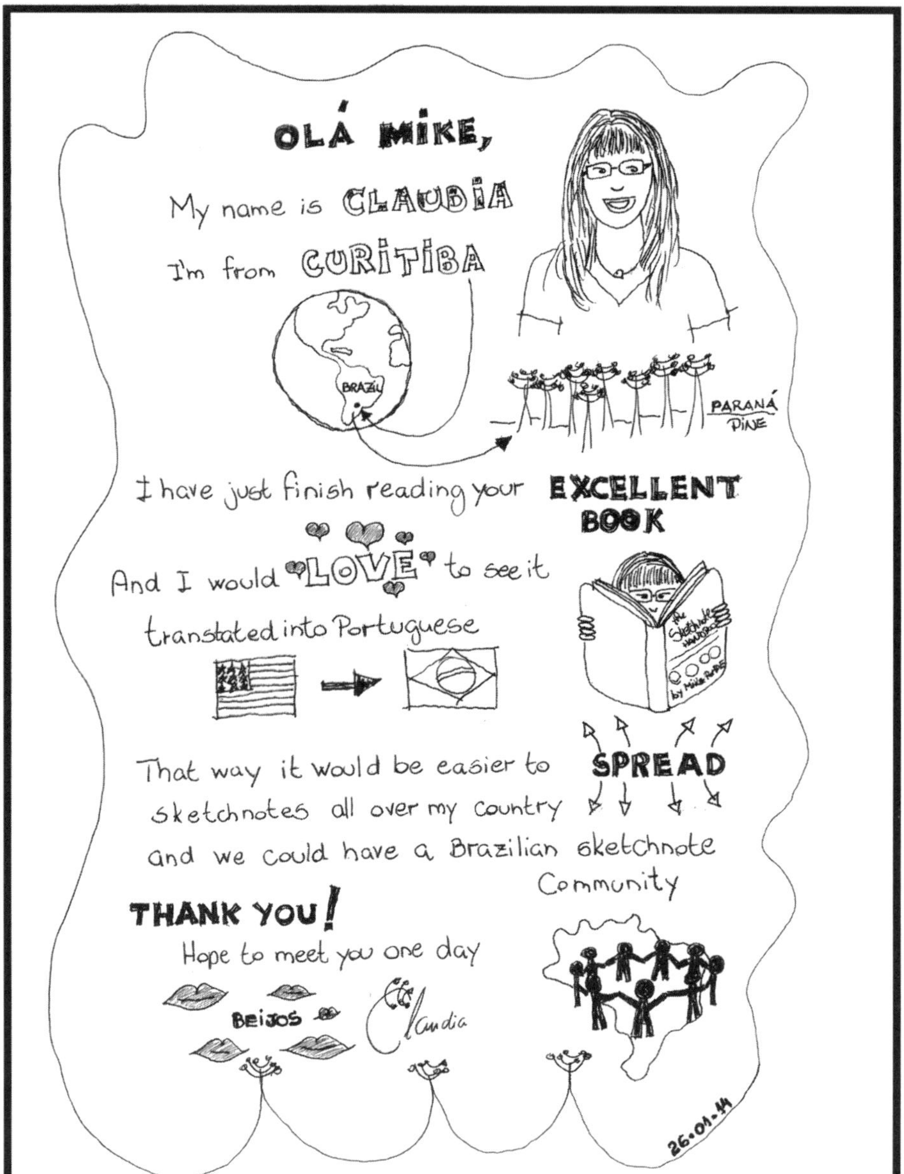

Claudia Cerantola

ÜBUNG 3.2

Ü SCHREIBEN SIE EINEN SKETCHNOTE-BRIEF

Verfassen Sie einen Brief an einen Freund oder an ein Familienmitglied mithilfe der Sketchnote-Ideen-Mapping-Techniken und des Einsatzes von Text, Schriftzügen und Bildern. Verschicken Sie Ihren Sketchnote-Brief.

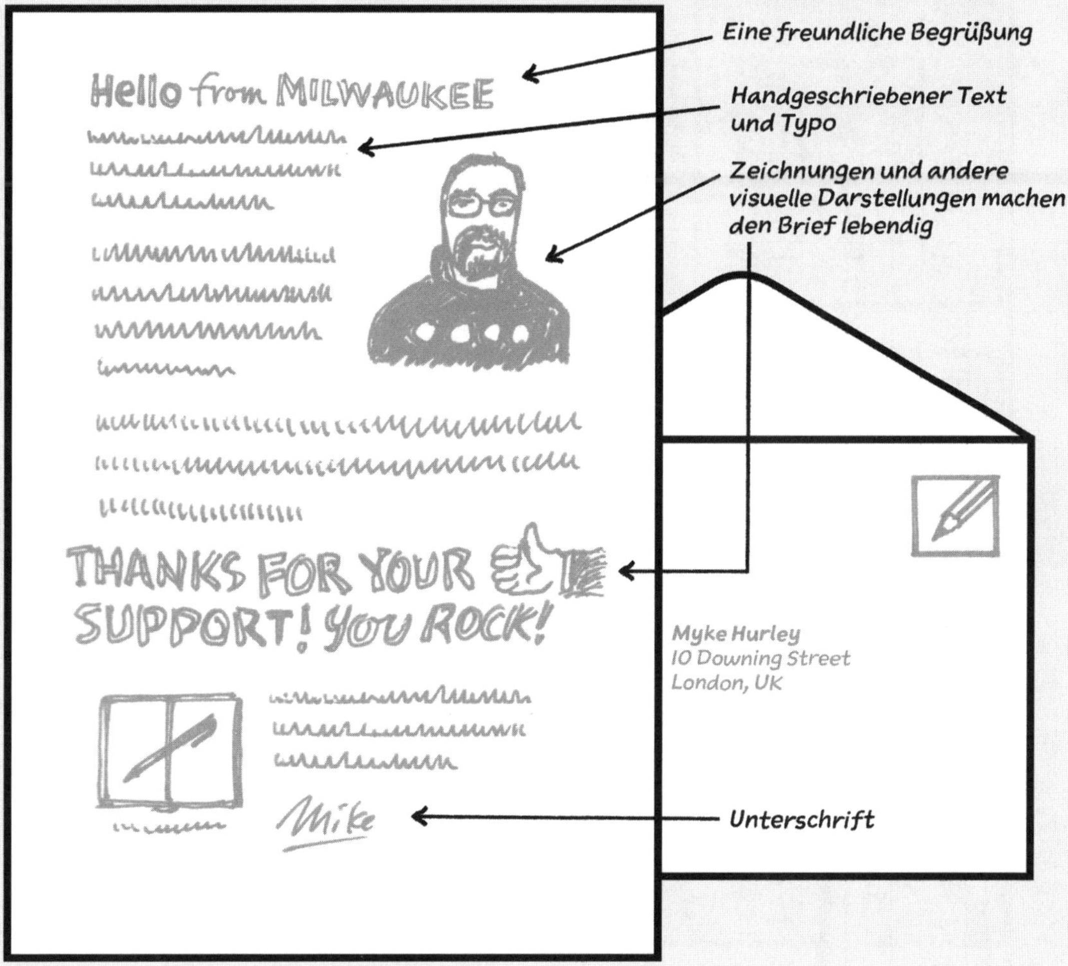

FRAGEN

Wie war es, einen Sketchnote-Brief zu verfassen?
Wie war die Reaktion des Empfängers?
Was würden Sie nächstes Mal anders machen?

★PRÄSENTATIONEN

Wenn Sie eine Präsentation vorbereiten, hilft es, sie zu Beginn als Ideen-Map auf Karteikarten oder Haftnotizen zu strukturieren.
Im ersten Durchlauf halten Sie Ihre Hauptideen fest, um den Ablauf betrachten zu können.

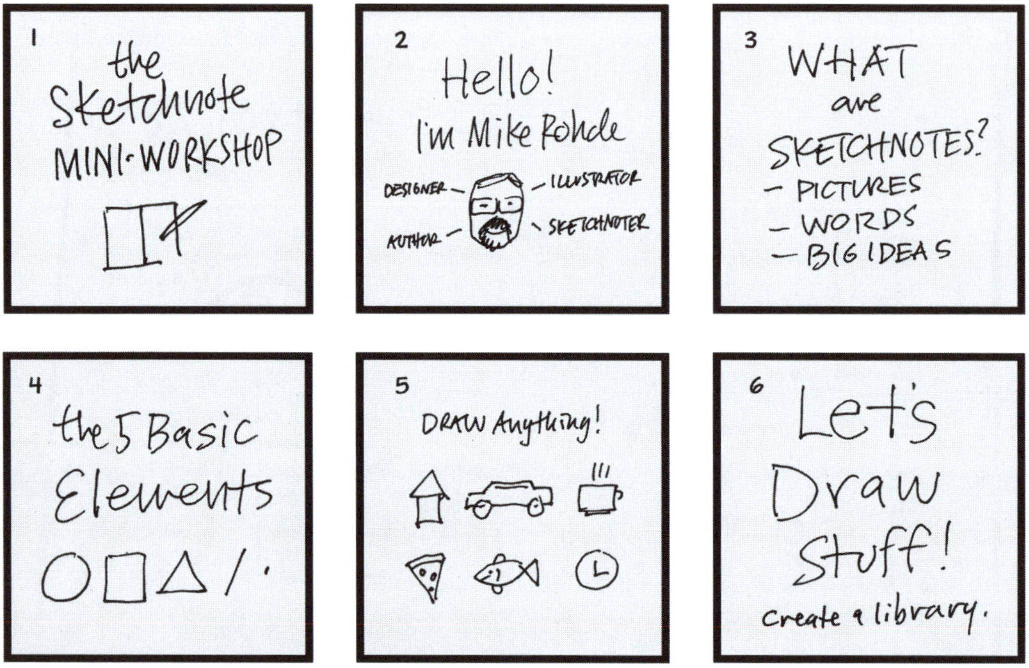

Im zweiten Durchlauf ordnen Sie die Elemente neu an, um den Ablauf der Präsentation zu optimieren.

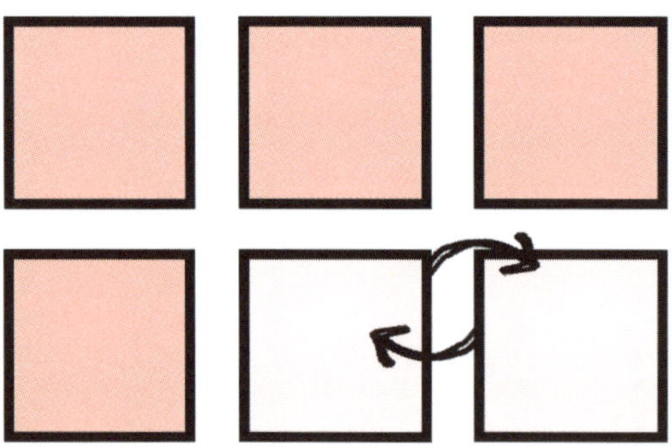

Karteikarten und Haftnotizen eignen sich hervorragend für den Aufbau einer Präsentation, da man sie so lange hin und her schieben kann, bis der Ablauf perfekt ist.

Sie können die einzelnen Karten oder Notizen während der Präsentation nutzen oder als Vorlage, um Ihre Diashow aufzubauen.

DEREK GRAHAM nutzt Sketchnotes, um Präsentationen vorzubereiten und zu halten. Sketchnotes helfen ihm, seine Nervosität in den Griff zu bekommen, denn mit ihrer Hilfe sieht er die gesamte Story auf einen Blick. Auf dieser sicheren Grundlage kann er improvisieren, wenn er seine Ideen einer Gruppe vorstellt.

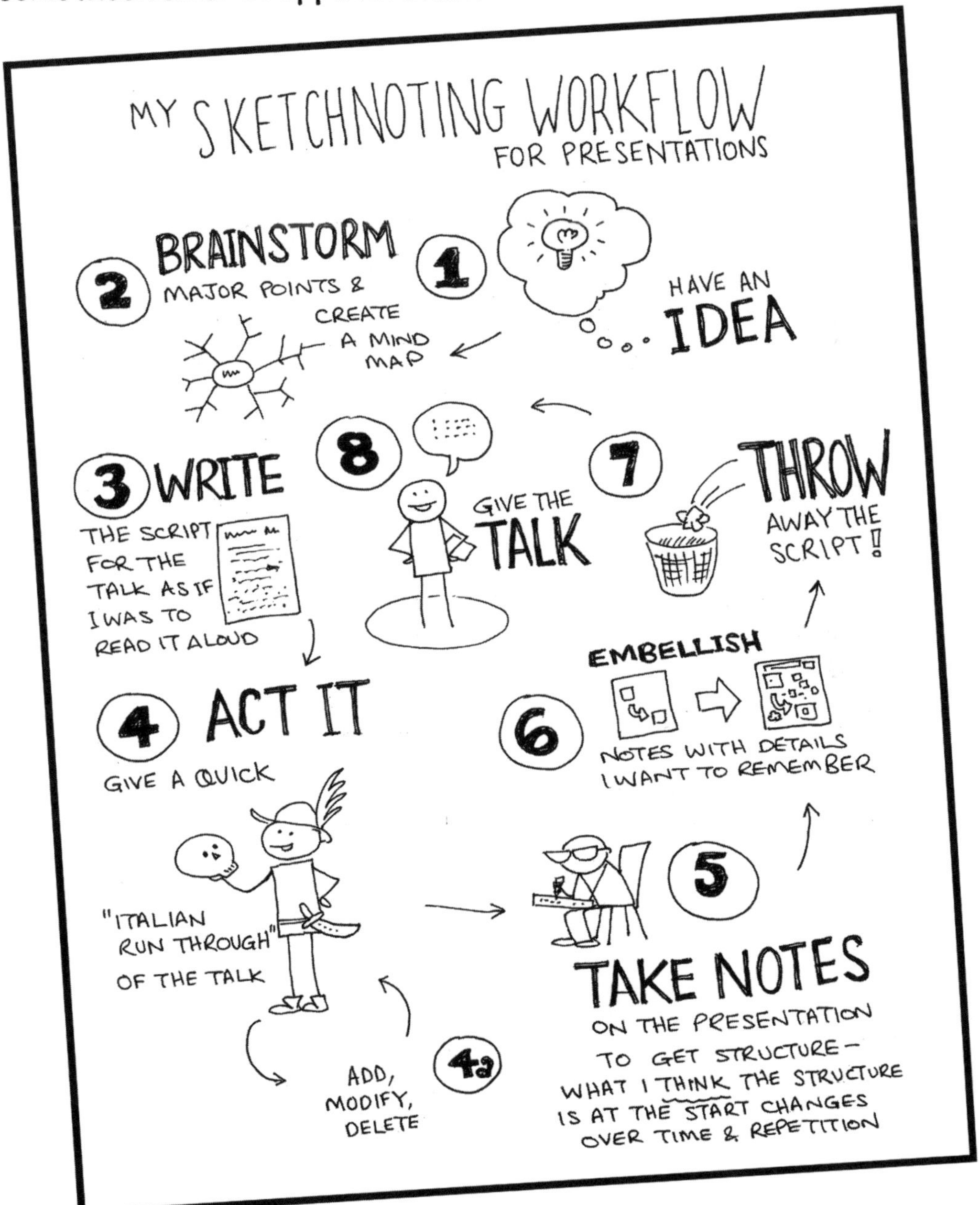

Derek Graham

ÜBUNG 3.3

EINE PRÄSENTATION PLANEN

Halten Sie die Ideen für eine Präsentation mithilfe von Sketchnotes auf mehreren Karteikarten oder Haftzetteln fest. Konzentrieren Sie sich zu Beginn darauf, die Schlüsselelemente der Präsentation unabhängig von der Reihenfolge zu notieren.

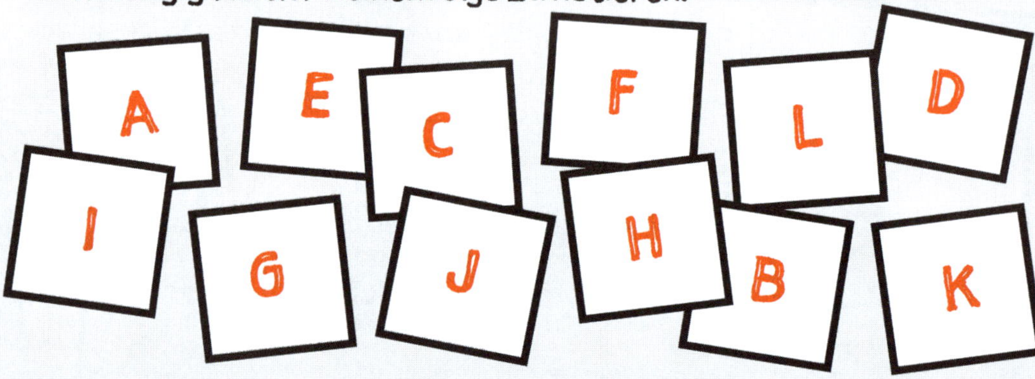

Nachdem Sie Ihre Ideen festgehalten haben, legen Sie Ihre Karten oder Notizen auf den Tisch und arrangieren sie in einer logischen Abfolge. Probieren Sie verschiedene Kombinationen aus.

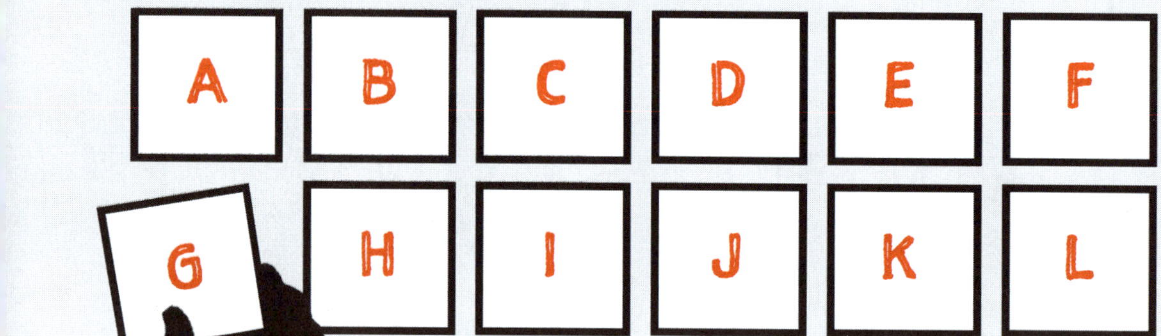

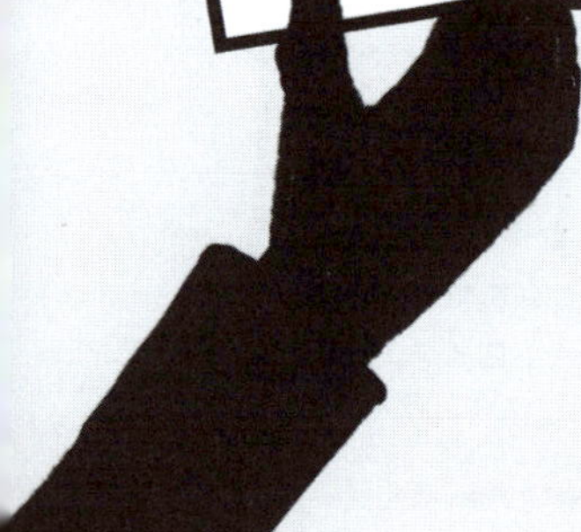

FRAGEN

War es einfach oder schwer, Ideen zufällig auf Karteikarten oder Haftnotizen festzuhalten, ohne sich um eine bestimmte Reihenfolge zu kümmern?

Hat Ihnen der Einsatz von Karteikarten oder Haftnotizen geholfen, Ihre Ideen für den optimalen Ablauf anzupassen?

★FREMDSPRACHEN LERNEN

Wörter und Redewendungen Ihrer Sprache mit Wörtern und Redewendungen einer neuen Sprache zu verknüpfen, ist ein gutes Einsatzgebiet für Ideen-Maps mit Sketchnotes.
Sie können mit Karteikarten Vokabelkarten erstellen, indem Sie für eine Sprache ein Wort und eine Zeichnung auf der Vorderseite platzieren und für die andere Sprache dasselbe auf der Rückseite.

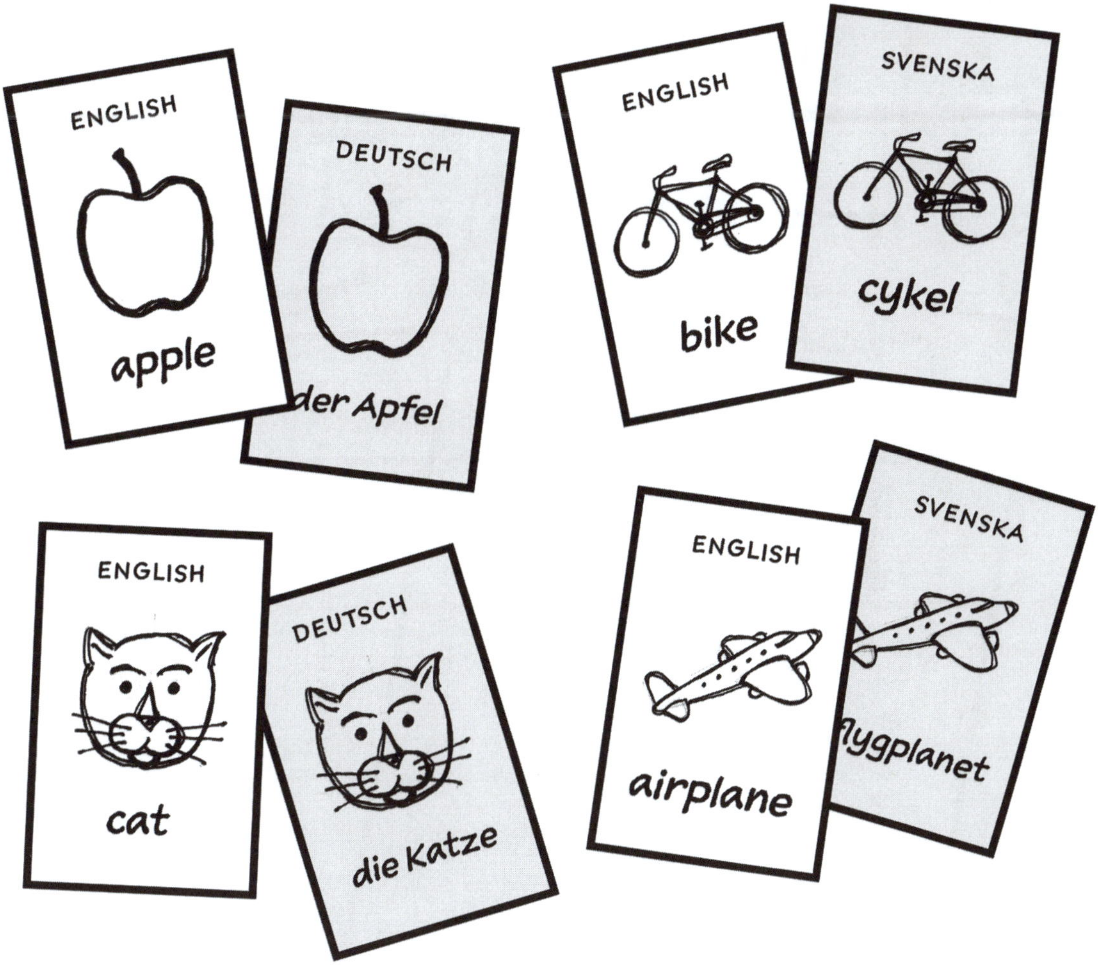

Durch die Erstellung von Vokabelkarten prägen sich die Wörter und Bilder stärker in Ihr Gedächtnis ein.

AGA UND PIOTR POZNAŃSKI aus Polen nutzen Sketchnote-Vokabelkarten, um ihre Sprachkenntnisse zu verbessern. Hier sind Beispiele von Vokabelkarten, die sie für Japanisch und Italienisch erstellt haben.

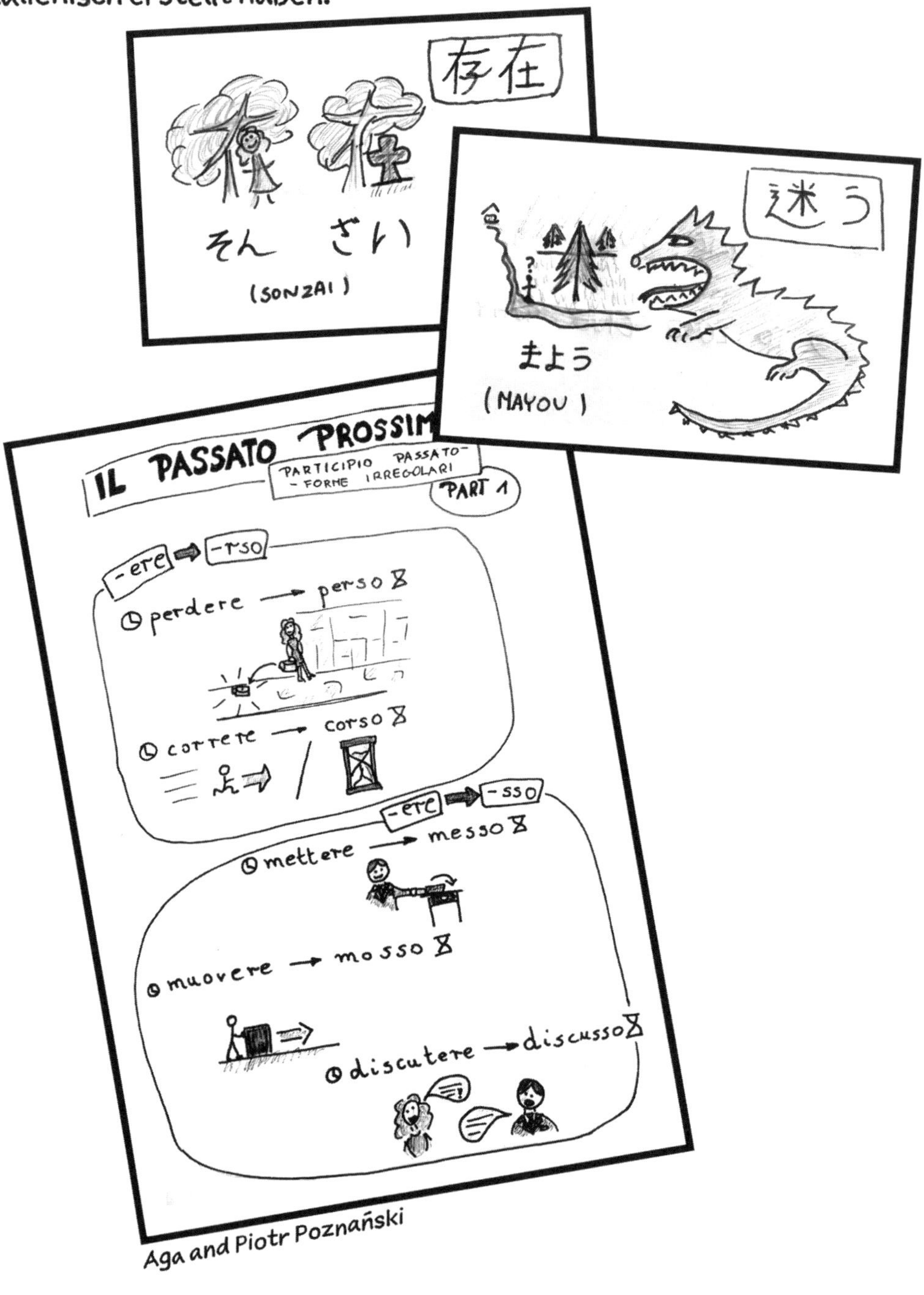

Aga and Piotr Poznański

ÜBUNG 3.4

SKETCHNOTE-VOKABELKARTEN ERSTELLEN

Nehmen Sie zehn Karteikarten und schreiben Sie auf jede Karte einen gängigen deutschen Begriff und fertigen darunter oder darüber eine passende Zeichnung an.

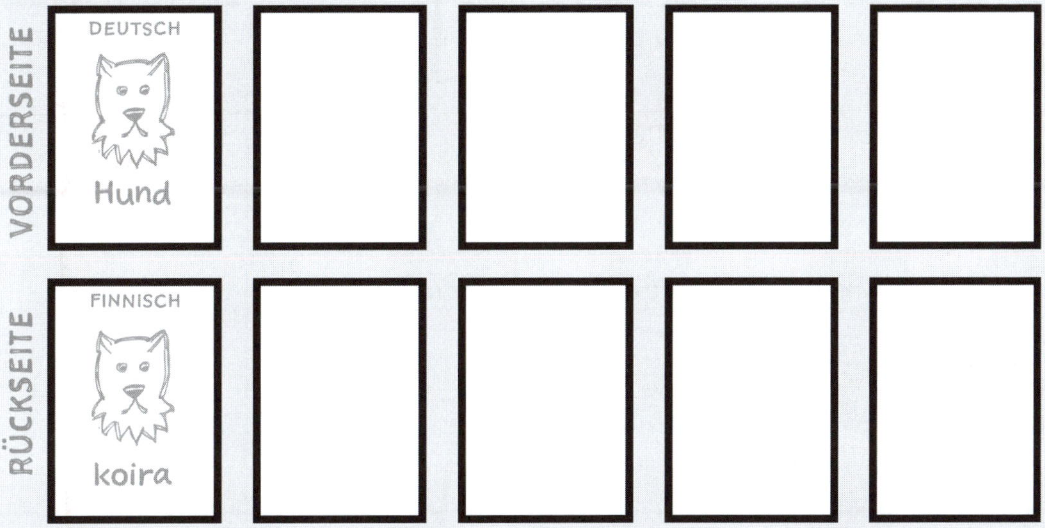

Drehen Sie jede Karte um und tun Sie dasselbe mit dem entsprechenden Wort einer Fremdsprache.

Prägen Sie sich die zehn fremden Vokabeln und Bilder auf den Karten für je 2 Minuten ein (insgesamt 20 Minuten).

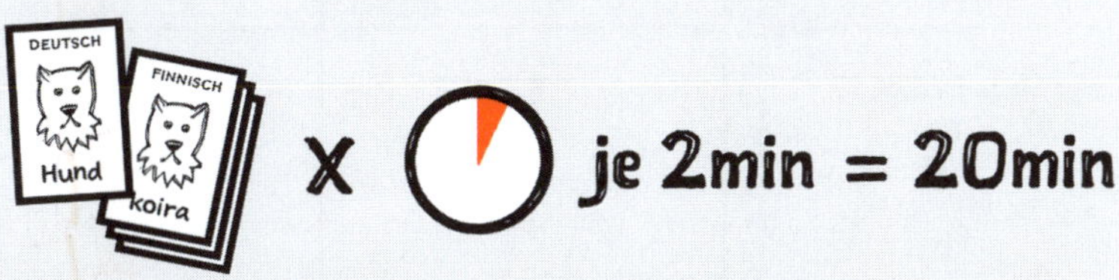

Testen Sie Ihr Gedächtnis mit Ihren Karten.

FRAGEN

Wie viele Wörter haben Sie behalten?
Hat die Erstellung der Karten Ihnen geholfen, sich die Begriffe besser einzuprägen?
Wie viele Wörter wussten Sie noch bei einem Test eine Woche später?

ARBEITSBLATT 3.1

A ERSTELLEN SIE EINE BIBLIOTHEK MIT SPRACH-ICONS

italienisch	deutsch	italienisch	deutsch
LA MACCHINA 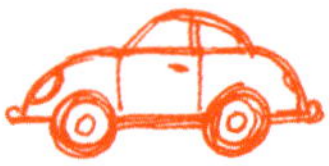	DAS AUTO 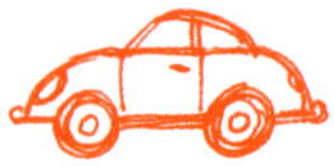	IL CAFFÈ 	DER KAFFEE 
IL TRENO	DER ZUG	IL LIBRO	DAS BUCH
LA LAMPADINA	DIE GLÜHBIRNE	LA BICICLETTA	DAS FAHRRAD
LA FOTOCAMERA	DIE KAMERA	IL PESCE	DER FISCH

Erstellen Sie im unten stehenden Raster Vokabelkarten jeweils für italienische und deutsche Wörter. In der leeren letzten Reihe können Sie Ihre eigenen Icons erstellen.

italienisch	deutsch	italienisch	deutsch
IL GATTO 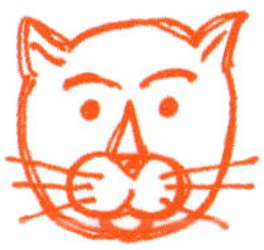	DIE KATZE 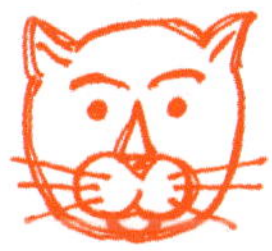	LA MELA 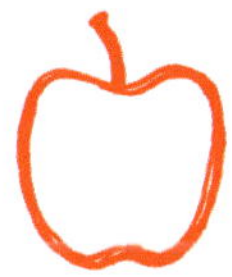	DER APFEL 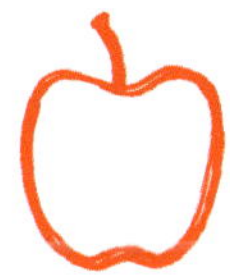
LA SCARPA	DER SCHUH	LA MATITA	DER BLEISTIFT
LA TERRA	DIE ERDE	IL ALBERO	DER BAUM
IL OROLOGIO	DIE UHR	IL MONTE	DER BERG

Jackie Pomeroy-Tso

SKETCHNOTE-MAPPING HALF, DIE SCHREIBBLOCKADE ZU ÜBERWINDEN

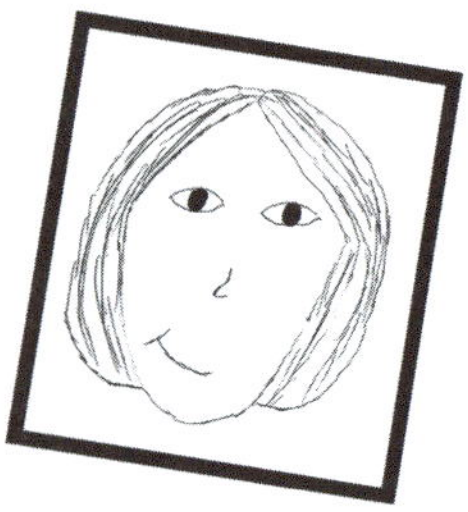

Jacky Pomeroy-Tso, eine Schülerin der vierten Klasse, überwand ihre Schreibblockade während eines Schulprojekts, indem sie eine Sketchnote-Ideen-Map erstellte.

Ihre Aufgabe lautete, einen Bericht über eine der Missionen Kaliforniens zu schreiben, einschließlich der Waren, die dort angefertigt und verkauft wurden. Der Lehrer verlangte ein neues Format für den Bericht, mit dem Jackie nicht vertraut war. Es fiel ihr außerdem schwer, zu beschreiben, wie die Leute der Mission ihre Waren herstellten. Diese beiden Probleme verursachten eine Schreibblockade bei ihr.

Jackies Quellen bestanden aus einem Informationsblatt über die Mission, das der Lehrer verteilt hatte, Artikeln und Bildern, die sie online gefunden hatte, sowie Notizen und Fotos von einem Tagesausflug zur Mission. Da sie gerade Das Sketchnote Handbuch gelesen hatte, kam sie auf eine Idee: Warum legte sie ihre Recherche nicht als Sketchnote dar? Gesagt, getan. Auf diese Weise konnte sie trotz Schreibblockade weiterarbeiten.

Die Sketchnote-Map ermöglichte ihr einen anderen Blickwinkel auf ihre Recherche. Sie vermittelte ihr eine klarere Marschrichtung, wie sie ihren Bericht in einem neuen Format verfassen konnte.

Und als sie ihre Recherche durchgeplant hatte, konnte Jackie das Gesamtbild überblicken, den Prozess beschreiben und ihren Bericht fertigstellen.

„Meine Missionsrecherche als Sketchnote zu planen, gab mir auf unterhaltsame Weise die Möglichkeit, meinen Bericht in einem neuen Licht zu sehen."

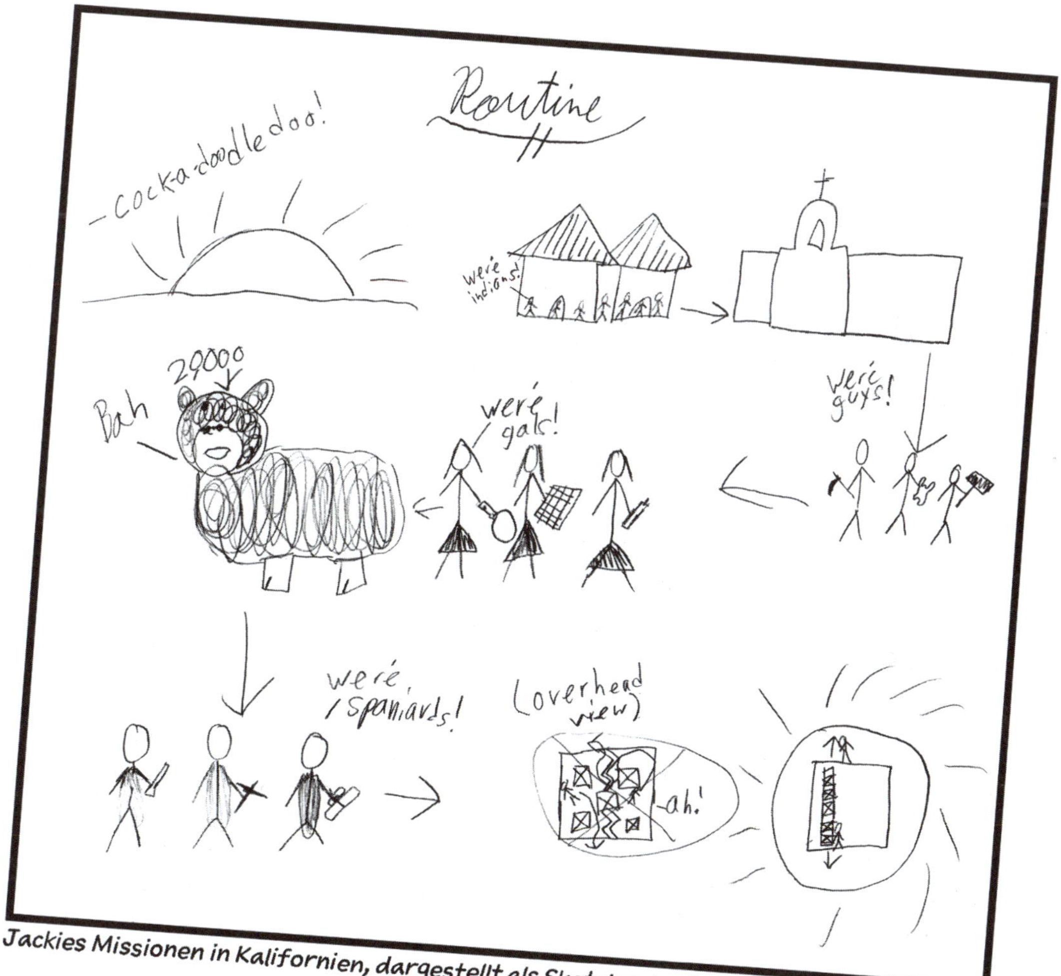

Jackies Missionen in Kalifornien, dargestellt als Sketchnote-Map

TIPP

WERKZEUGE FÜRS IDEEN-MAPPING

Hier sind zwei verschiedene Werkzeuge, die Sie beim Ideen-Mapping einsetzen können:

KARTEIKARTEN

Verwenden Sie Karteikarten, um Ideen zu planen. Notieren Sie die einzelnen Schlüsselideen jeweils auf einer Karteikarte, während Sie Informationen verarbeiten. Ordnen Sie die Karten auf einem Tisch nach Ideen und spielen Sie mit der Reihenfolge.

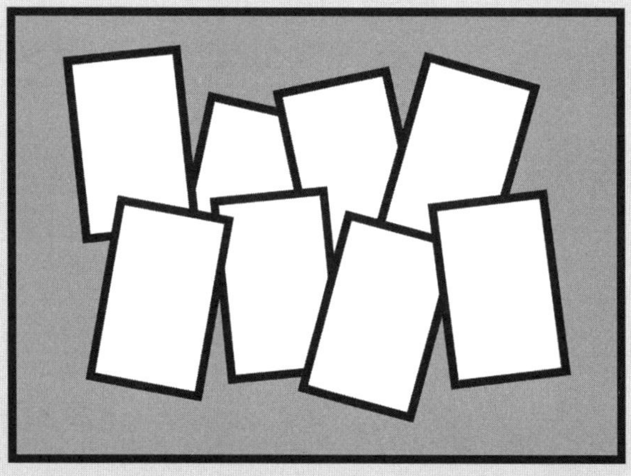

Halten Sie die Anordnung auf dem Tisch mit einem Foto fest oder fixieren Sie die Karten auf einem großen Blatt Papier mit Kleber.

HAFTNOTIZEN

Verwenden Sie Haftnotizen, um Ideen auf einer Wand oder einem Whiteboard zu planen. Sortieren Sie die Notizen und spielen Sie damit, bis Sie sich für einen Aufbau entscheiden.

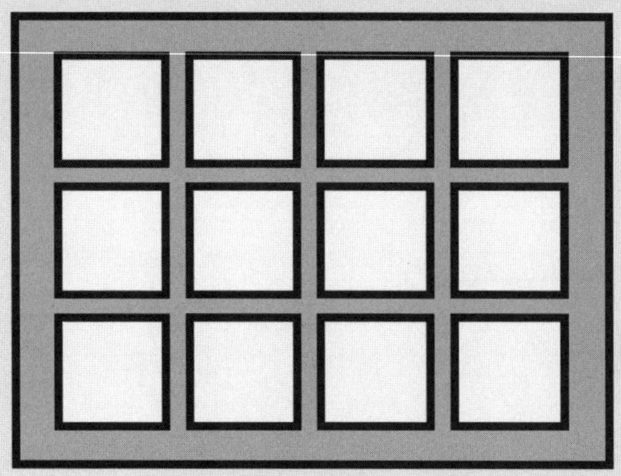

Platzieren Sie Ihre Haftnotizen auf einer Tafel oder in einem Skizzenbuch. Um sie dauerhaft festzuhalten, fotografieren Sie sie oder übertragen Sie sie in eine Sketchnote-Map auf Papier.

ZUSAMMENFASSUNG

→ Sketchnote-Maps sind wertvolle Zwischenschritte, die zu einem besseren Verständnis führen können.

→ Sketchnote-Maps bieten sowohl hohes Niveau als auch genaue Details innerhalb eines Dokuments.

→ Sketchnote-Maps erlauben Ihnen den freien Umgang mit Informationen, vermindern den Druck, ein perfektes Ergebnis liefern zu müssen, und helfen, Schreibblockaden zu überwinden.

→ Prägen Sie sich Details ein, indem Sie Informationen verarbeiten, analysieren und per Hand zeichnen.

→ Verschaffen Sie sich einen Gesamtüberblick über Ihre Informationen.

→ Sorgen Sie sich nicht um Perfektion! Beginnen Sie irgendwo, lassen Sie sich von den Informationen leiten.

→ Sketchnote-Maps eignen sich zum Schreiben, für Präsentationen und das Erlernen von Fremdsprachen.

★ **ALS NÄCHSTES: PLANEN MIT SKETCHNOTES**

TEIL 2: SKETCHNOTES & IDEEN

ERZEUGEN MAPPING **PLANEN** DOKUMENTIEREN

Kapitel 4

PLANEN MIT SKETCHNOTES

Sketchnotes helfen bei der Planung: Verwenden Sie Sketchnotes, um Projekte wie einfache To-do-Listen, Familienurlaube und Arbeitsaufträge visuell vorauszuplanen.

Planen mit SKETCHNOTES

Ihre Pläne zu zeichnen, ist der erste Schritt zur Verwirklichung Ihrer Ideen.

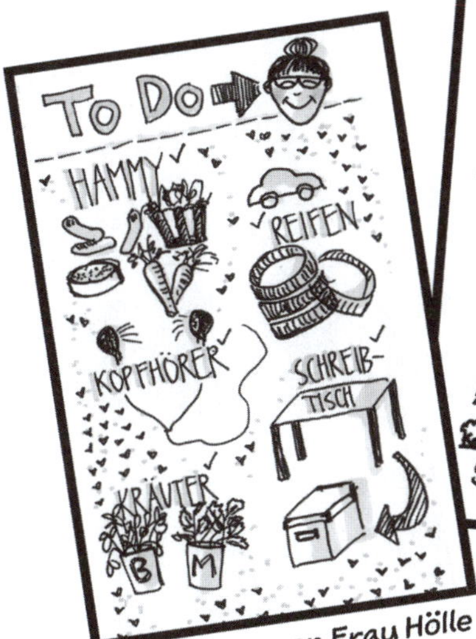

To-do-Liste von Frau Hölle

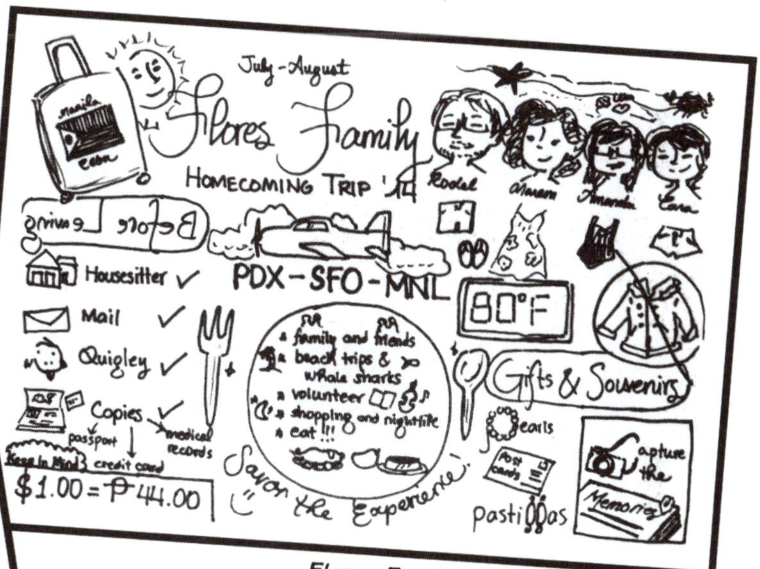

Flores Familienreiseplan Sketchnote

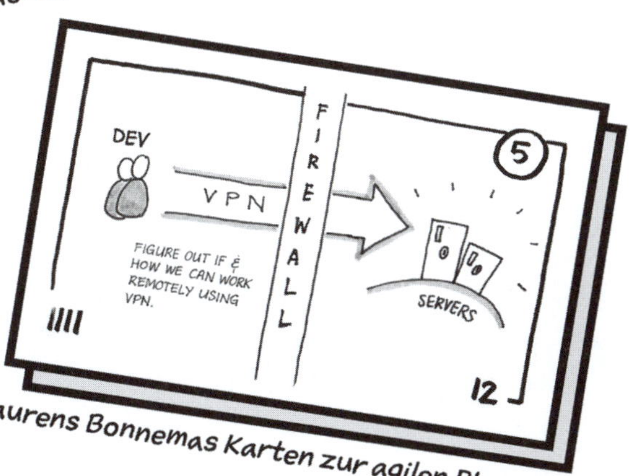

Laurens Bonnemas Karten zur agilen Planung

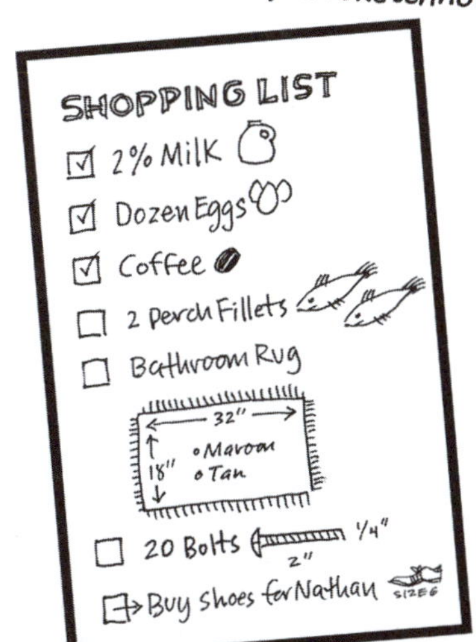

Meine Einkaufsliste

DER WIEDERHOLUNGSCHARAKTER VON SKETCHNOTES GIBT IHNEN DIE

Flexibilität:

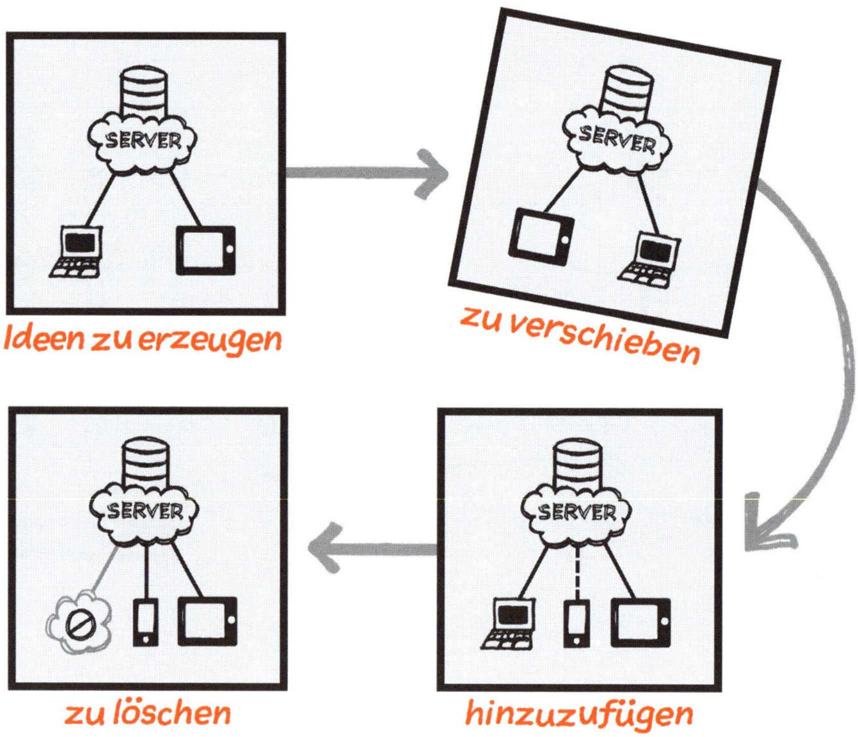

UND AUSZUARBEITEN, WENN SICH PLÄNE ÄNDERN.

die VORTEILE, MIT SKETCHNOTES ZU PLANEN

Ideen-Mapping mit Sketchnotes bietet eine Reihe von Vorteilen:

VISUELLE DARSTELLUNG der Elemente eines Projekts: Aufgaben, Daten, Personen, Diskussionen und Bezüge.

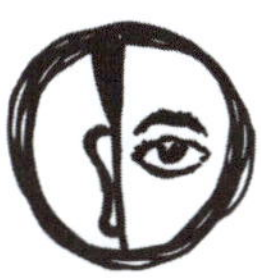

NEUER BLICKWINKEL auf Ihre Pläne durch visuelle Details: Sketchnote-Pläne können Muster sichtbar machen, die man ansonsten nicht erkennt.

DETAIL- UND GESAMTANSICHT von Ihrem Projekt in ein und derselben Planungs-Sketchnote.

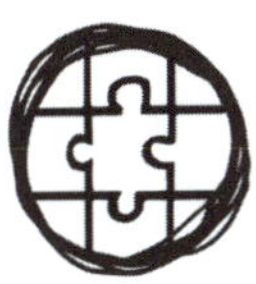

EINGEBETTETE PROJEKTDETAILS: Durch visuelle Elemente wie Icons, Typografie, Zeichnungen und Container bleiben Details im Gedächtnis.

NÜTZLICH FÜR TEAMS, da sich viele Daten als visuelle Bilder komprimiert zwischen Teammitgliedern austauschen und für Teambesprechungen posten lassen.

PRAKTISCHE ANWENDUNGEN

Hier einige Möglichkeiten, wie man Sketchnotes als Planungswerkzeug einsetzen kann:

★TO-DO-LISTEN

Wenn Sie Ihre Aufgaben mit Grafiken hervorheben, erhalten Sie einen besseren Bezug zu ihnen. Probieren Sie ein paar dieser Aktions-Icons aus, um Ihre Aufgaben zu visualisieren:

AUFGABEN-ICONS

Diese fünf Icons zeigen auf einfache Weise und mit wenigen Strichen den Status einer Aufgabe an:

Offene Aufgabe
Das grundlegende Icon, auf dem alle anderen Icons basieren.

Begonnene Aufgabe
Ein einfacher Punkt zeigt, dass man mit der Aufgabe begonnen hat.

Erledigte Aufgabe
Ein Häkchen zeigt an, dass die Aufgabe erledigt ist.

Annullierte Aufgabe
Ein X zeigt an, dass die Aufgabe gestrichen wurde.

Verschobene Aufgabe
Ein Pfeil zeigt, dass die Aufgabe auf später verschoben oder jemand anderem übertragen wurde.

STATUS-ICONS

Status-Icons helfen Ihnen, Ihre Aufgaben zu erkennen und zu kategorisieren:

- **Deadline**
- **Warnung**
- **Frage**
- **Anruf**
- **Recherche**
- **Wichtig**
- **Website**
- **E-Mail**
- **Adresse**
- **Treffen**

Fügen Sie Status-Icons je nach Bedarf am Ende einer Aufgabe hinzu.

Mit Icons lassen sich alle Dinge, die erledigt werden müssen, auf effektive Weise darstellen.

RECHTSANWALT DAVID SPARKS nutzt Sketchnotes, um seine Anhörungen bei Gericht vorzubereiten. Er zeichnet Kästchen zum Abhaken für alle Anwesenden, hat einen speziellen Bereich für die Anhörung und die Urteilsdetails und ein Kästchen zum Abhaken, ob er alle Beteiligten informieren muss. Die linke Spalte ist für Notizen reserviert, die er während oder nach der Anhörung hinzufügen möchte.

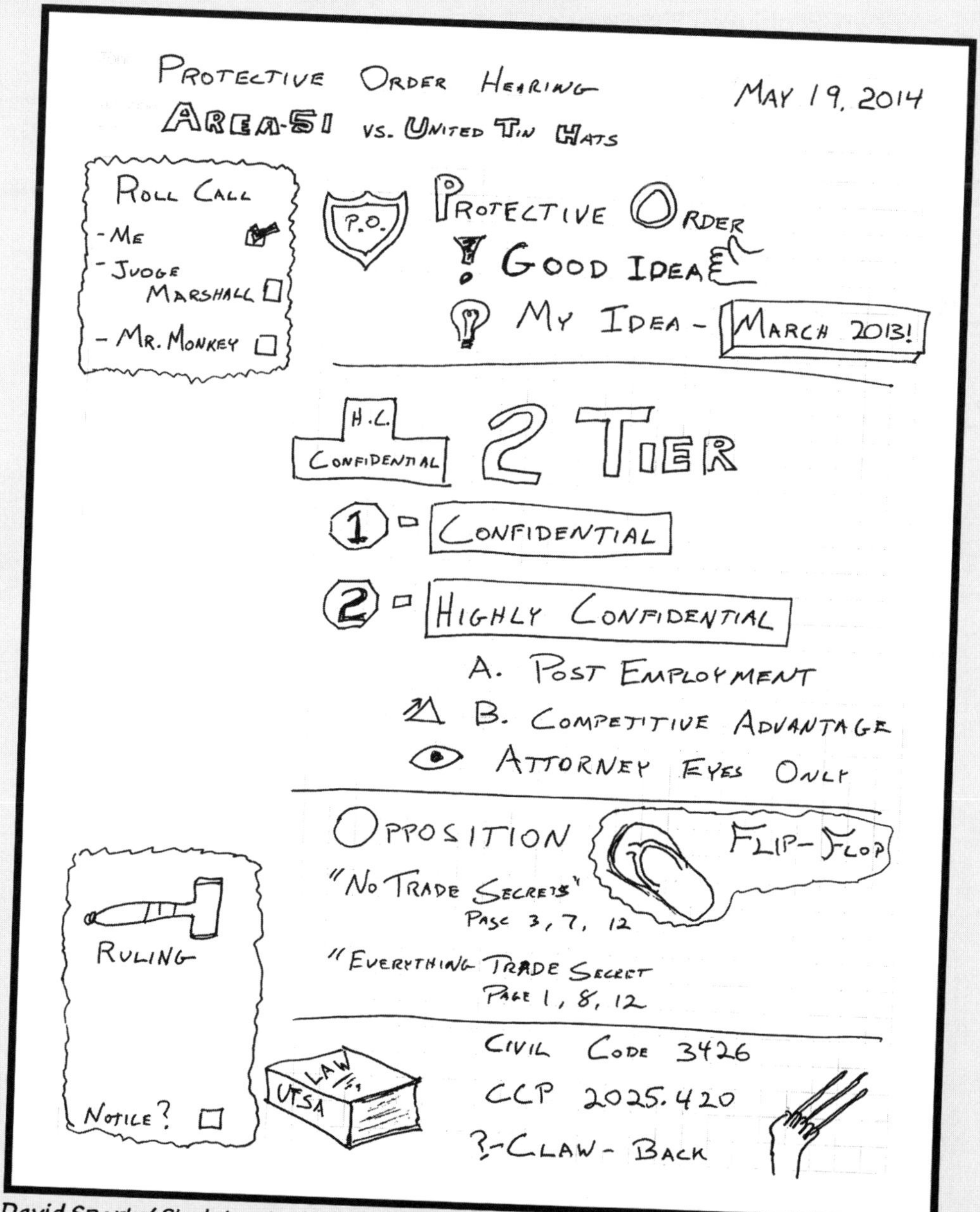

David Sparks' Sketchnote-Vorlage für Anhörungen

TIPP FÜGEN SIE DIAGRAMME IN IHRE TO-DO-LISTEN EIN

Sie können Ihre Aufgabenliste mit unterstützenden Zeichnungen und detaillierten Notizen ausstatten. Sie können zum Beispiel einen Gartenplan zeichnen, bevor Sie Pflanzen einkaufen gehen, oder den Wohnzimmer-Grundriss skizzieren, bevor Sie ein neues Sofa kaufen.

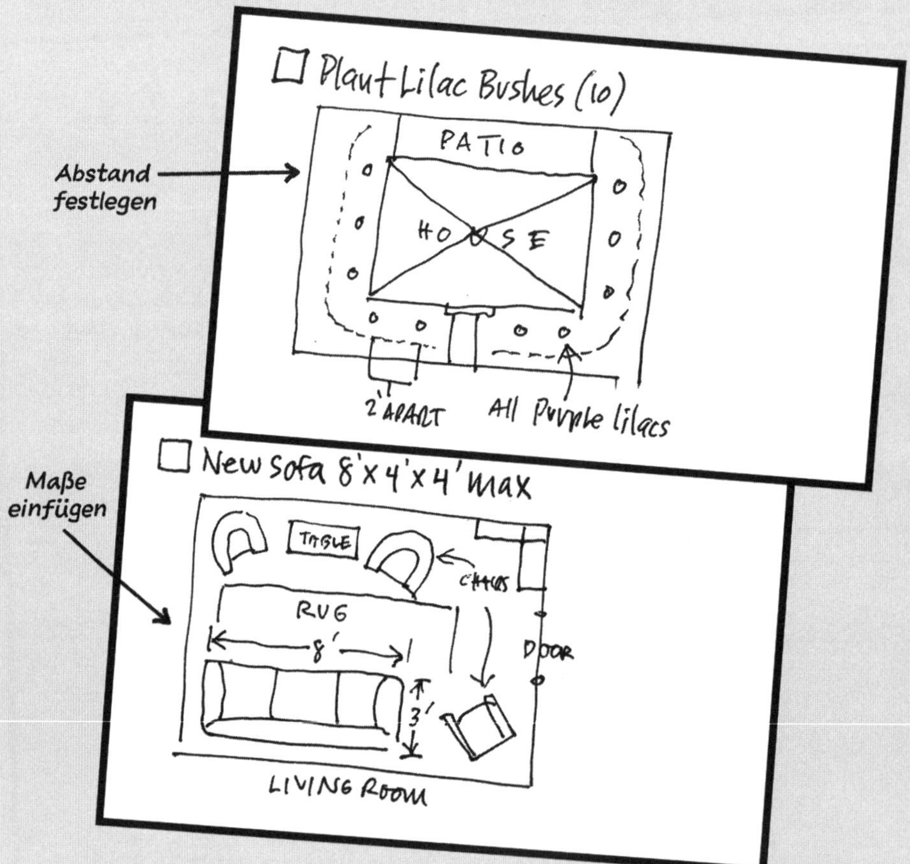

Indem Sie Aufgaben mit handgezeichneten Plänen kombinieren, vermeiden Sie bei ihrer Erledigung unnötiges Rätselraten.

Die Arbeit mit solch einfachen Zeichnungen ist ein guter Anfang, um Ihr visuelles Denken zu schulen.

ÜBUNG 4.1

ERSTELLEN SIE EINE TO-DO-LISTE MIT SKETCHNOTES

Legen Sie mithilfe des Kästchensystems und der anderen Icons, die in diesem Kapitel vorgestellt wurden, eine To-do-Liste für Ihren Tag, Ihre Woche oder Ihr Wochenende an. Bauen Sie zur Unterstützung Diagramme mit Aufgabendetails ein, wo es nötig ist.

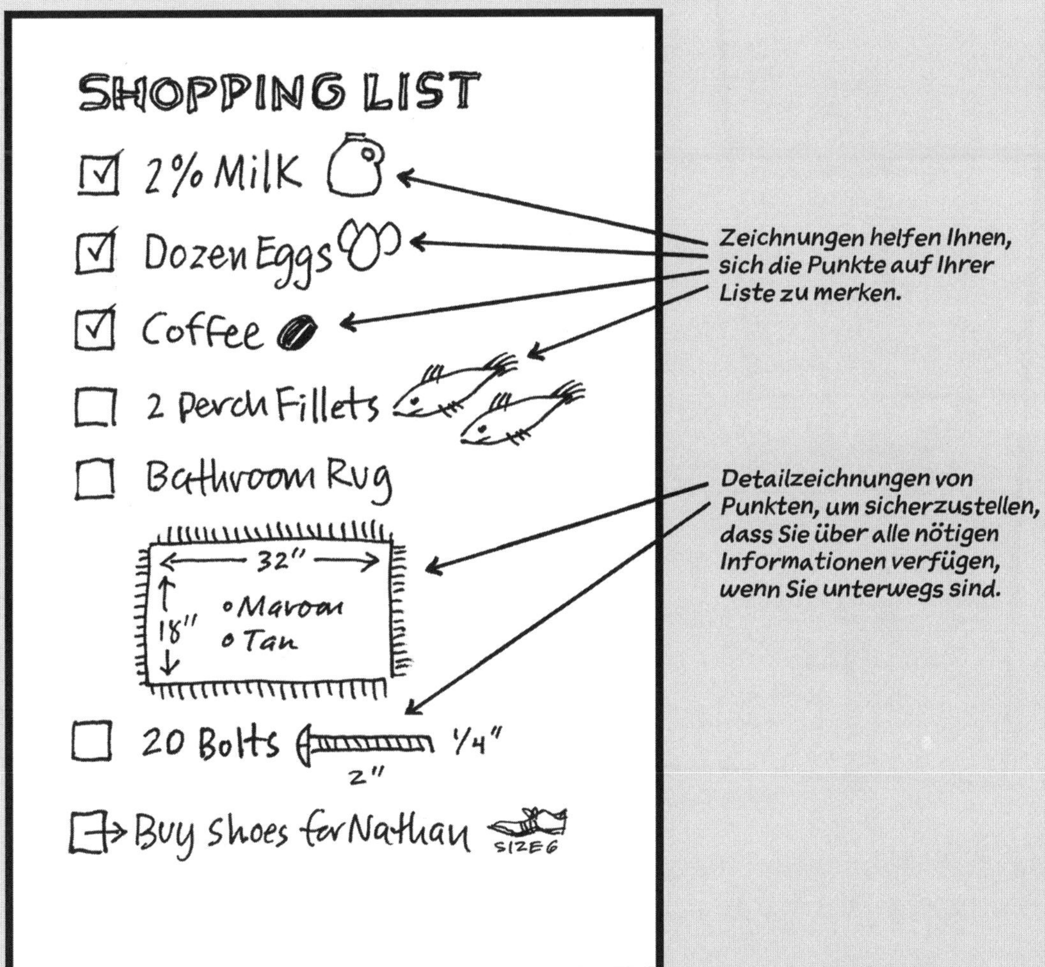

FRAGEN

Wie hat die To-do-Liste mit Sketchnotes funktioniert? Wussten Sie mehr zu jeder Aufgabe, weil Sie Grafiken wie Icons oder Zeichnungen hinzugefügt haben? Falls Sie ein detailliertes Diagramm ergänzt haben, hat es Ihnen geholfen, die Aufgabe effektiver zu erledigen?

★IHRE ZUKUNFT PLANEN

Sie können Sketchnotes einsetzen, um Ihre Vergangenheit zu bewerten und Ihre Zukunft zu planen. Sacha Chua nutzt Sketchnotes im Rahmen eines Alphachimp-Kurses, um ihr Leben für die nächsten fünf Jahre zu planen.

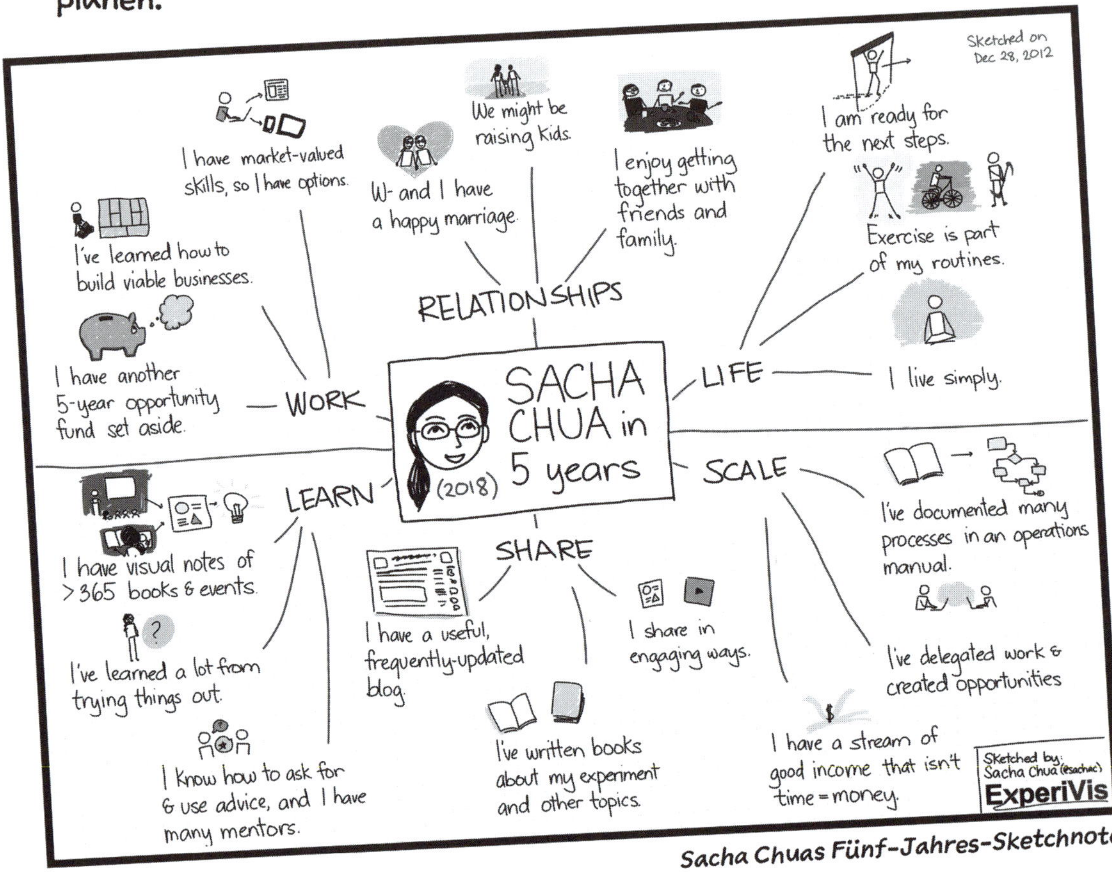

Sacha Chuas Fünf-Jahres-Sketchnote

Mit ihrem Namen, Porträt und dem Jahr in der Zukunft als zentralem Angelpunkt entwirft Sacha klare, anschauliche Aussagen um ihr künftiges Ich herum.

IVAN SEYMUS erstellt seinen eigenen Fünf-Jahres-Plan als Sketchnote:

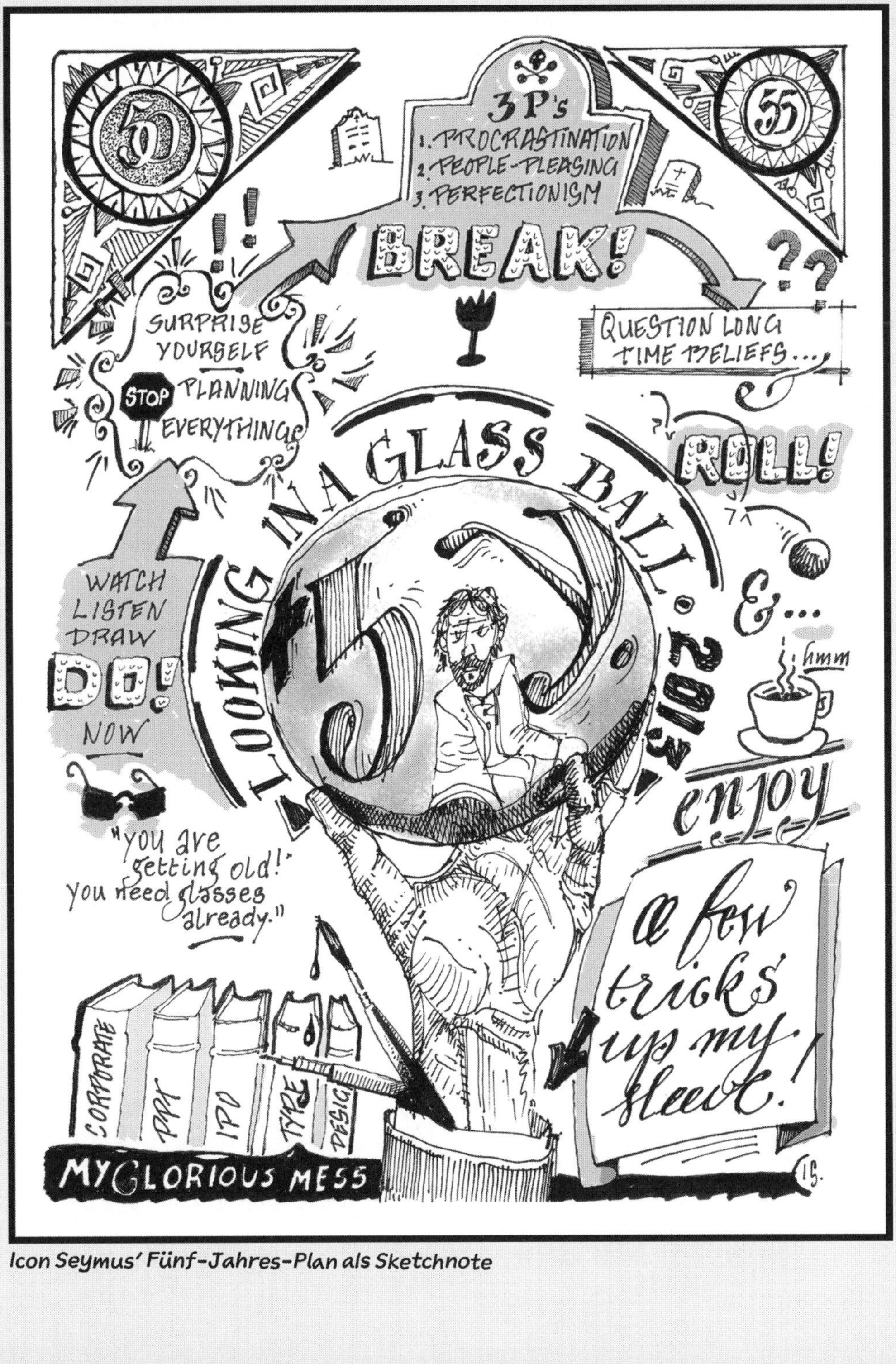

Icon Seymus' Fünf-Jahres-Plan als Sketchnote

ÜBUNG 4.2

ERSTELLEN SIE EINEN FÜNF-JAHRES-PLAN ALS SKETCHNOTE

Denken Sie über Ihre Ziele in den nächsten fünf Jahren nach und skizzieren Sie diese Ideen grob als Sketchnote auf einem Blatt.

Platzieren Sie Ihren Namen und ein Datum in fünf Jahren in der Mitte der Seite, dazu Themen, die Ihren Namen umgeben, wie Arbeit, Leben, Familie, Beziehungen, Reisen, und alle anderen wichtigen Elemente in Ihrem zukünftigen Leben.

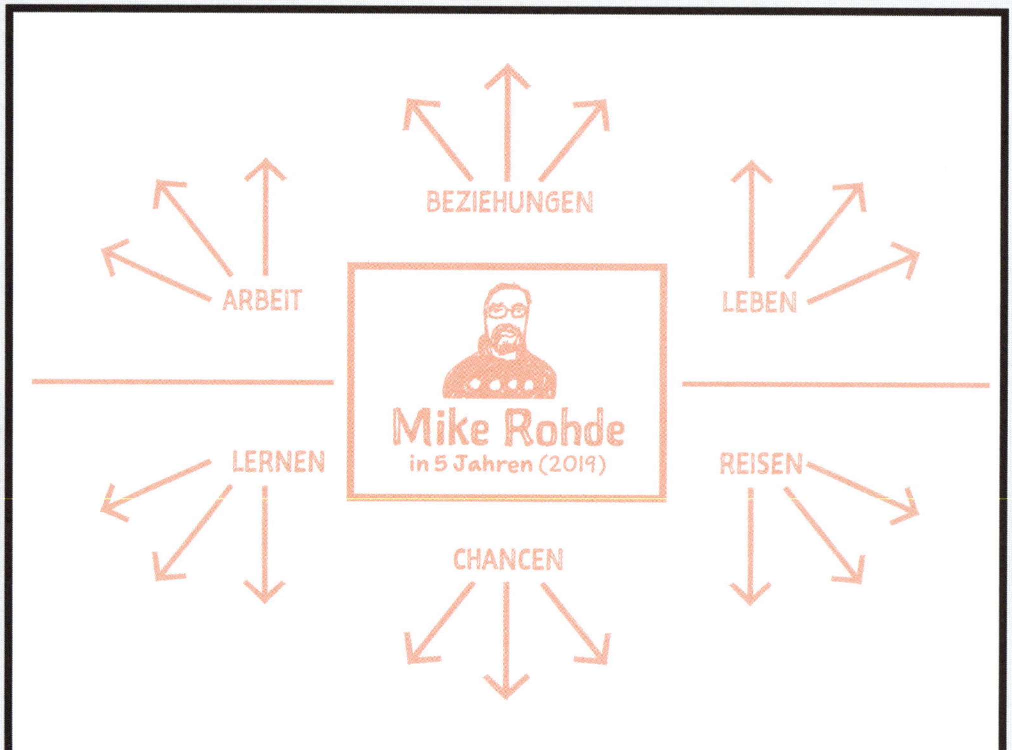

Bleiben Sie locker, verwenden Sie Zeichnungen, Icons und fette Schrift, um geschriebenen Text hervorzuheben. Beschreiben Sie sich selbst, als ob Sie bereits die Attribute leben, die Sie in den nächsten fünf Jahren zu erreichen wünschen.

ZU CHAOTISCH?
Wenn Ihr Fünf-Jahres-Plan als Sketchnote etwas zu grob ausgefallen ist, können Sie jederzeit eine weitere finale Version erstellen.

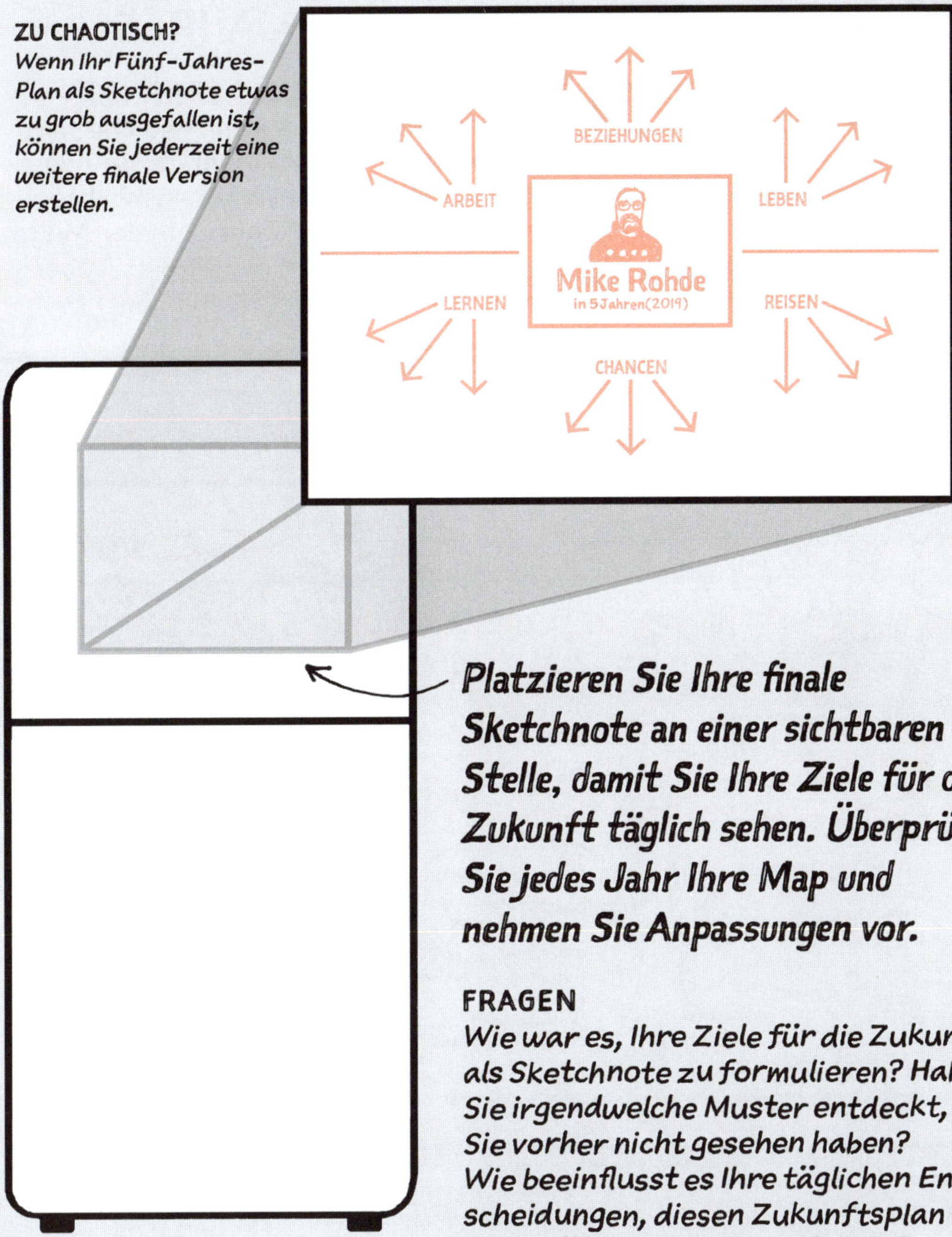

Platzieren Sie Ihre finale Sketchnote an einer sichtbaren Stelle, damit Sie Ihre Ziele für die Zukunft täglich sehen. Überprüfen Sie jedes Jahr Ihre Map und nehmen Sie Anpassungen vor.

FRAGEN
Wie war es, Ihre Ziele für die Zukunft als Sketchnote zu formulieren? Haben Sie irgendwelche Muster entdeckt, die Sie vorher nicht gesehen haben? Wie beeinflusst es Ihre täglichen Entscheidungen, diesen Zukunftsplan regelmäßig vor Augen zu haben?

★REISEPLANUNG Mit Sketchnotes können Sie auf lustige Weise Ihrer Reiseplanung einen visuellen Flair verleihen.

WIE MAN EINE SKETCHNOTE ZUR REISEPLANUNG ERSTELLT

Notieren Sie das Reiseziel oben auf der Seite, füllen Sie die restliche Seite mit Flugdetails, Lage des Hotels, Reservierungsdetails, anderen Transportmitteln, Karten und einer Liste mit Orten, die Sie sehen möchten.

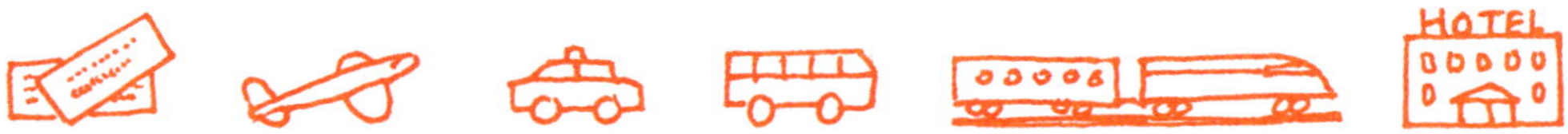

TICKETS FLÜGE TAXI BUS ZUG HOTEL

Nutzen Sie Icons, um jedes Element zu identifizieren, fette Schrift um Schlüsselbereiche hervorzuheben, Trenner, um Bereiche zu unterteilen und Pfeile, um Schlüsselinformationen miteinander zu verbinden.

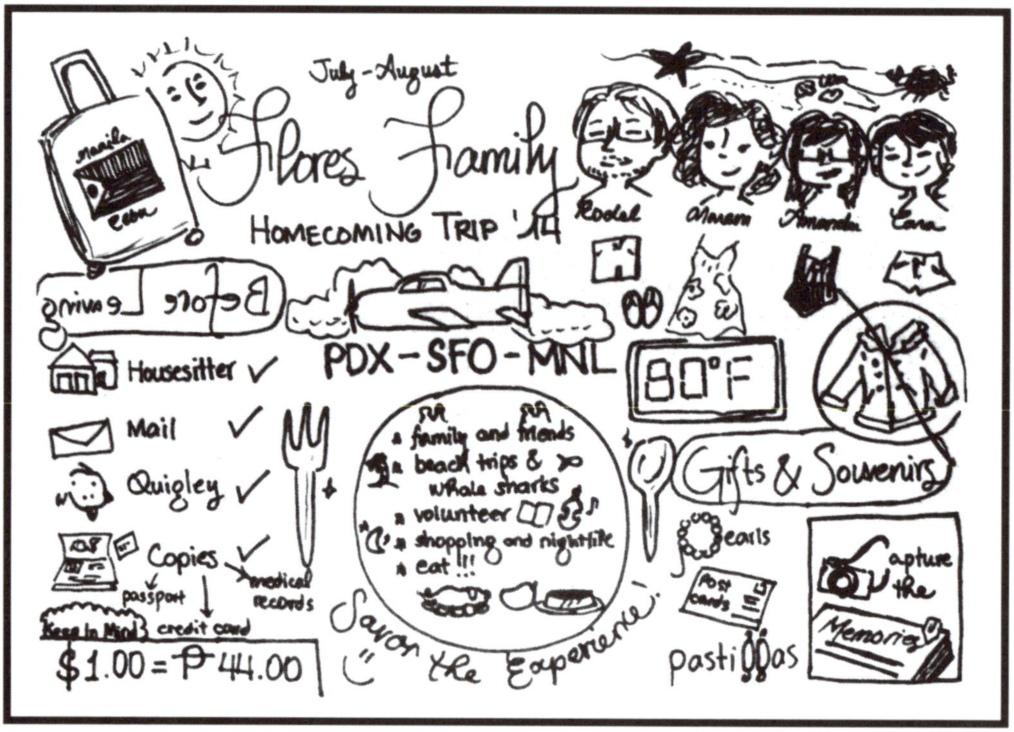

Reiseplanung der Familie Flores als Sketchnote

Marem Flores nutzt Sketchnotes als visuelles Werkzeug, um den Familienurlaub zu planen. Ihre gesamte Familie bespricht die Urlaubsdetails, und dann erstellen sie zusammen eine Sketchnote ihrer bevorstehenden Urlaubsreise.

Überprüfen Sie zur schnellen Erinnerung täglich Ihre Reiseplanungs-Sketchnote, bevor Sie abfahren. Nutzen Sie sie, um sich kleine Details und geplante Aktivitäten zu merken, die Sie ansonsten vergessen würden.

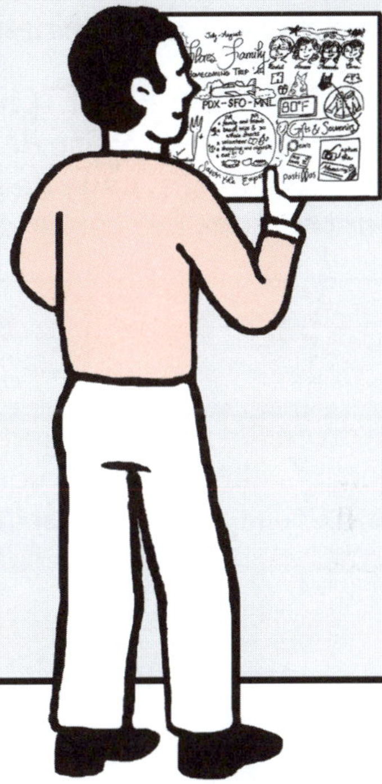

→ *Nun, da Sie gesehen haben, wie man die Reiseplanung als Sketchnote vor der Abfahrt erstellt, sollten Sie auch Kapitel 6 lesen, um zu erfahren, wie man Reiseerlebnisse mit Sketchnotes unterwegs festhält.*

TIPP

MACHEN SIE EIN FOTO VON IHREM REISEPLAN

Nachdem Sie Ihre Reisplanung als Sketchnote fertiggestellt haben, sollten Sie ein Foto davon mit Ihrem Smartphone oder Ihrer Digitalkamera machen. Sie können dieses Bild als praktische Referenz für sich selbst nutzen oder um es mit Familienmitgliedern oder Mitarbeitern zu teilen und jeden auf dem Laufenden zu halten.

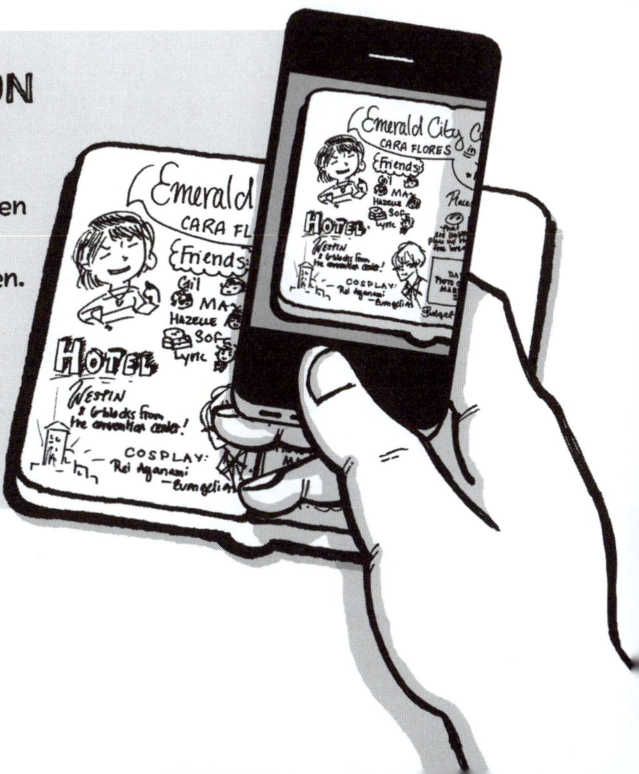

DIAGRAMM EINES SKETCHNOTE-REISEPLANS

Hier ein Diagramm meines Reiseplans für die SXSW Interactive 2015:

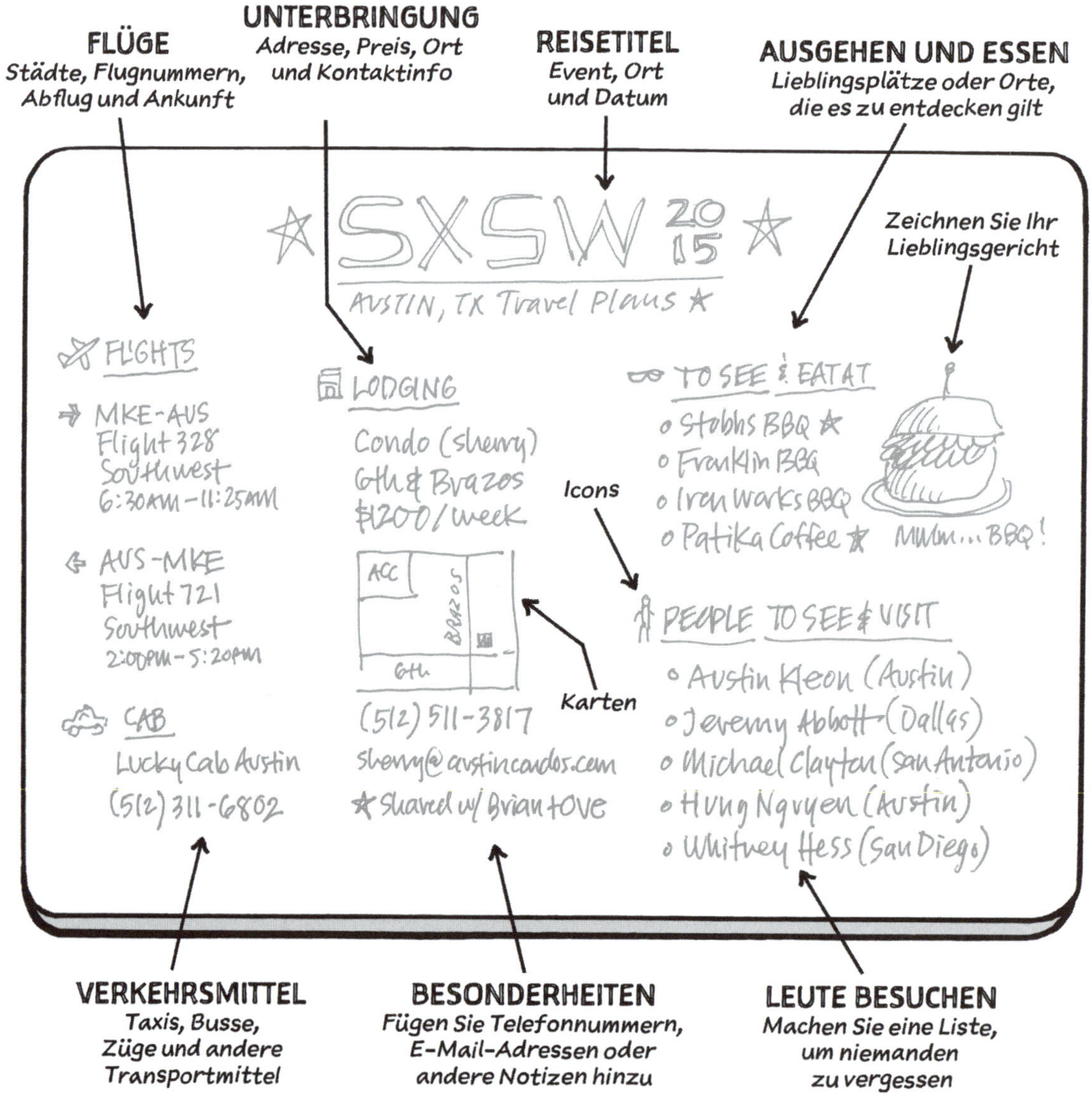

Sketchnote-Reisepläne helfen Ihnen, den Überblick zu behalten, und stellen Ihnen zugleich die Details zur Verfügung, die Sie für Ihre jeweiligen Aktivitäten benötigen.

ÜBUNG 4.3

EINEN SKETCHNOTE-REISEPLAN ERSTELLEN

Nehmen Sie sich vor Ihrer nächsten Reise etwas Zeit, um Informationen zu Flug, Hotel, Sehenswürdigkeiten, Karten und sonstige wichtige Details zu sammeln.

Erstellen Sie eine Sketchnote-Map mit diesen Elementen, beginnend mit dem Titel im Kopf oder in der Mitte der Seite, und platzieren Sie Reisedetails rund um den Titel. Wenn Ihre Sketchnote zu chaotisch wird, erstellen Sie eine finale Version.

Überprüfen Sie den Plan vor Ihrer Abreise. Machen Sie ein Foto von der Sketchnote für sich oder für Familienmitglieder oder Kollegen.

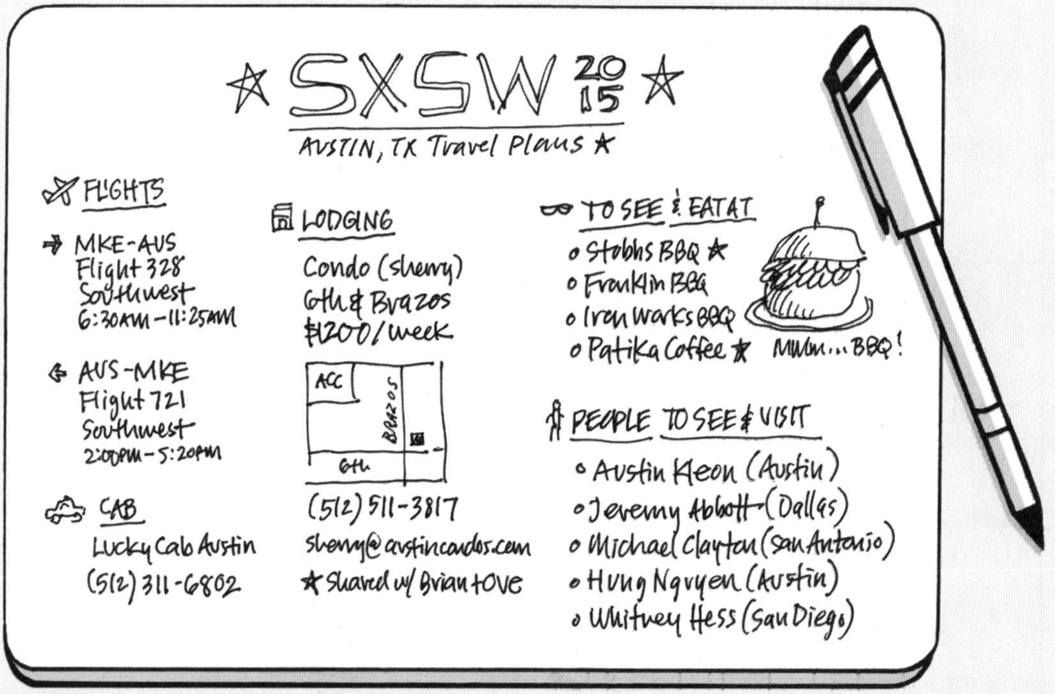

FRAGEN

Wie hat dieser visuelle Reiseplan für Sie als Referenz funktioniert? Haben Sie durch die visuelle Dokumentation einen besseren Überblick über die Reiseplanung gewonnen? Waren Ihnen aufgrund des Sketchnote-Plans tägliche Aktivitäten präsenter? Wenn Ihre Familie unterwegs war, hat der Sketchnote-Plan ihr geholfen, die Reisepläne effektiver und verständlicher zu kommunizieren?

A ARBEITSBLATT 4.1

ICONS FÜR DIE REISE

Verwenden Sie im unten stehenden Raster Vierecke, Kreise, Dreiecke, Linien und Punkte, um Icons für die einzelnen Begriffe zum Thema Reise zu erstellen. Überspringen Sie ein Icon, wenn Sie nicht weiterkommen. Die letzte Reihe ist für Ihre eigenen Icons leer .

MIETWAGEN	GEPÄCK	FAMILIENAUTO	RUCKSACK
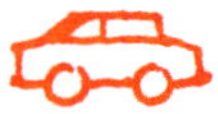	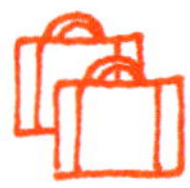	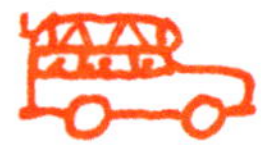	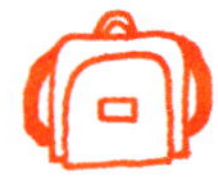
TEMPERATUR	WÄHRUNG	WETTER-VORHERSAGE	PASSIER-SCHEINE
REISEPASS	SOUVENIR	DUTY-FREE	RASTSTÄTTE
ANKUNFT	ABREISE	MOTEL	TANKSTELLE

★PROJEKTPLANUNG

Sketchnotes eignen sich zur Planung von großen und kleinen Projekten.

WIE MAN EINE SKETCHNOTE ZUR PROJEKTPLANUNG ERSTELLT

Notieren Sie Titel und Beschreibung des Projekts oben auf der Seite, füllen Sie die restliche Fläche mit Projektdetails.

Bauen Sie den Ablauf des Projekts visuell auf, dokumentieren Sie Meilensteine, Aufgaben und Mitarbeiter. Setzen Sie Zeichnungen, handgezeichnete Typografie und Text ein, um Details zu Entscheidungsträgern, Rollen und Aufgaben der einzelnen Teammitglieder festzuhalten.

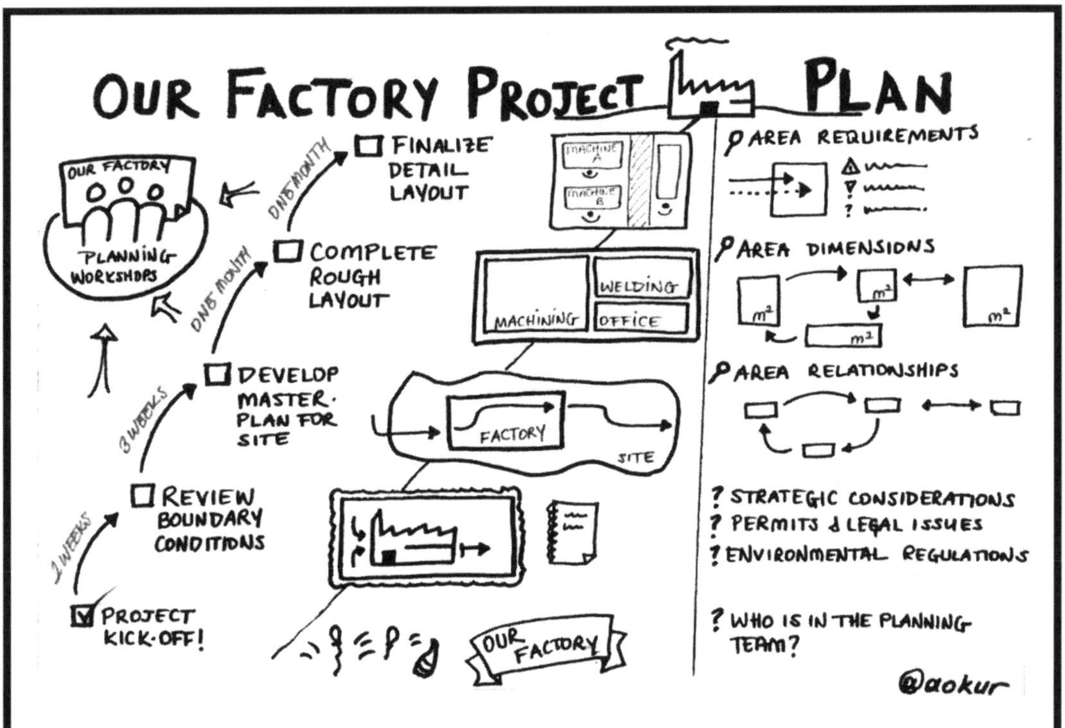

Aclan Okurs Sketchnote zur Fabrikplanung

ACLAN OKUR ist ein Berater, der komplexe Fabrikanlagen-Projekte plant. Aclan nutzt für seine Planung Sketchnotes, weil sie dabei helfen, alle an einen Tisch zu bringen, und zu einem reibungslosen Projektablauf beitragen. Außerdem machen sie allen mehr Spaß.

SKETCHNOTES UND AGILE PLANUNG

Scrum ist eine agile Methodik, die eine iterative und flexible Art des Projektmanagements darstellt: mit zweiwöchigen „Sprints", die Planung und tägliche Check-Ins beinhalten, um den Fortschritt zu bewerten, gefolgt von einer Retrospektive und einer Überprüfung, um zu beurteilen, was funktioniert hat und was für den nächsten Sprint verbessert werden muss.

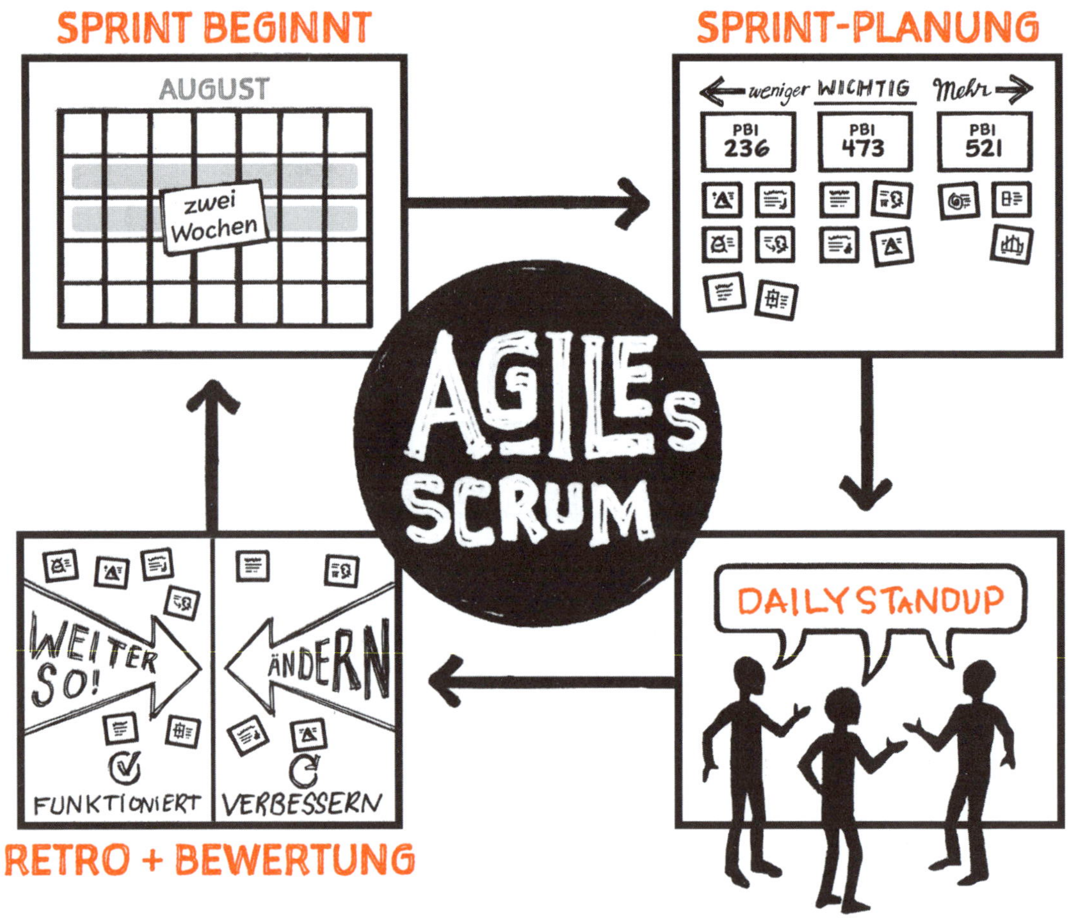

Sketchnotes sind nützliche Planungswerkzeuge, die sich gut für agile Prozesse eignen.

ZU BEGINN eines agilen Projekts erstellt das Team Personas, um User und deren Produktwünsche zu beschreiben.

Mit Sketchnotes lassen sich die Personas eines Projekts gut dokumentieren: Man setzt den Usernamen in fetten Buchstaben, zeichnet ein Porträt des Users und erstellt Text mit Icons, um Schlüsselelemente hervorzuheben.
Verwenden Sie Karteikarten, damit Sie Ihre User-Story-Sketchnotes immer mit dabeihaben können.

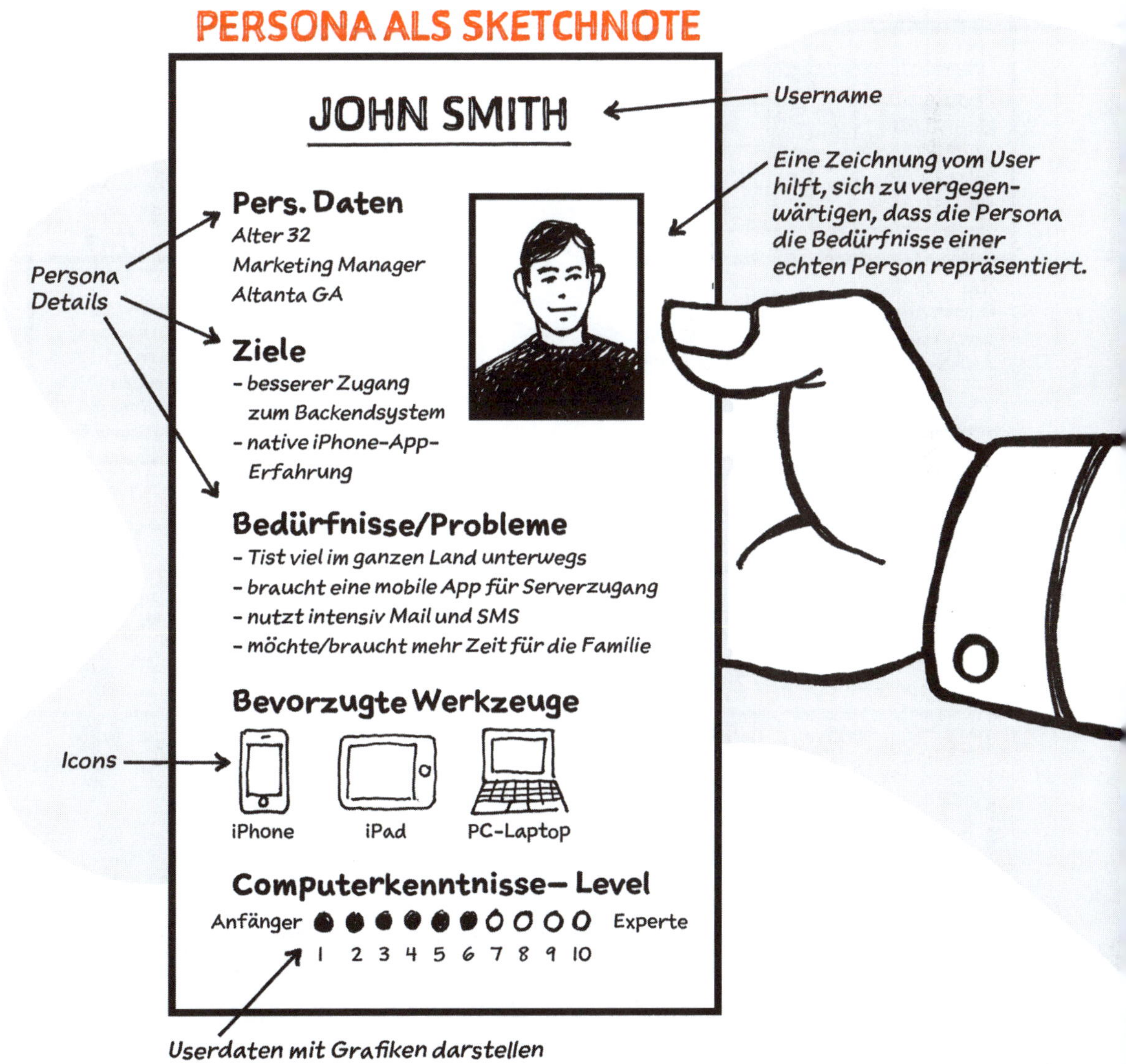

SIE KÖNNEN MIT SKETCHNOTES die Sprint-Planung und Sprint-Bewertungen des Teams dokumentieren. Dabei können die Teams gängige Icons für wiederkehrende Elemente oder Personen verwenden, und fette Schriftzüge, um Probleme und anderes hervorzuheben.

SPRINT-PLAN ALS SKETCHNOTE

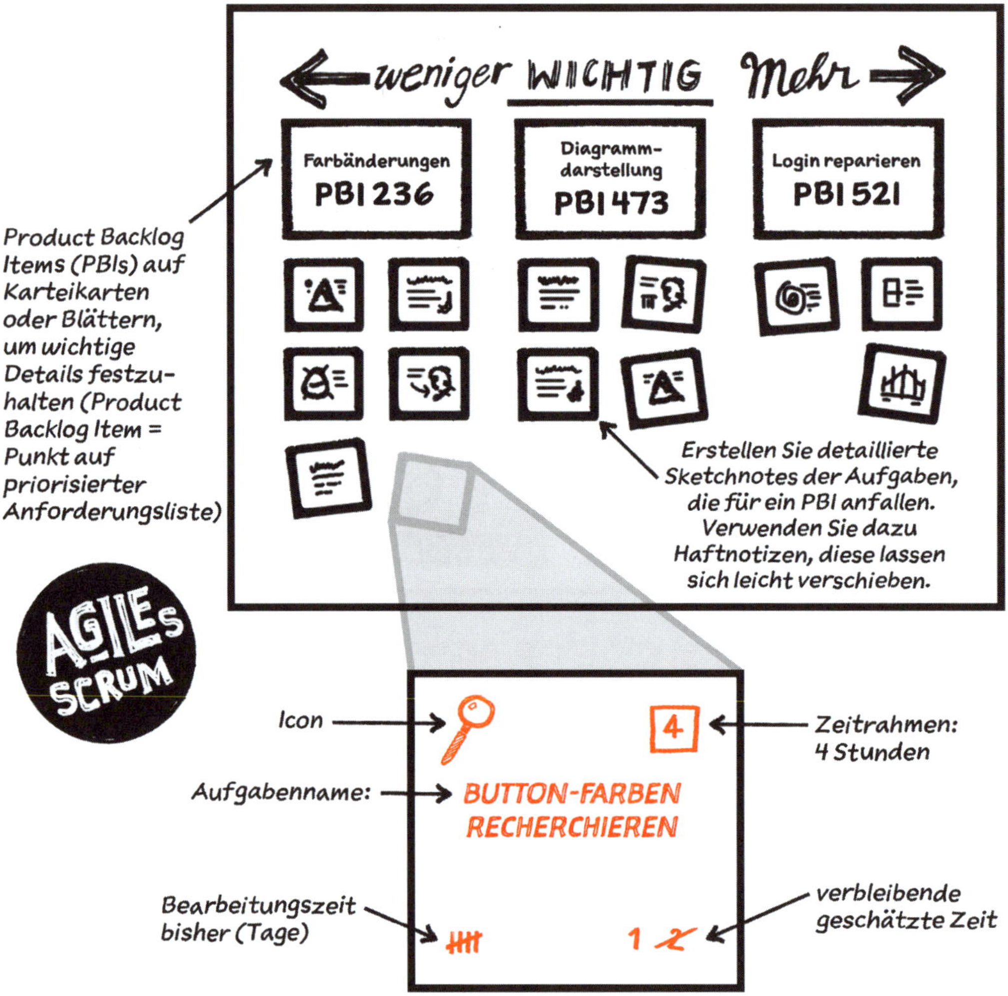

Laurens Bonnemas Beispiel einer PBI-Aufgabe als Haftnotiz

LAURENS BONNEMA, ein niederländischer Agile Scrum Coach, verwendet Sketchnotes für Sprint-Planung, -Retrospektive und -Bewertungen. Inzwischen bevorzugen seine Teams die Sketchnote-Karten und Notizen und geben sogar damit vor anderen Teams an!

SKETCHNOTES können Ihnen helfen, zu dokumentieren, was im letzten Sprint gut funktioniert hat, und Schritte festzulegen, wie man korrigiert, was nicht funktioniert hat, um den nächsten Sprint zu verbessern. Dieser Prozess wird Retrospektive genannt.

RETROSPEKTIVE ALS SKETCHNOTE

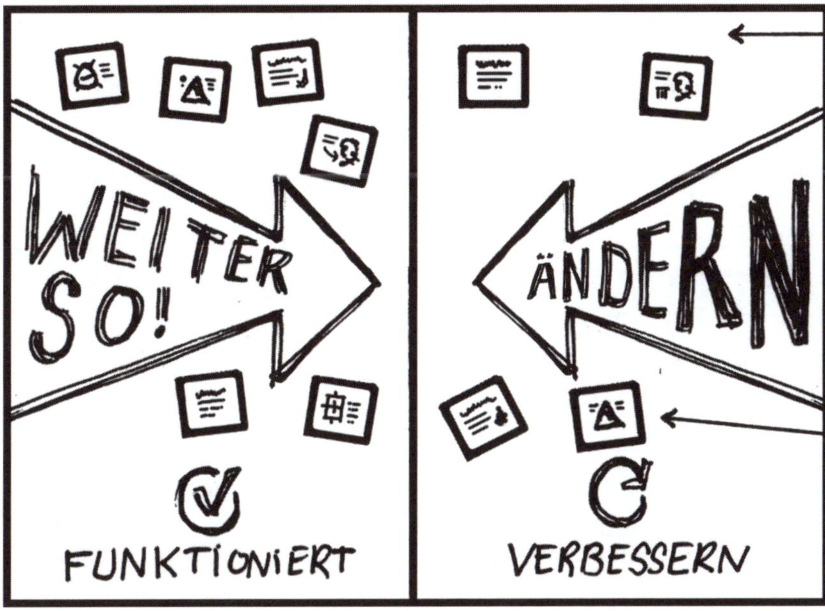

Teilen Sie eine Retrospektive in zwei Hälften, um festzuhalten, was funktioniert und was verbesserungswürdig ist.

Teammitglieder erteilen mit Sketchnotes Feedback auf Haftnotizen und platzieren sie auf der Tafel.

Dies sind Beispiele für Laurens' Karteikarten mit Retrospektive-Sketchnotes:

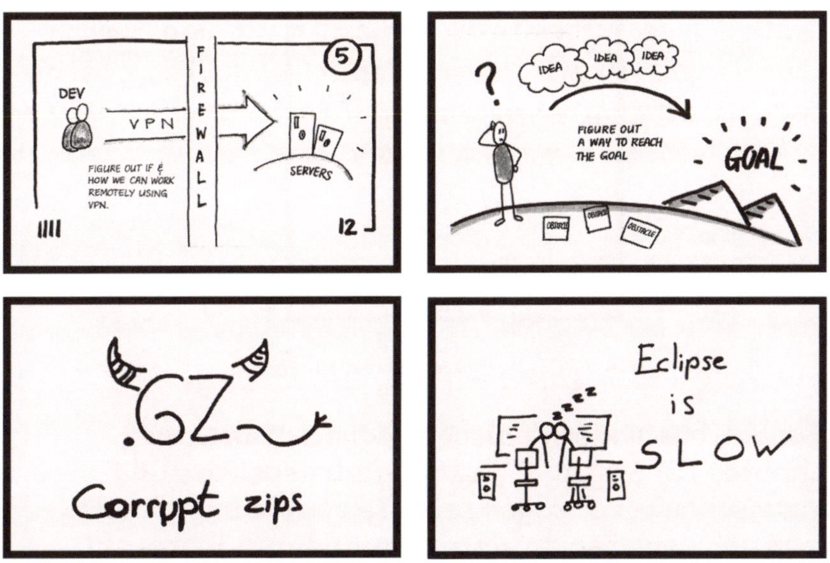

FOTOGRAFIEREN ODER SCANNEN SIE IHRE ERSTELLTEN SCHAUBILDER, UM SIE DEN TEAMS ALS REFERENZ ZUR VERFÜGUNG ZU STELLEN.

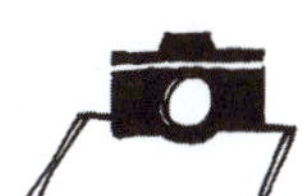

Julie Stitt

LEHRPLÄNE UND SEMINARE ENTWICKELN MIT SKETCHNOTES

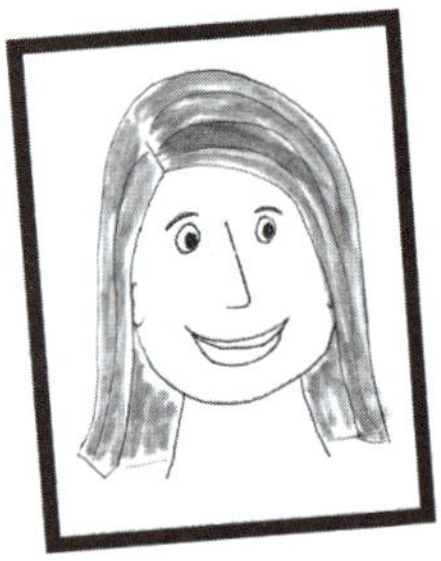

Julie Stitt ist „Organizational Cartographer", Seminarleiterin und Coach für Führungskräfte mit Sitz auf der Niagara-Halbinsel, Ontario, Kanada.

Julie begann damit, wichtige Notizen in Seminaren, die sie besuchte, mithilfe von Sketchnotes festzuhalten. Aus der Organisationsentwicklung kommend und ausgebildet in grafischer Moderation, waren Sketchnotes wie geschaffen für Julie.

Julie erkannte, wie gut sich Sketchnotes zur Dokumentation von Seminaren eignen, und experimentierte fortan mit Sketchnotes zur Planung und Entwicklung von Lehrplänen und Workshops für ihre Klienten.

Sketchnotes und Workshop-Planung sind wie füreinander bestimmt. Sie bieten die perfekte Methode, Schlüsselinformationen auf nur ein oder zwei Seiten visuell zu dokumentieren.

Julie und ihre Klienten können auf einen Blick erkennen, wie die einzelnen Workshop-Teile zusammenpassen. Sie können den Ablauf der Lehre bestimmen und sehen, was im Workshop behandelt wird. Julie fand heraus, dass sich das Lerntempo erhöht, wenn sie diese Skizzen dem Informationsmaterial des Workshops beilegt.

„Sketchnotes sind bestimmend für die Zusammenarbeit, Authentizität und Menschlichkeit. Sie fördern die Verbindung zwischen mir, meinen Klienten und dem Thema, dem wir uns widmen."

Eine leere Sketchnote-Vorlage für einen Lehrplan

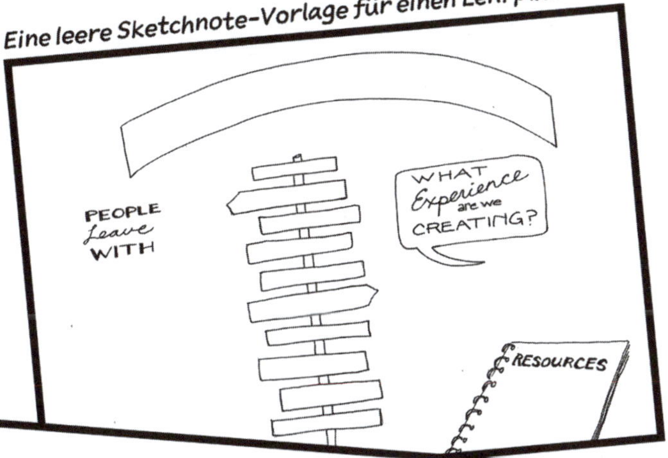

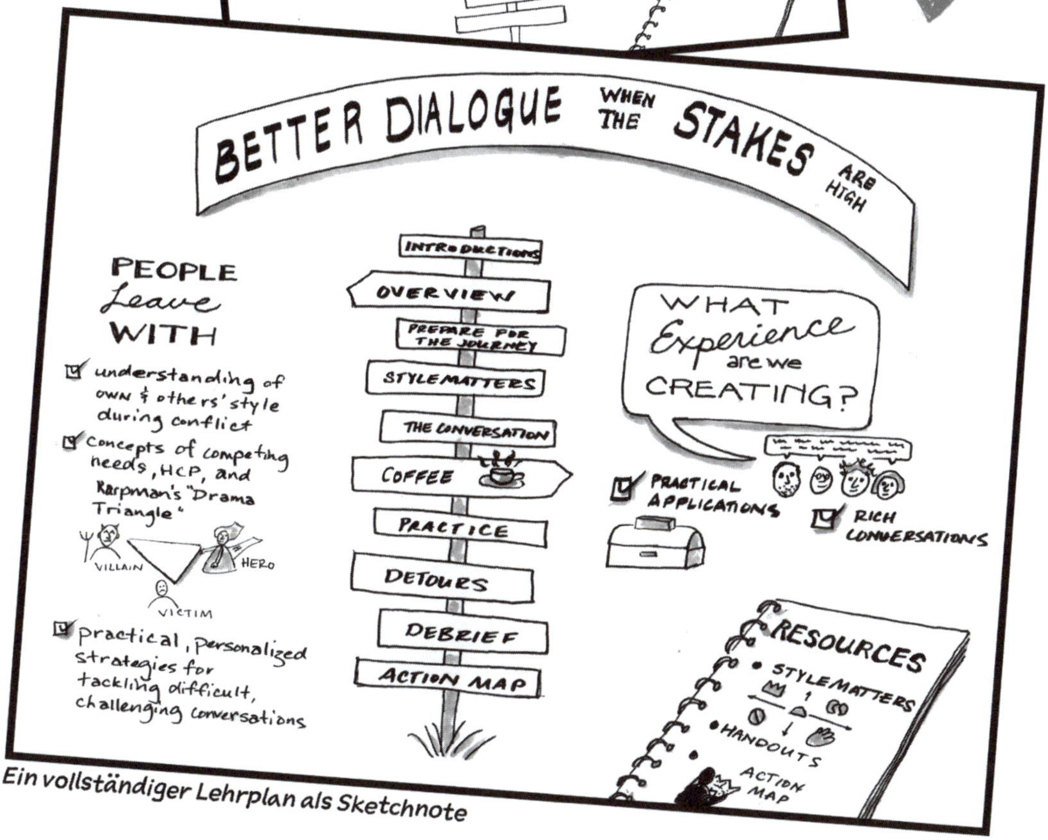

Ein vollständiger Lehrplan als Sketchnote

A ARBEITSBLATT 4.2

ICONS FÜR DIE PLANUNG

Verwenden Sie im unten stehenden Raster Vierecke, Kreise, Dreiecke, Linien und Punkte, um Icons für die einzelnen Begriffe zum Thema Projektplanung zu erstellen. Überspringen Sie ein Icon, wenn Sie nicht weiterkommen. Die letzte Reihe ist für Ihre eigenen Icons leer.

DEADLINE	STAND-UP	TERMIN	RECHERCHE
	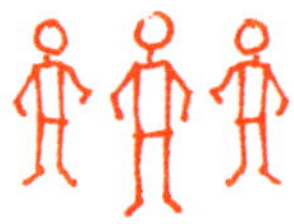	 	
SPRINT	BEWERTUNG	PROBLEM	ZEITRAHMEN
FORTSCHRITT	BACKLOG	HINDERNIS	ZIEL
PERSONA	RESSOURCE	FÜHRUNG	ERFOLG

ZUSAMMENFASSUNG

- Mit Sketchnotes kann man Projekte für sich selbst oder Teams flexibel visuell planen.
- Ihre Pläne zu zeichnen ist der erste Schritt zur Verwirklichung Ihrer Ideen.
- Der Wiederholungscharakter von Sketchnotes gibt Ihnen die Flexibilität, Ideen zu erzeugen, zu verschieben, herauszunehmen und zu ergänzen und zu verfeinern, wenn sich Pläne ändern.
- Sketchnote-Planung bietet Ihnen einen neuen Blickwinkel.
- Sketchnotes helfen Teams, denn mit visuellen Elementen lassen sich umfangreiche Informationen vermitteln und schnell teilen.
- Indem Sie Ihre Aufgaben mit Grafiken ausschmücken, erhalten Sie einen besseren Bezug zu ihnen.
- Sketchnotes eignen sich für eine große Bandbreite an Plänen: von der To-do-Liste bis zur agilen Projektplanung.

★ **ALS NÄCHSTES: DOKUMENTATIONEN MIT SKETCHNOTES**

TEIL 2: SKETCHNOTES & IDEEN

ERZEUGEN MAPPING PLANEN DOKUMENTIEREN

Kapitel 5

DOKUMENTATION mit SKETCHNOTES

Mit Sketchnotes können Sie auf effektive Weise Informationen in prägnanten visuellen Dokumenten darstellen und so Abläufe und Ideen vermitteln.

Dokumentation mit SKETCHNOTES

Wenn man Abläufe und Ideen in Sketchnote-Form dokumentiert, bedient man sich der visuellen Wahrnehmung, die wir von Natur aus besitzen. Wir greifen eher zu Dokumenten mit Bild-Text-Kombinationen, da sie visuell interessant und prägnant sind.

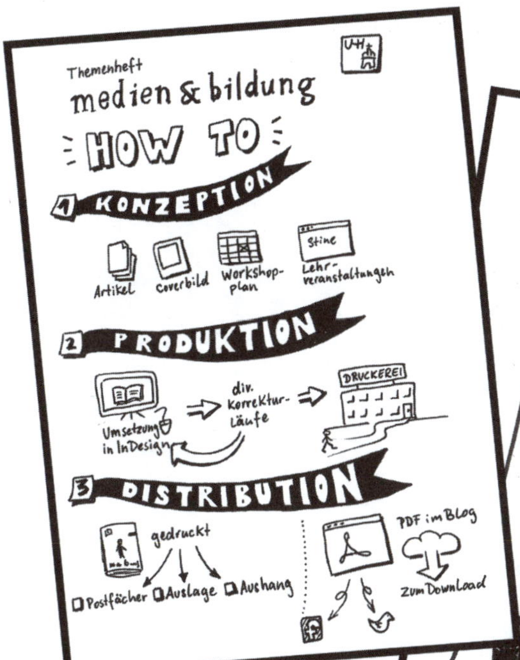

Ralf Appelt

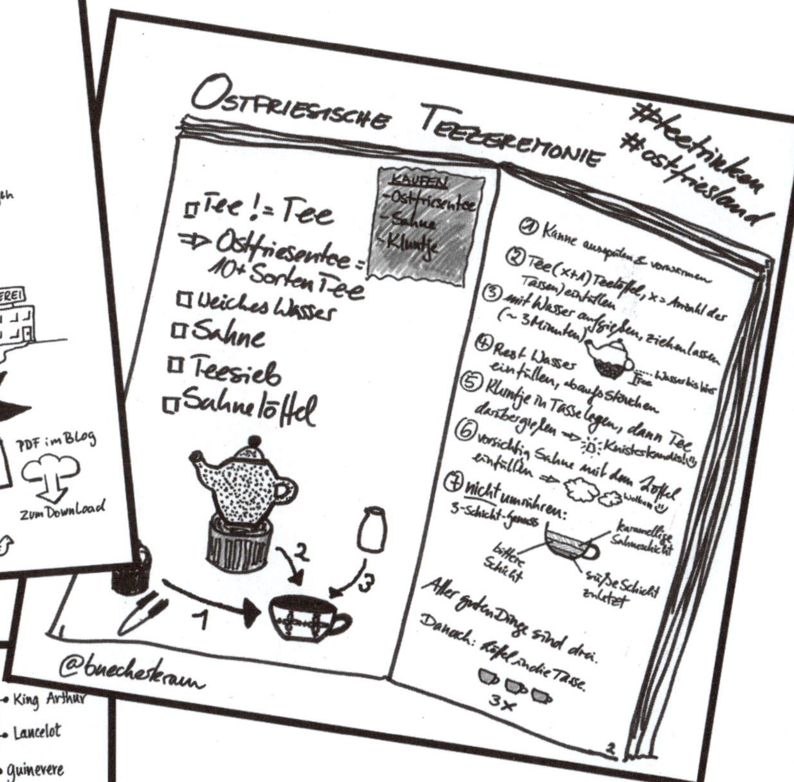

Carolin Kram

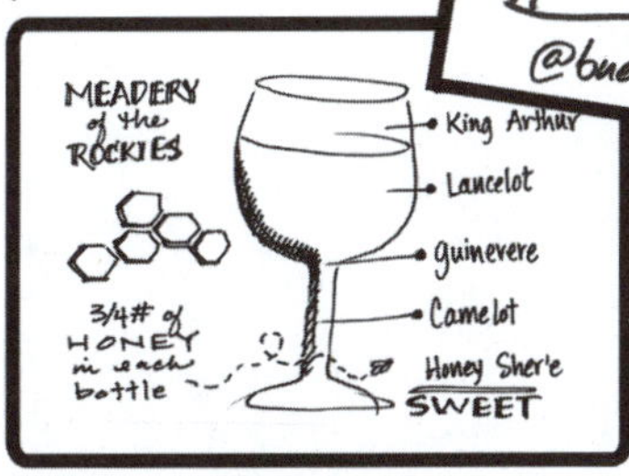

Heather Martinez

DOKUMENTIEREN Sie Schritt-für-Schritt-Anleitungen, Rezepte, hilfreiche Tipps und Diagnosebeschreibungen mit Sketchnotes statt mit seitenweise langweiligem Text.

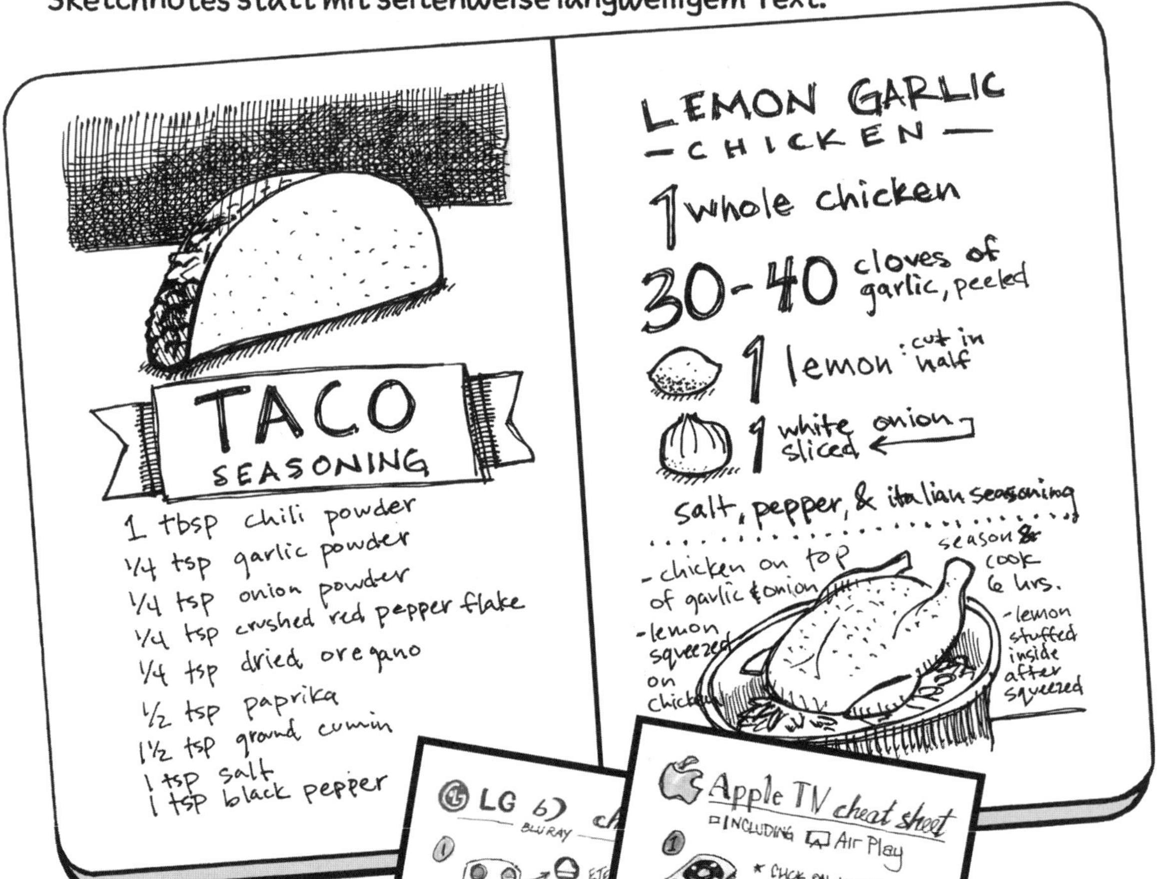

Jake Palmer

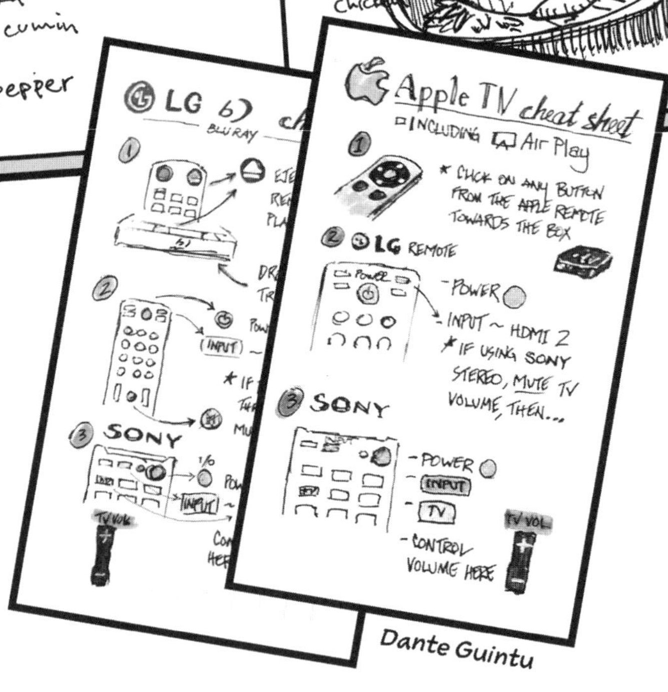

Dante Guintu

die VORTEILE DER SKETCHNOTE-DOKUMENTATION

Ideen, Vorgänge und andere Informationen mit Sketchnotes zu dokumentieren, bietet zahlreiche Vorteile:

SIE SIND KOMPAKT, da sie Objekte, Abläufe und Ideen auf einfache, gehaltvolle Zeichnungen mit Notizen reduzieren.

SIE KOMMUNIZIEREN GUT, weil sich kombinierte Texte und Bilder gegenseitig verstärken und sie ein effektiveres Kommunikationswerkzeug ergeben.

SIE ZIEHEN LESER AN, denn Bild-Text-Kombinationen sind besser zugänglich als graue Textblöcke.

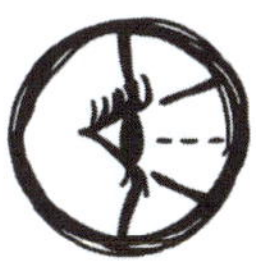

SIE SIND GUT ERFASSBAR, denn Sketchnote-Dokumente kommunizieren detaillierte Informationen schneller als reine detaillierte Textbeschreibungen.

SIE MACHEN SPASS, denn Zeichnungen können einer Sketchnote Humor verleihen. So wird der Prozess amüsanter und unbeschwerter.

WIE MAN EINEN ABLAUF DOKUMENTIERT

Auf den nächsten Seiten zeige ich meinen Ansatz, wie ich Abläufe dokumentiere. Ändern oder verbessern Sie diesen Prozess entsprechend Ihrem eigenen Stil.

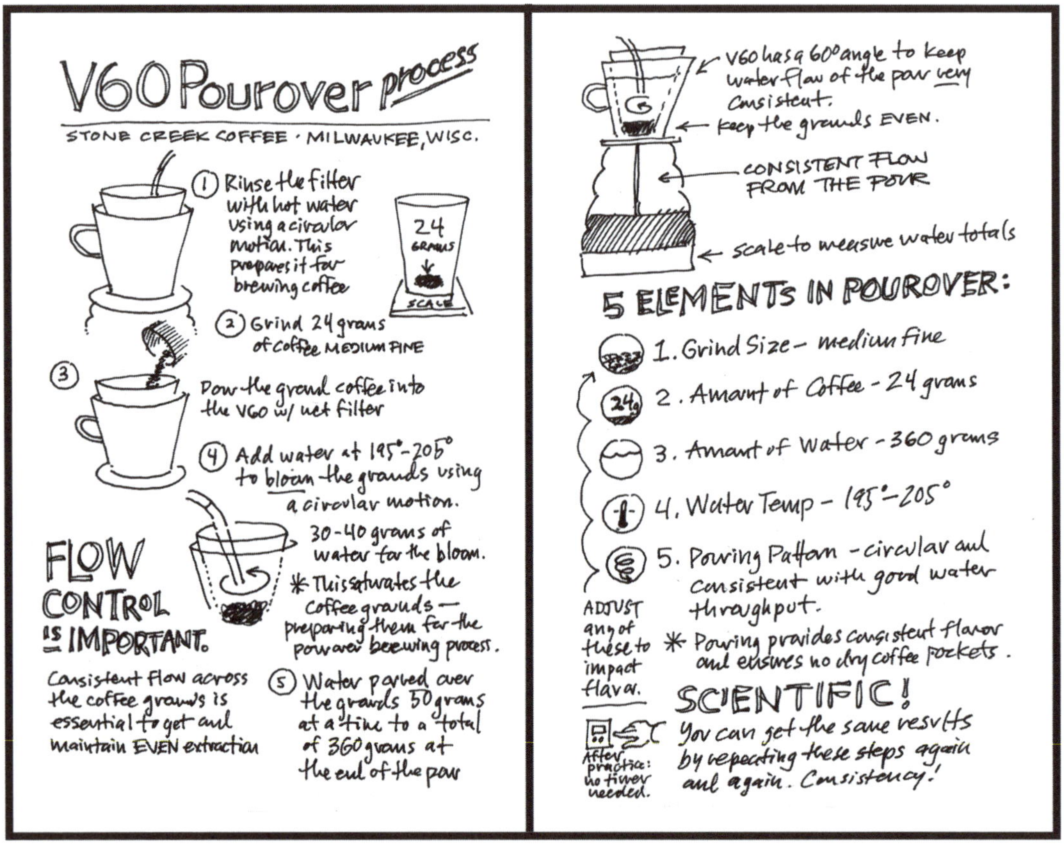

★ BEOBACHTEN UND FESTHALTEN ★

Dokumentieren besteht einfach nur aus dem Beobachten und Festhalten einzelner Schritte.

★ CHAOTISCHE SKETCHNOTES SIND OKAY ★

Wenn die erste grobe Ablaufdokumentation zu chaotisch wirkt, nutzen Sie die Erstellung einer aufgeräumten Version dazu, Ihre Gedankengänge weiterzuentwickeln.

ABLÄUFE DOKUMENTIEREN IN 5 SCHRITTEN

Befolgen Sie diese fünf Schritte, um eine Sketchnote-Dokumentation eines Ablaufs zu erstellen.

1 DEN ABLAUF BEOBACHTEN

Beobachten Sie den Vorgang mehrere Male, erstellen Sie grobe Sketchnotes davon, und verwenden Sie Bilder und Text.

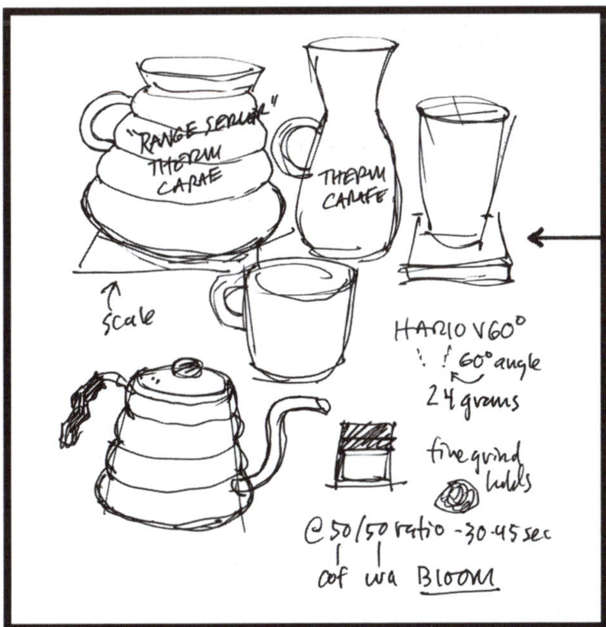

Skizzen der Werkzeuge und gesammelte Informationen zur Dokumentation des Aufbrühvorgangs eines Kaffees.

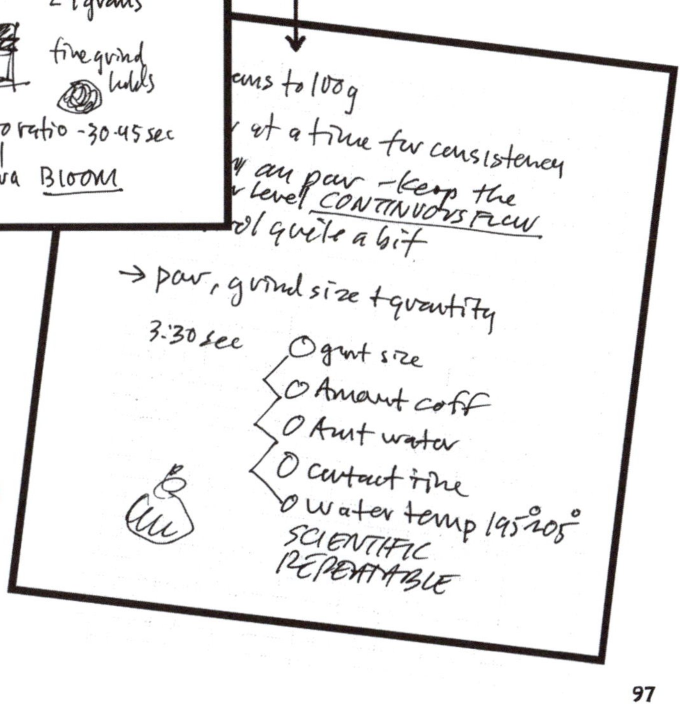

Wenn Sie einen Vorgang mehrere Male beobachten, erkennen Sie mehr Details, als wenn Sie nur einmal zusehen.

2 DEN ABLAUF FESTHALTEN

Beschreiben Sie, was Sie im Verlauf des Prozesses beobachten, und stellen Sie eine Folge der Ereignisse mithilfe von Nummerierung und Hierarchien dar, um Abläufe und Gewichtungen zu zeigen.

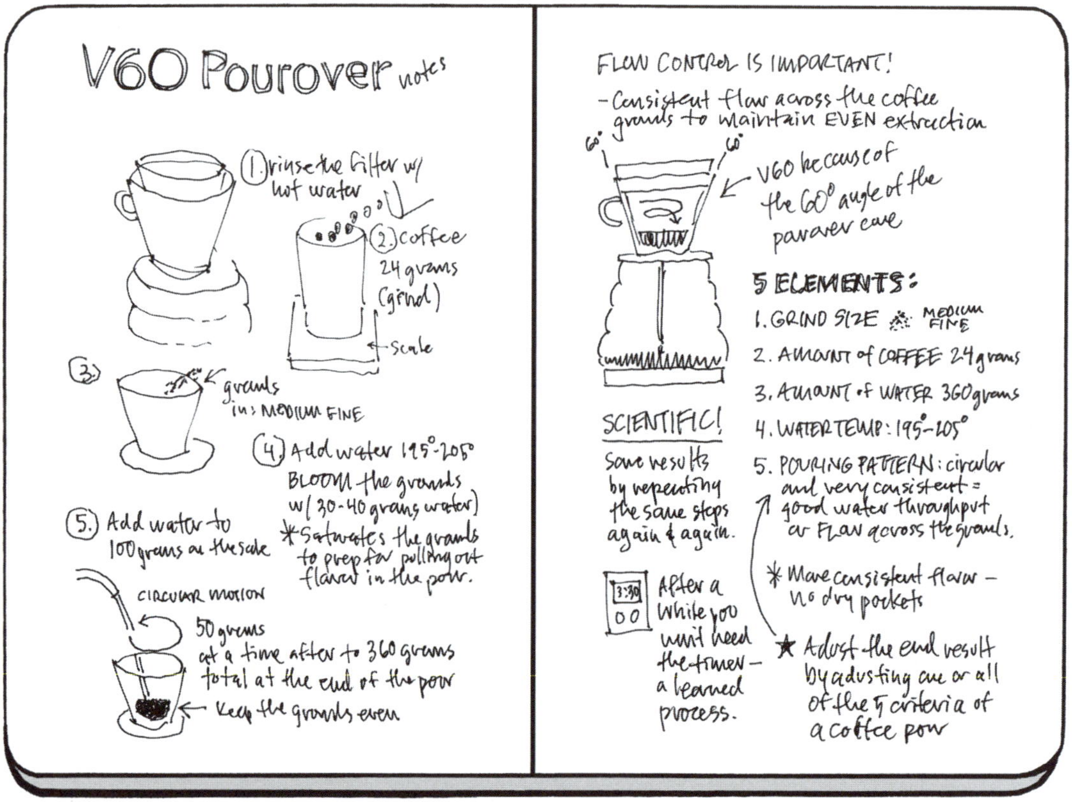

Meine erste grobe Sketchnote zum Vorgang des Kaffeeaufbrühens

---

Machen Sie sich keine Gedanken darüber, beim ersten Mal eine perfekte Ablaufdokumentation zu erstellen. Ihr Fokus sollte auf der Beobachtung liegen und darauf, Fragen zu stellen, die Ihnen helfen, den Vorgang zu verstehen.

3 ZWEITE SKETCHNOTE ERSTELLEN

Erstellen Sie eine zweite Fassung Ihrer Sketchnote, verfeinern Sie Details, überprüfen Sie den Fluss und die Reihenfolge der Schritte. Mit Pfeilen können Sie Ideen miteinander verknüpfen.

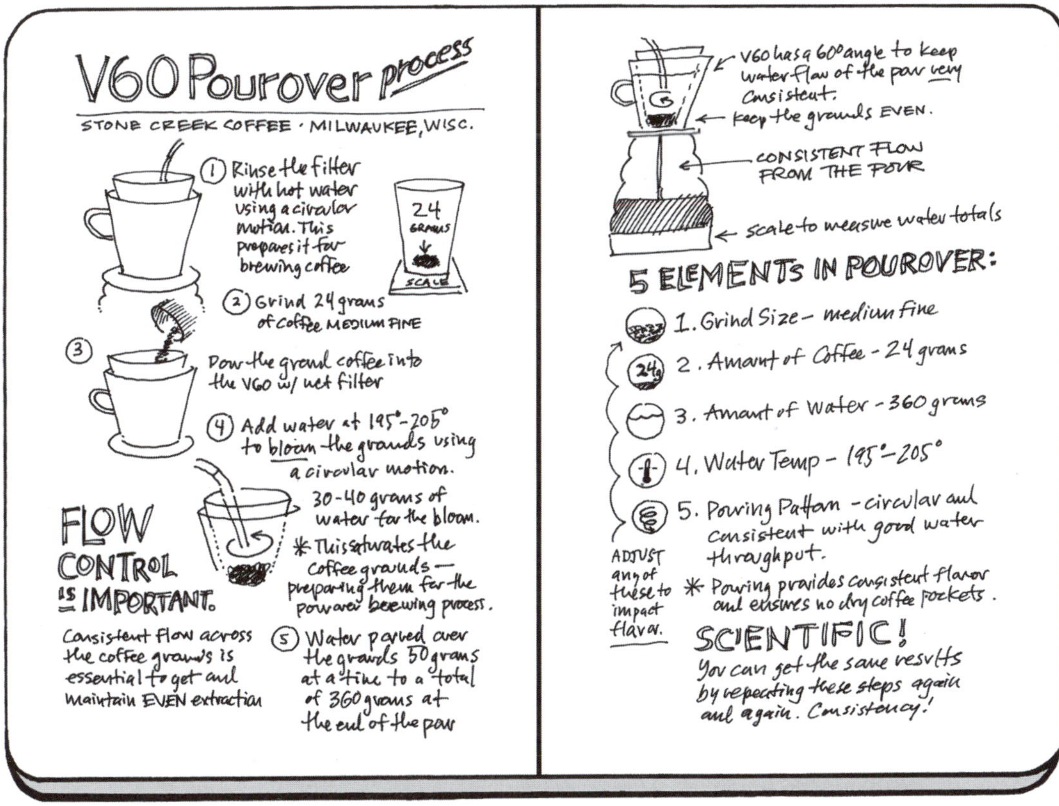

Meine zweite und finale Sketchnote zum Aufbrühvorgang eines Kaffees

Suchen Sie nach Schlüsselideen in der Grobskizze und betonen Sie diese in der finalen Sketchnote-Version. Das ist die ideale Gelegenheit, um diese Schlüsselideen mit Zeichnungen oder Schriftzügen zu illustrieren.

4 IHR DOKUMENT TESTEN

Führen Sie einen optionalen Testlauf durch, um die Reihenfolge und Details des Dokuments zu prüfen. Achten Sie auf vergessene Details.

Nehmen Sie den Ablauf auf Video auf, um bei der Betrachtung Dinge zu entdecken, die Sie vielleicht ausgelassen haben.

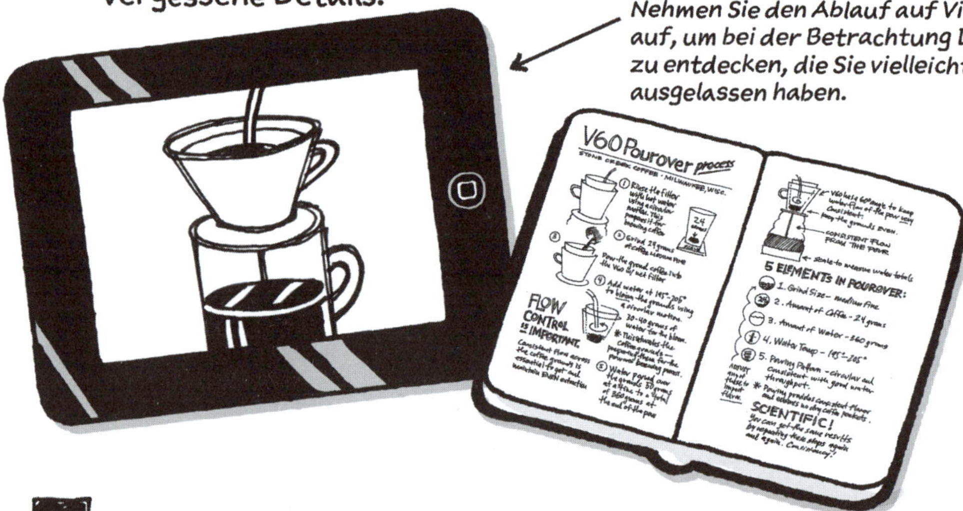

5 DEN ABLAUF BESCHREIBEN

Fügen Sie der zweiten Sketchnote finale Beobachtungen hinzu und lassen Sie dabei die Verbesserungen des Testlaufs mit einfließen.

Eine Notiz, die nachträglic der fertigen Dokumentati hinzugefügt wurde

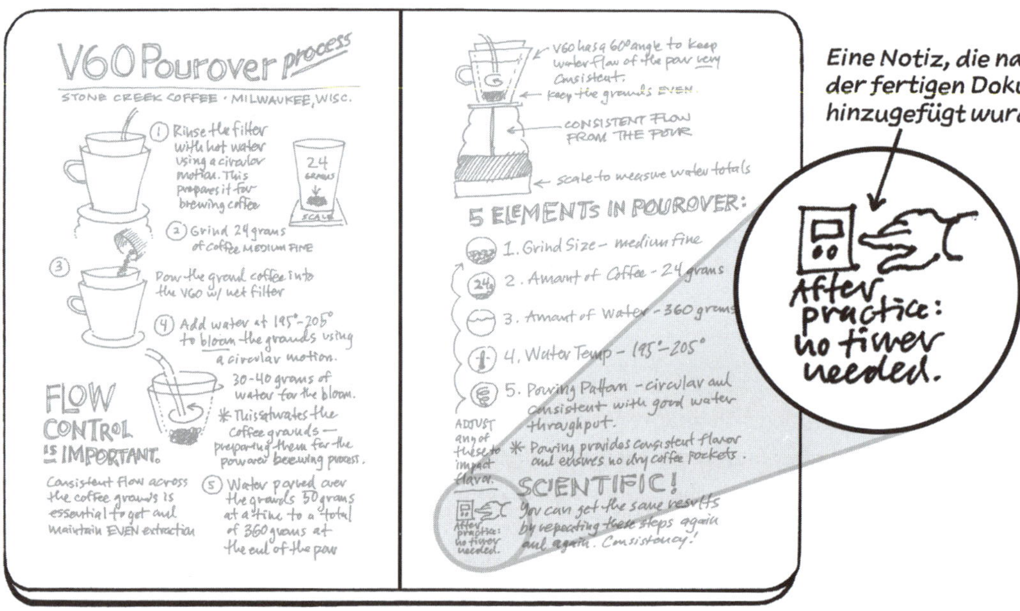

PRAKTISCHE ANWENDUNGEN

Hier einige Beispiele, wie man Sketchnotes für Dokumentationen anwendet:

★SCHRITT-FÜR-SCHRITT-ABLÄUFE

Sketchnotes mit Zeichnungen und kommentierendem Text eignen sich ideal für Abläufe in mehreren Schritten. Zeichnungen vermitteln große Detailtiefe auf kompakter Fläche, und etwas Humor macht den Ablauf amüsanter.

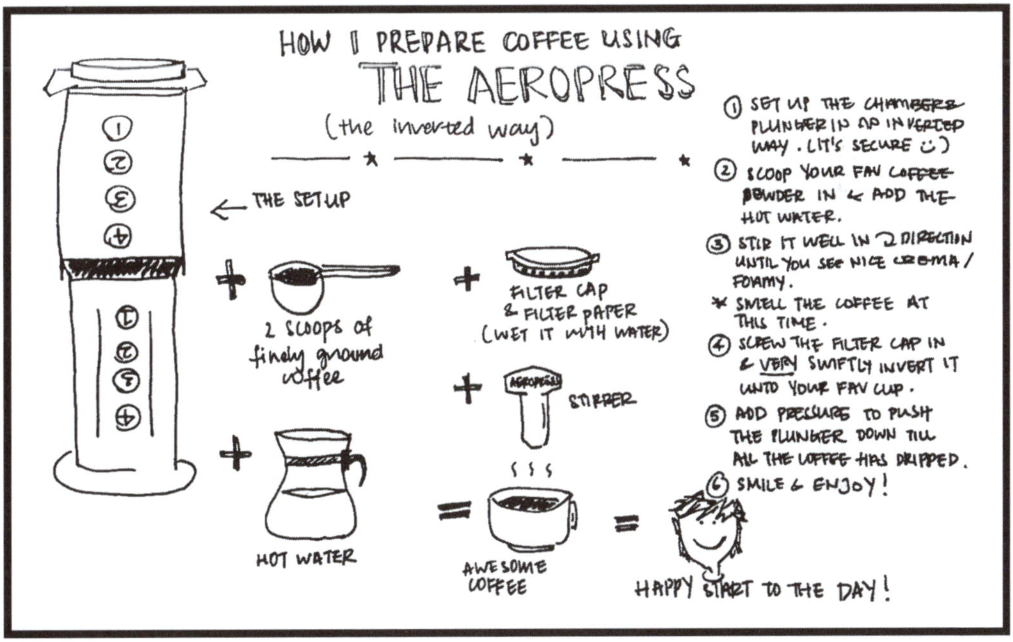

Winnie Lims AeroPress-Sketchnote stellt die Werkzeuge und Zutaten auf der linken Seite vor und eine nummerierte Schritt-für-Schritt-Anleitung für die Zubereitung auf der rechten.

WINNIE LIMS Sketchnote zeigt, wie sie ihre AeroPress-Kaffeemaschine umdreht, damit das Kaffeemehl länger brüht und stärkeren Kaffee erzeugt.

TIPP **NUMMERIEREN SIE DIE SCHRITTE IHRES ABLAUFS**

Machen Sie es sich und anderen einfacher, Ihre Anweisungen später nachzuvollziehen, indem Sie für die Markierung der einzelnen Schritte Nummern oder Buchstaben einsetzen. Sie können auch Zahlen und Buchstaben mit Pfeilen hervorheben, um einen bestimmten Ablauf vorzugeben oder auf entscheidende Punkte innerhalb eines Prozesses hinzuweisen.

❶ ❷ ❸

REZEPTE sind eine weitere Möglichkeit, Schritt-für-Schritt-Anweisungen kombiniert mit bestimmten Handlungen und Zutaten festzuhalten. Jeff Bennett verwendet Sketchnotes, um Rezepte mit seinen Freunden auszutauschen. Dieses Rezept für in Bier geschmorte Rinderrippchen ist einfach, visuell und effektiv.

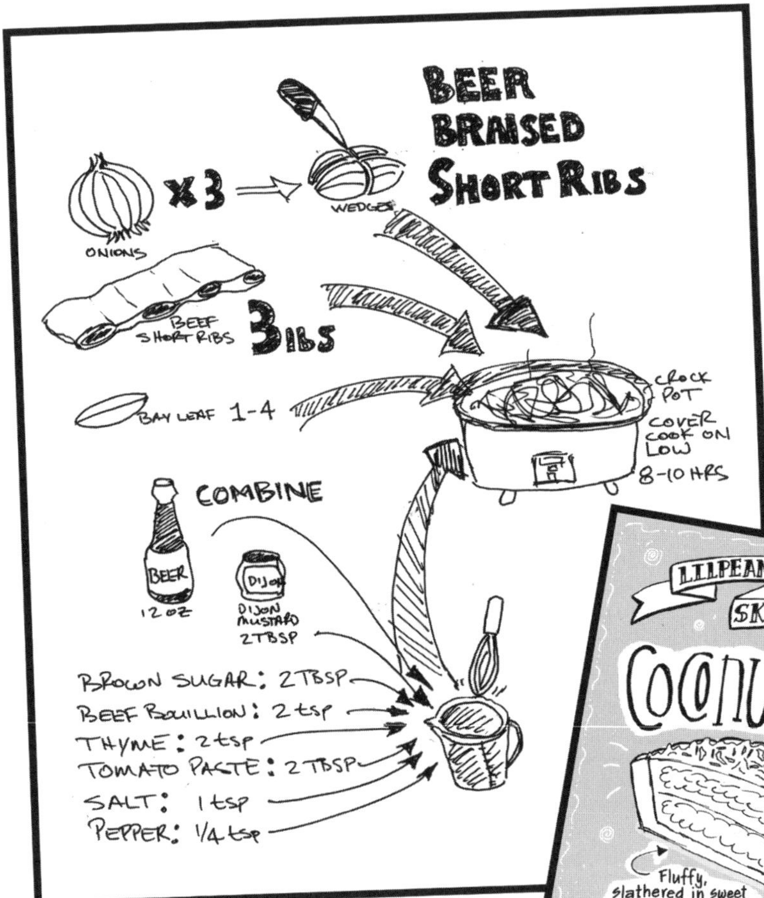

Jeff Bennett

MARICHIEL BOUDWIN stellt Ideen für eine perfekte Kokosnusscremetorte vor.

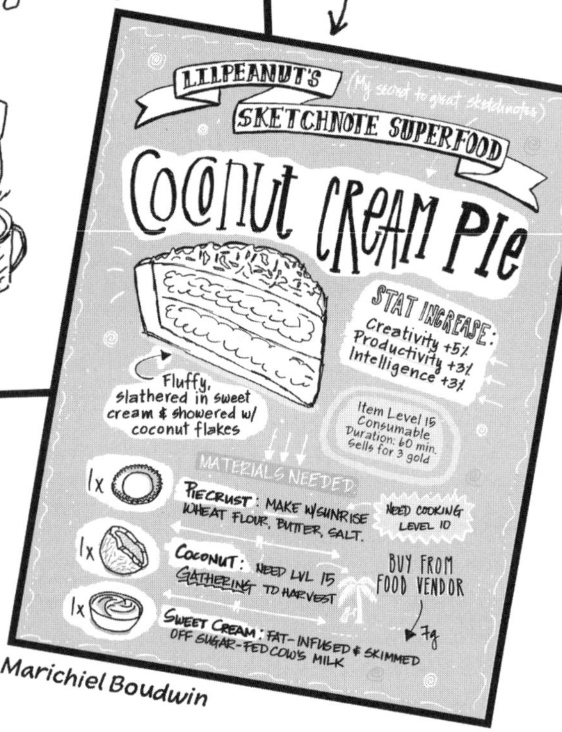

Marichiel Boudwin

ÜBUNG 5.1
ERSTELLEN SIE EIN REZEPT ALS SKETCHNOTE

Erstellen Sie eine Sketchnote Ihres Lieblingsrezepts, indem Sie zuerst eine Grobskizze anfertigen und danach eine finale Version ausarbeiten wie im unten stehenden Beispiel von Mauro Toselli. Geben Sie dieses Rezept an einen Freund oder ein Familienmitglied weiter.

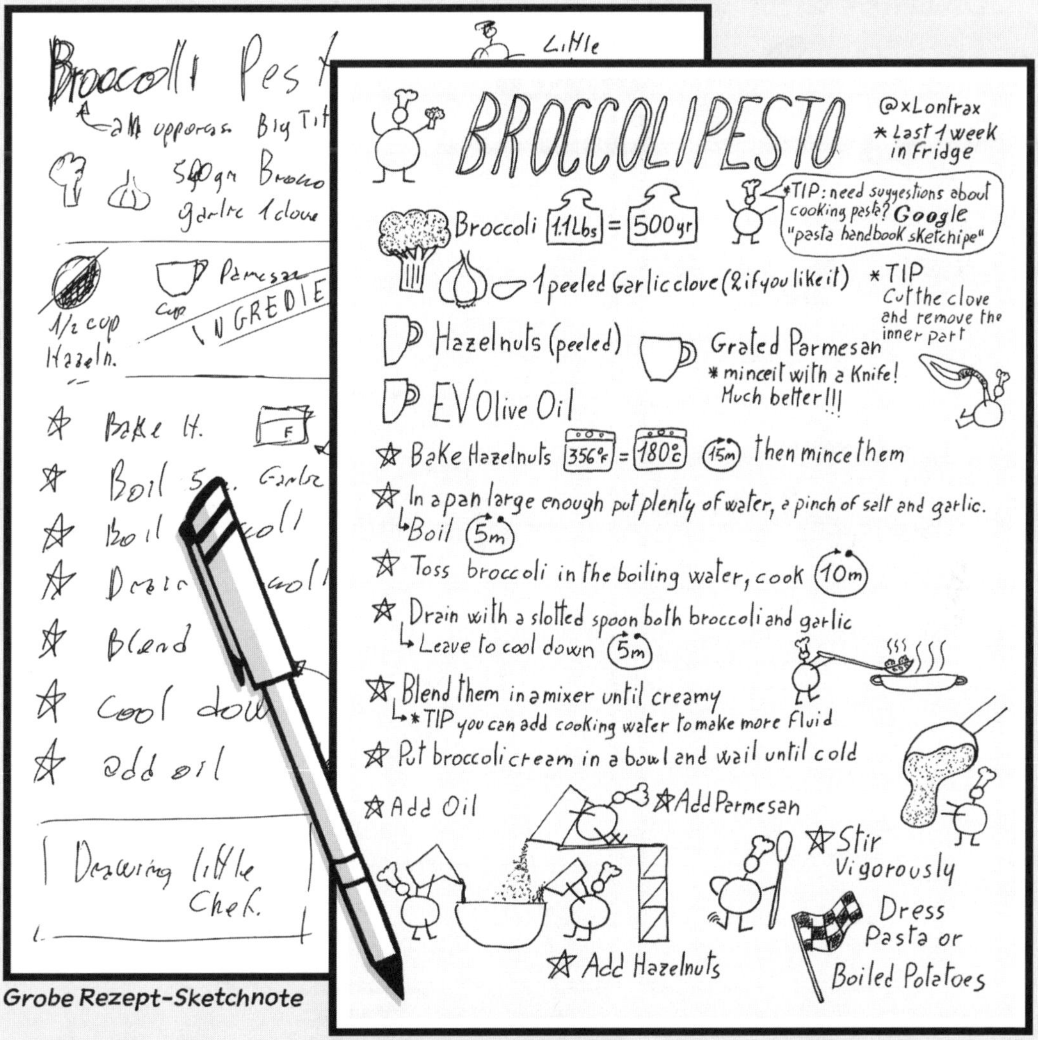

Grobe Rezept-Sketchnote

Finale Rezept-Sketchnote

FRAGEN

Wie hat die Erstellung eines visuellen Rezepts Ihre Sicht auf die Informationen verändert?

Wie hat der Empfänger auf das Sketchnote-Rezept reagiert?

★ GEBRAUCHSANLEITUNGEN

Dokumentationen von Abläufen erfordern einen schrittweisen Ansatz, weil es auf die Reihenfolge der auszuführenden Schritte ankommt. Aber wenn Sie wie in diesen erklärenden Sketchnotes Inhalte vermitteln wollen, ist die Reihenfolge der Abläufe nicht immer entscheidend. In diesem Fall können Sie Bilder anstelle von Zahlen verwenden, um Ihre Ideen zu vermitteln.

JONO HEY hält seine Erklärungs-Sketchnotes (Sketchplanations) noch einfacher, indem er nur eine oder zwei Ideen auf einer Karte darstellt.

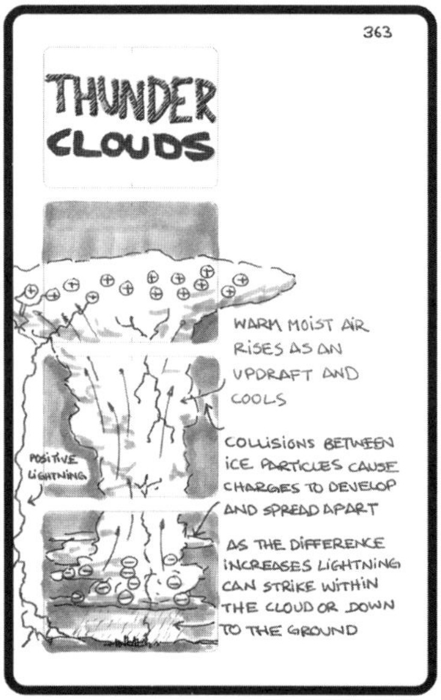

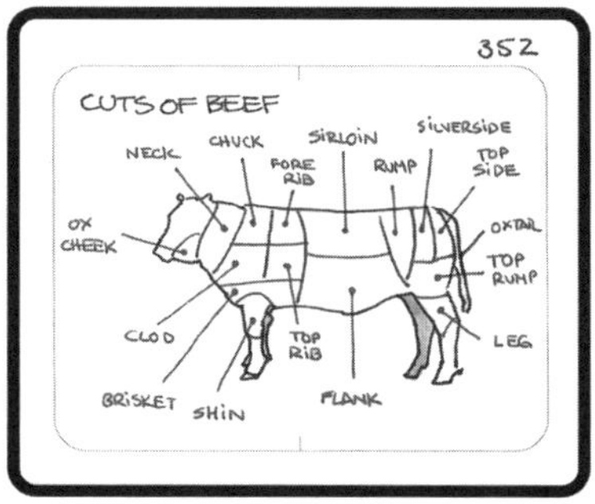

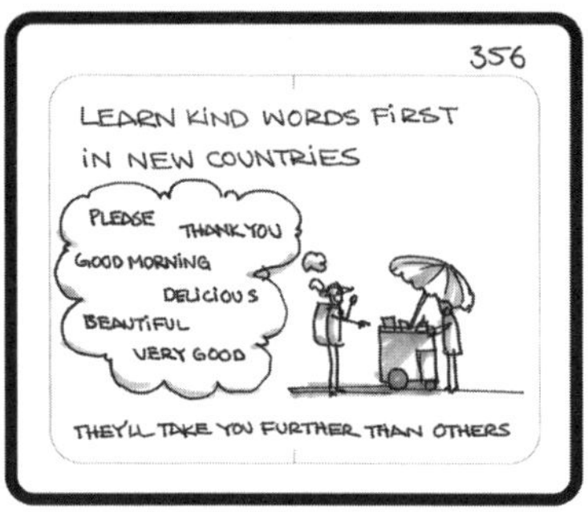

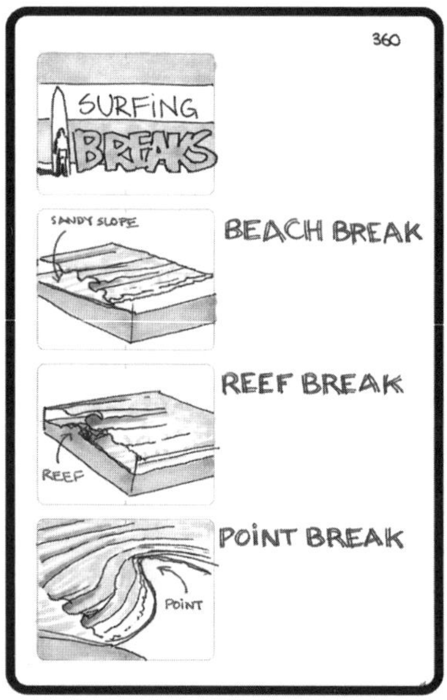

Jono Hey • sketchplanations.com

TIPP **SCHLÜSSELPRINZIPIEN STATT SCHRITTE**

Stellen Sie sich Ihre erklärenden Sketchnotes als Methode vor, um Schlüsselideen oder persönliche Geheimtipps zu vermitteln, statt sich mit Schritten einzuengen.

MAURO TOSELLI hat eine Bibliothek mit Anleitungsdokumenten im Sketchnote-Format erstellt wie dieses Pasta-Handbuch. Seine einseitige Sketchnote unterteilt die Pasta-Kochregeln in Dos und Don'ts mit witzigen Zeichnungen, um jedes Konzept zu illustrieren.

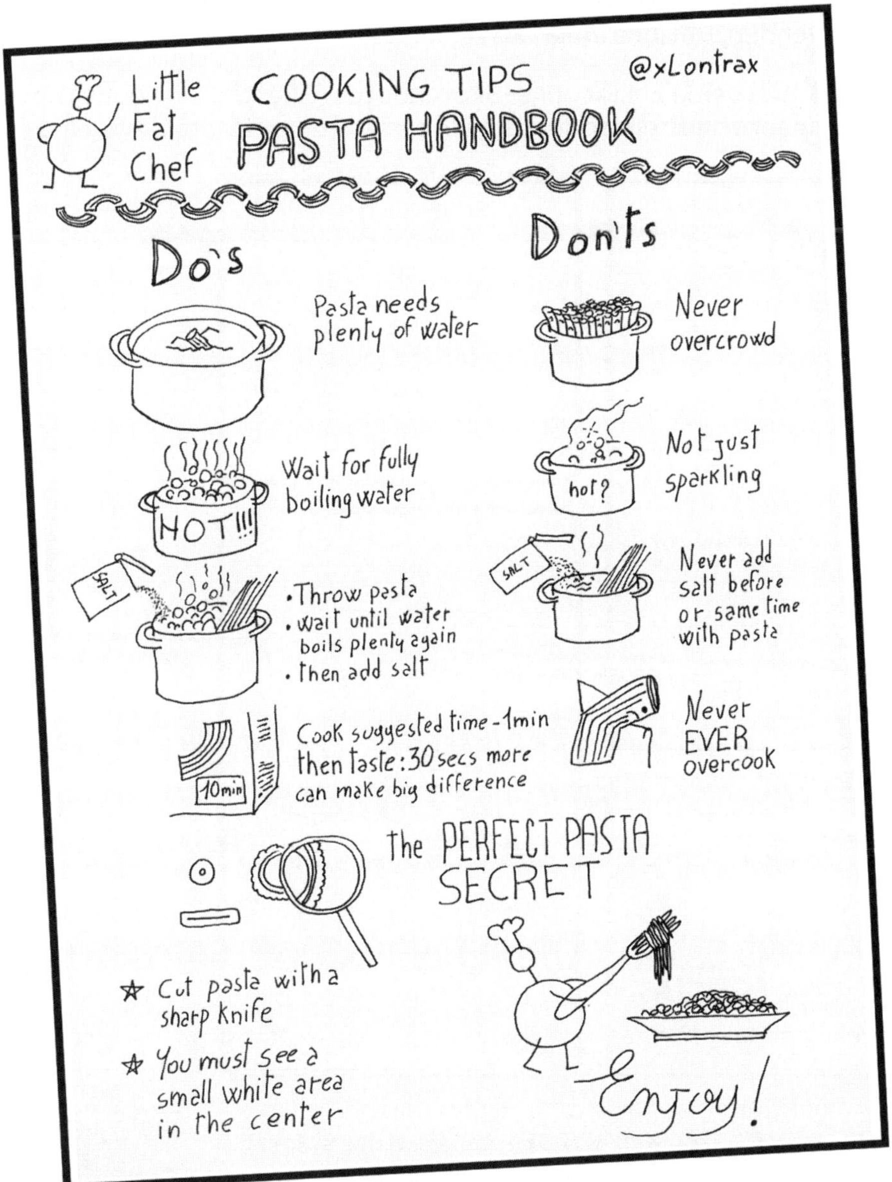

Mauro Tosellis Pasta-Handbuch

★IDEEN KOMMUNIZIEREN

Sie können Sketchnotes gemeinsam mit einer oder mehreren Personen live erstellen und auf diese Weise Prinzipien dokumentieren. Interaktive Sketchnotes ziehen Mitarbeiter in die Diskussion hinein und erlauben ihnen, Feedback zu geben.

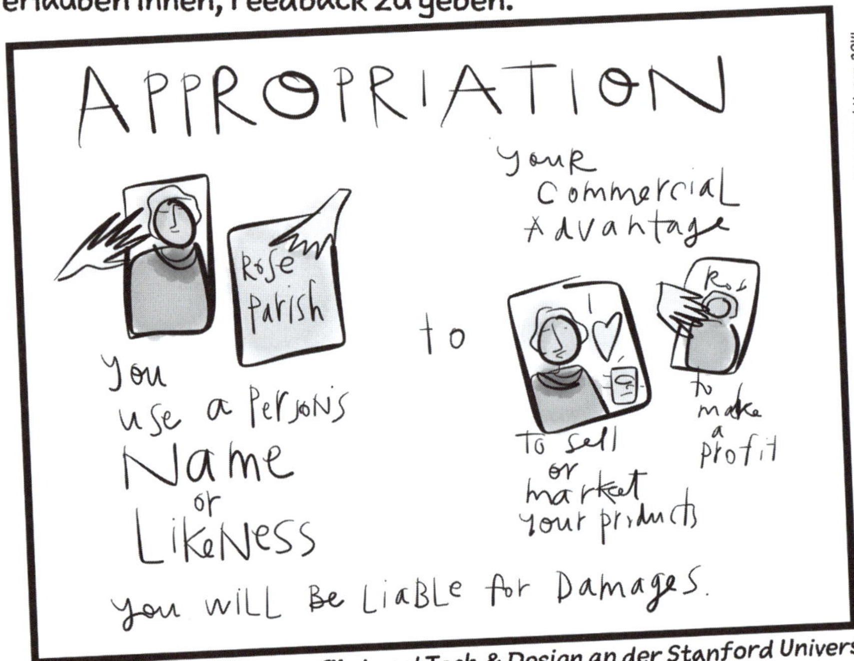

Margaret Hagan, Programm für Legal Tech & Design an der Stanford University

ICH HABE HERAUSGEFUNDEN, DASS SKETCHNOTES, DIE GEMEINSAM ERSTELLT WERDEN, EINE HÖHERE AKZEPTANZ HABEN, DA JEDER TEIL DER LÖSUNG IST.

TIPP VERWENDEN SIE FÜR GEMEINSCHAFTSARBEITEN EIN WHITEBOARD

Whiteboards bieten einen fast permanenten Raum für die Erstellung von Sketchnotes, der bei Feedback einfach angepasst werden kann. Indem Sie mit einem Whiteboard arbeiten, können Sie alle am Prozess Beteiligten einladen, zur Sketchnote beizutragen. Machen Sie für den späteren Gebrauch ein Foto, bevor Sie die Tafel putzen.

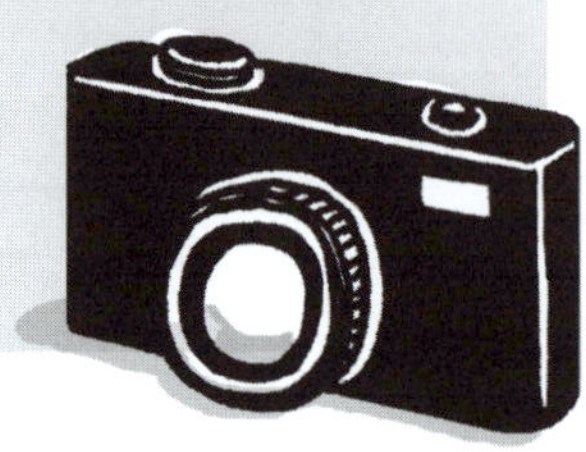

DER KINDERARZT BRYAN VARTABEDIAN erstellt klinische Sketchnotes im Texas Children's Health Center in The Woodlands, Texas. Er verwendet sein Whiteboard, um die Symptome seiner Patienten, die Diagnosen und mögliche Behandlungsmethoden visuell zu dokumentieren. Das alles passiert live, während sich das Kind und die Eltern im Behandlungsraum befinden.
Dr. Vartabedian erzählt, dass sowohl die Kinder als auch die Eltern die einfache Darstellung des Problems begrüßen sowie die Möglichkeit, Fakten unmittelbar ändern oder korrigieren zu können.

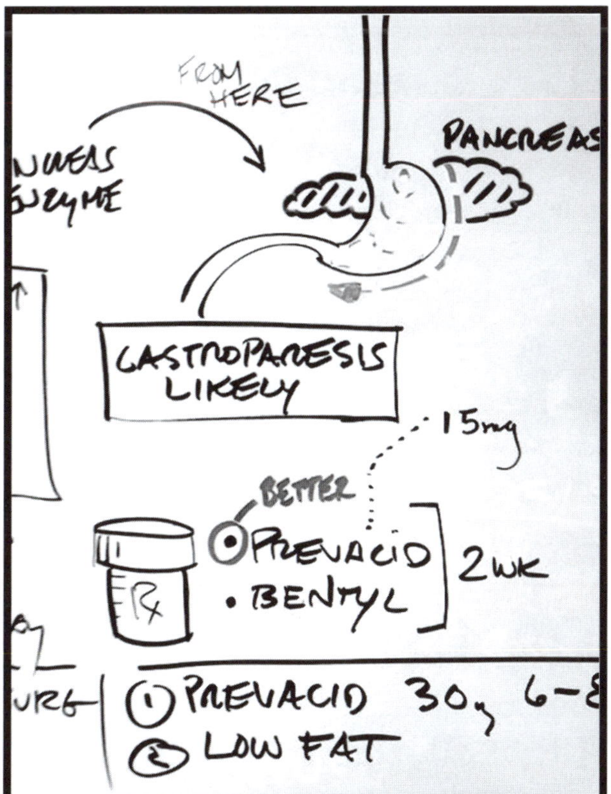

Dr. Bryan Vartabedians klinische Sketchnotes

DIE WHITEBOARD-SKETCHNOTES ZEIGEN, DASS DR. VARTABEDIAN ENGAGIERT UND BEI DER SACHE IST. KINDER LIEBEN ES, IHREM ARZT ZUZUSEHEN, WIE ER BILDER ZEICHNET.

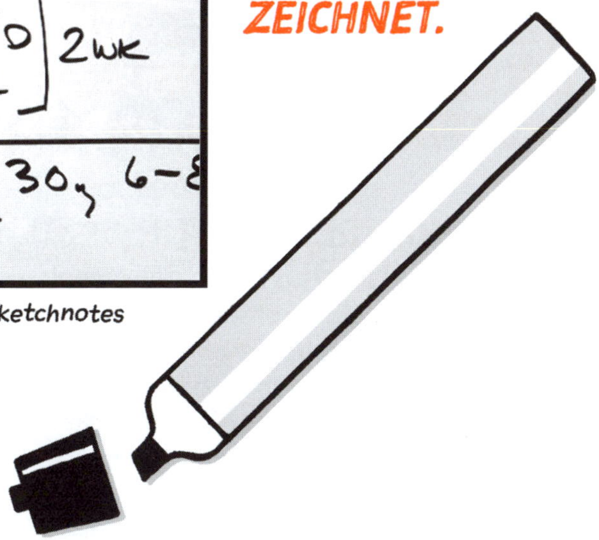

Mauro Toselli

MIT SKETCHNOTES LIEBLINGSGERICHTE TEILEN

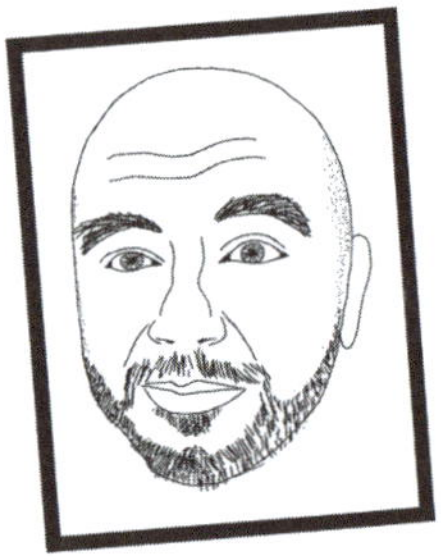

Mauro ist IT Director und arbeitet für einen Verlag in Italien. Er kocht leidenschaftlich gern, was dazu geführt hat, dass er seine Lieblingsgerichte und Rezepte als Sketchnotes dokumentiert.

Vor einem Jahr bat ihn ein Freund um ein Rezept. Da Mauro das Sketchnote Handbuch gelesen hatte, wollte er mehr als eine langweilige Liste mit Zutaten und Anleitungen erstellen. Er hatte eine Idee: Warum nicht das Rezept als Sketchnote umsetzen?

Mauro hatte einen Mordsspaß daran, die Rezept-Sketchnote zu entwerfen, und sein Freund fand es toll, danach zu kochen.

Jetzt ist Mauro Feuer und Flamme. Er zeichnet weitere Rezept-Sketchnotes, denn der Sketchnote-Prozess involviert all seine Sinne, und durch die visuelle Darstellung entstehen neue Ideen zur Verbesserung der Gerichte.

Außerdem kann er sie mit Freunden, der Familie und der ganzen Welt teilen.

„Haben Sie keine Angst, Ihre Sketchnotes zu zeigen. Behalten Sie alles, was Sie zeichnen. Gehen Sie alte Sketchnotes von Zeit zu Zeit durch, um zu sehen, wie sehr Sie sich verbessert haben, und zu erkennen, was Sie tun können, um besser zu werden."

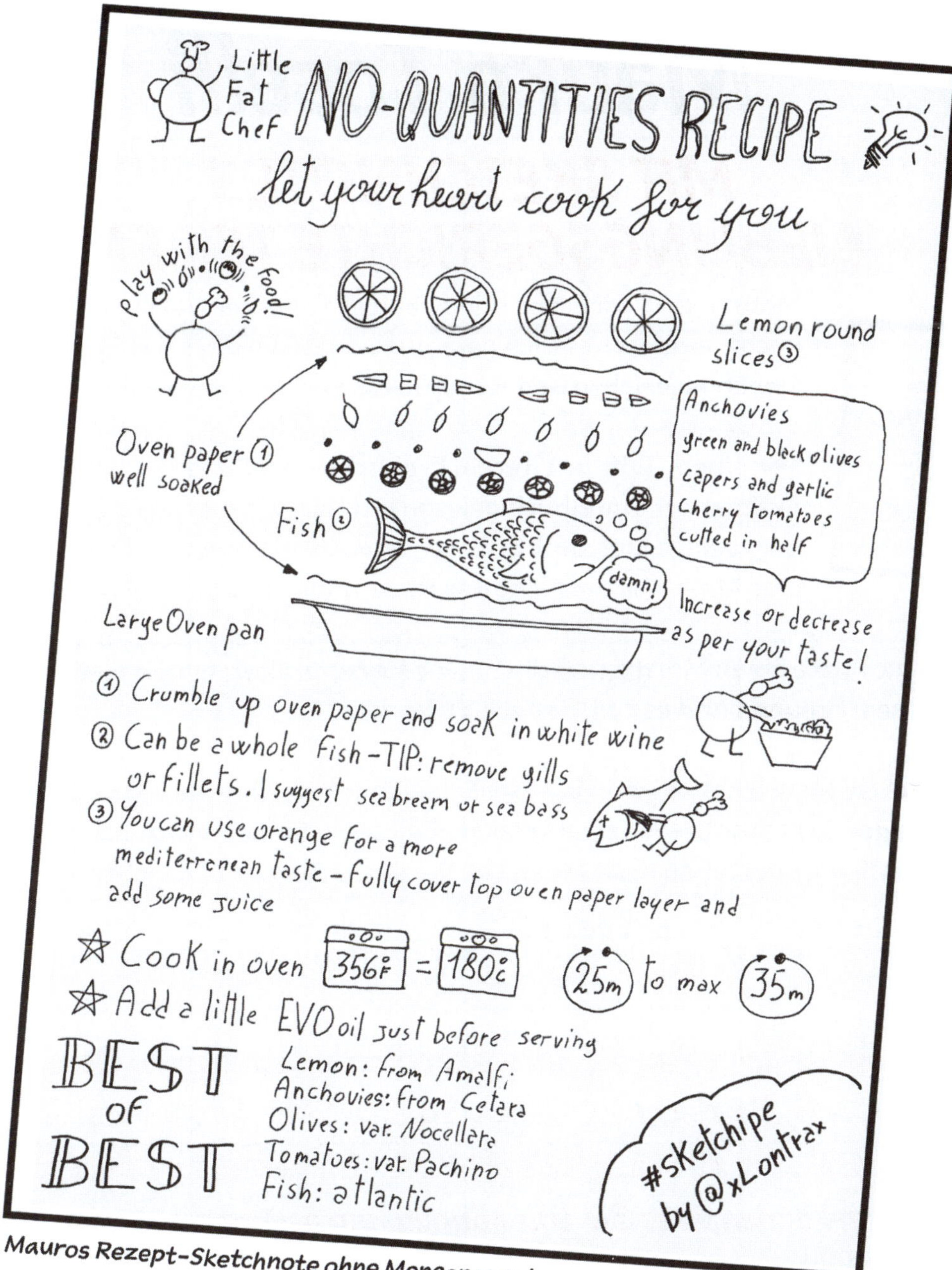

Mauros Rezept-Sketchnote ohne Mengenangaben

A ARBEITSBLATT 5.1

ICONS FÜR DOKUMENTATIONEN

Verwenden Sie im unten stehenden Raster Vierecke, Kreise, Dreiecke, Linien und Punkte, um Icons für die einzelnen Begriffe zum Thema Projektplanung zu erstellen. Überspringen Sie ein Icon, wenn Sie nicht weiterkommen. Die letzte Reihe ist für Ihre eigenen Icons leer.

BACKEN	SAUTIEREN	DO	DON'T
			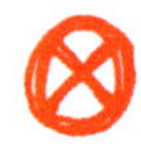
MINUTEN	STUNDEN	MARINIEREN	HACKEN
RÜHREN	MISCHEN	VERQUIRLEN	KOCHEN
TEELÖFFEL	ESSLÖFFEL	TASSE	SPRITZER

ZUSAMMENFASSUNG

- Sie können mit Sketchnotes Schritt-für-Schritt-Anleitungen, Rezepte und Diagnosebeschreibungen dokumentieren.
- Sketchnote-Dokumente bedienen sich der visuellen Fähigkeiten, über die wir alle verfügen.
- Objekte, Abläufe und Ideen werden auf einfache, gehaltvolle Zeichnungen mit Notizen reduziert.
- Bild-Text-Kombinationen verstärken einander.
- Visuelle Dokumente ziehen den Betrachter „hinein".
- Sketchnotes kommunizieren detaillierte Informationen schneller als detaillierte Beschreibungen, die nur aus Text bestehen.
- Gemeinsame Erstellung von Sketchnotes erzeugt größere Akzeptanz, da jeder Teil der Lösung ist.

★ **ALS NÄCHSTES: REISEERLEBNISSE MIT SKETCHNOTES**

REISEN ESSEN MEDIEN

Kapitel 6

REISE-erlebnisse mit SKETCHNOTES

Sketchnotes sind eine unterhaltsame Methode, mithilfe von Zeichnungen, Text, Typo und anderen Elementen erinnerungswerte Reiseerlebnisse festzuhalten und zu dokumentieren.

Reise-ERLEBNISSE MIT SKETCHNOTES

Ihre visuellen Reisegeschichten können zu Objekten werden, die einen Augenblick festhalten. Diese Sketchnotes eignen sich zur persönlichen Betrachtung und können zu unbezahlbaren Erinnerungsstücken werden, die man noch mit seinen Kindern und Enkeln teilt.

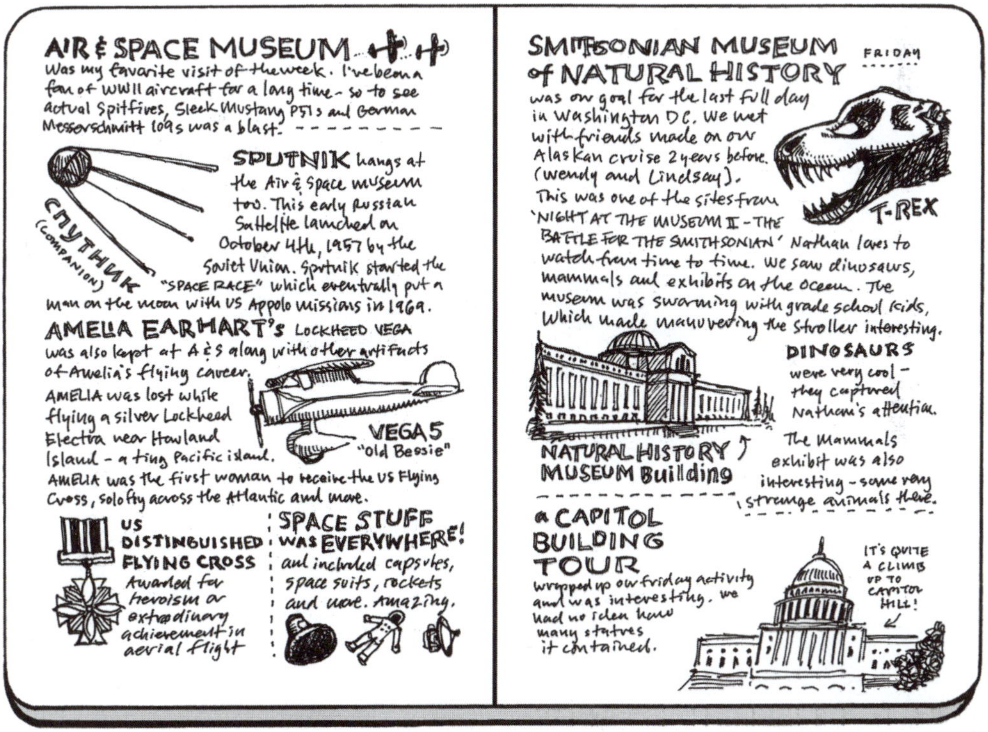

Die Sketchnotes meiner Reise nach Washington, D. C., April 2011

Wenn Erinnerungen verblassen, fungieren Reise-Sketchnotes als Zeitkapseln für Ihre Erlebnisse.

SIE KÖNNEN REISE-SKETCHNOTES SOFORT ERSTELLEN ODER SIE AM ENDE DES TAGES AUF BASIS DER NOTIZEN UND FOTOS AKTUALISIEREN, DIE SIE UNTERWEGS GEMACHT HABEN.

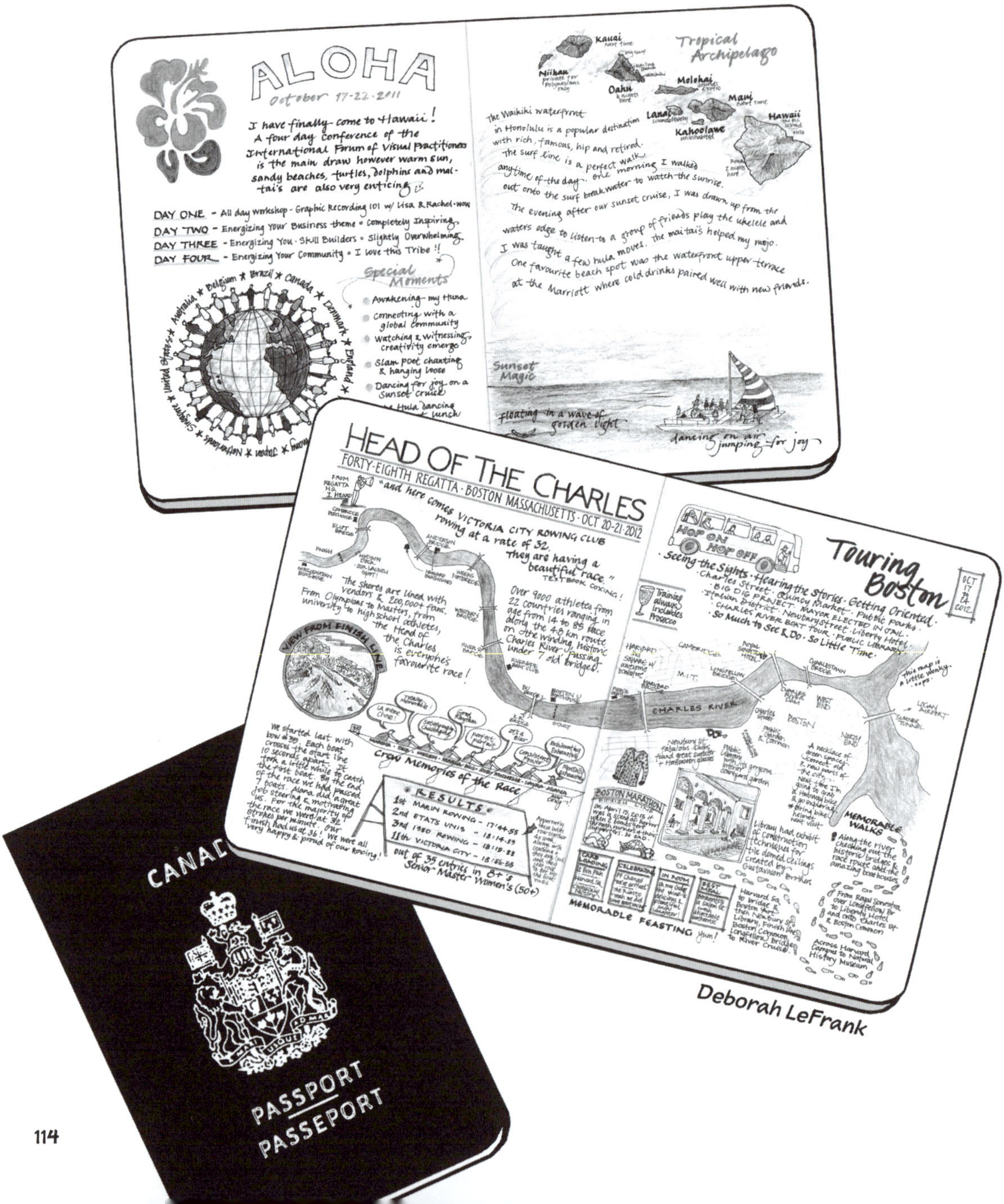

Deborah LeFrank

die VORTEILE VON REISE-SKETCHNOTES

Reise-Sketchnotes haben mehrere attraktive Vorteile:

DEN ÜBERBLICK BEHALTEN, was auf Ihrer Reise passiert. Wenn Sie Ihre Aktivitäten nicht dokumentieren, werden sie sich vermischen und, noch schlimmer, für immer verloren gehen.

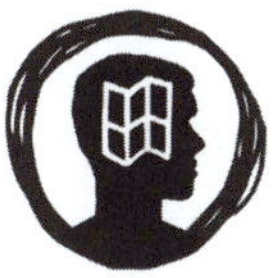

SKETCHNOTES ERZEUGEN EINE MENTALE LANDKARTE Ihrer Erlebnisse, die noch Jahre später detaillierte Erinnerungen wachruft.

IHR ENTDECKERGEIST WIRD GEFÖRDERT, wenn Sie ein Sketchnote-Reisetagebuch führen. Sie suchen gezielter nach interessanten Erlebnissen und halten sie detaillierter fest.

TEILEN LEICHT GEMACHT: Dank Sketchnotes können Ihre Freunde und Ihre Familie Ihre Reiseerlebnisse per E-Mail, Social Media, als Ausdrucke oder sogar in Fotobüchern genießen.

SIE SCHAFFEN ERINNERUNGSSTÜCKE, indem Sie Erinnerungen an historische Orte und Objekte auf Ihre ganz einzigartige und persönliche Weise festhalten.

TIPP KAUFEN SIE EIN SKIZZENBUCH UND EINEN STIFT VON GUTER QUALITÄT

Sie können Sketchnotes mit jeder Sorte Papier und Stift erstellen. Aber indem Sie ein schönes Skizzenbuch auswählen und einen Stift, mit dem Sie gerne zeichnen, verpflichten Sie sich, Ihre Reisen stilvoll festzuhalten, und Sie können Ihre Reise-Sketchnotes in ein wertvolles Geschenk für sich selbst verwandeln.

Eins meiner Lieblingsobjekte ist ein handgemachtes Lederskizzenbuch, das ich verwendet habe, um Sketchnotes meiner Reisen nach Washington D. C. und Portland festzuhalten. Ich liebe es, wie es sich anfühlt, wenn man die Seiten füllt. Es ist eine Freude, mit meinem „Retro 51 Stealth Rollerball"-Stift zu zeichnen und zu schreiben. Mein grünes Reisebuch ist schon heute ein geschätztes Familienerbstück.

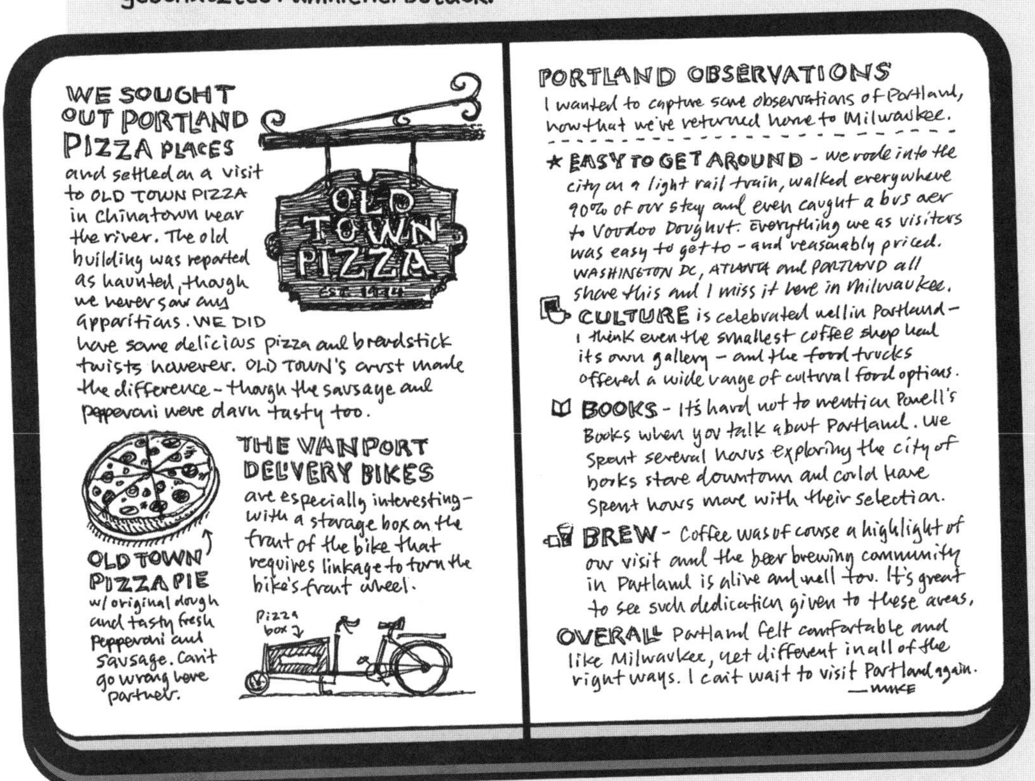

„Retro 51 Tornado Stealth Rollerball"-Stift

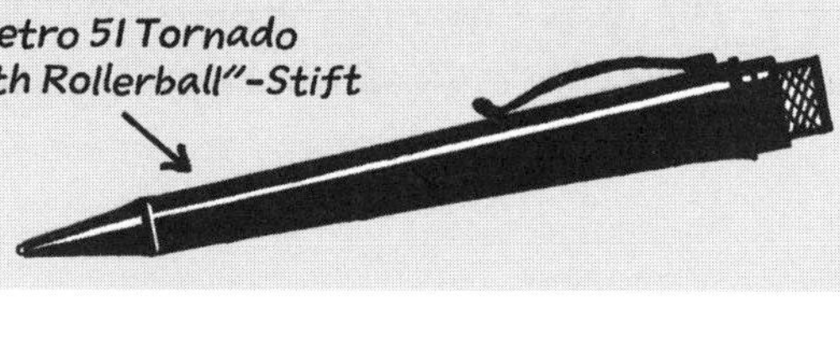

Ugmonk-Reiseskizzenbuch in grünem Leder

PRAKTISCHE ANWENDUNGEN

Hier einige Varianten, wie man mit Sketchnotes Reiseerlebnisse festhält:

★PERSÖNLICHE REISE-SKETCHNOTES

Für persönliche Reisen erstellen Sie Sketchnotes von Orten, Sehenswürdigkeiten, Höhepunkten und Geschichten, die Sie von einem Urlaub in Erinnerung behalten möchten. Teilen Sie Ihre finalen Sketchnotes oder legen Sie davon ein gebundenes Bilderbuch an, kombiniert mit Fotos Ihrer Reise.

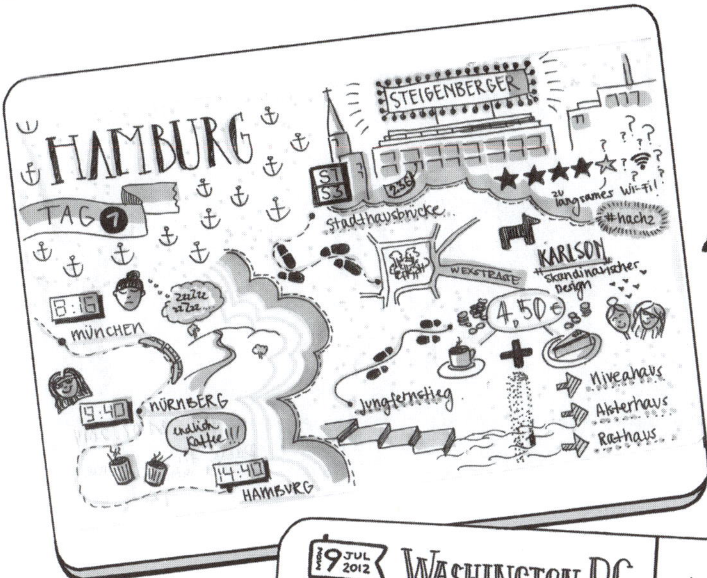

Reise-Sketchnotes von Frau Hölle, die auf ihrer Reise von München nach Hamburg entstanden sind.

Ben Norris hat seine Erlebnisse seiner Reise nach Washington, D.C., festgehalten.

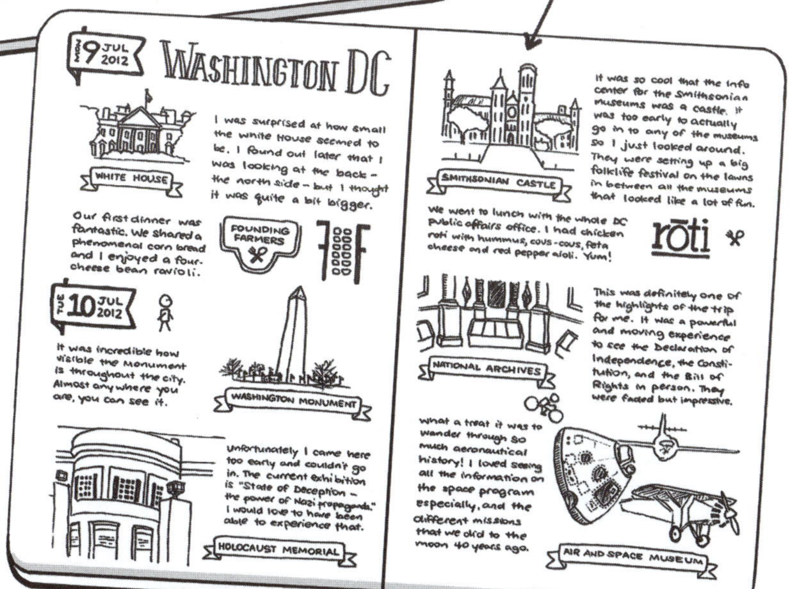

TIPP

KLEBEN SIE OBJEKTE IN IHR SKIZZENBUCH

Ticketabrisse und andere flache Objekte können wunderbare Erinnerungsstücke sein. Nehmen Sie Kleber oder Klebeband mit, um diese Objekte direkt auf Ihre Tagebuchseiten zu kleben. Umrahmen Sie die eingeklebten Objekte mit Notizen oder Zeichnungen des Erlebnisses.

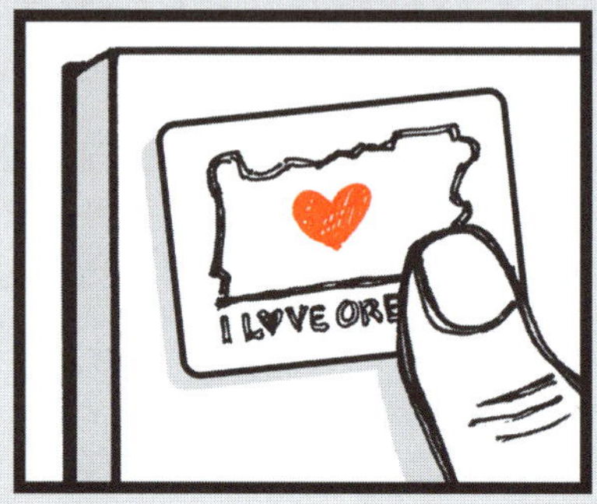

Indem Sie mit etwas täglichem Aufwand Reiseerlebnisse als Sketchnotes festhalten, legen Sie eine umfassende Sammlung von Geschichten und Momenten an, die noch lange nach Beendigung der Reise Bestand haben.

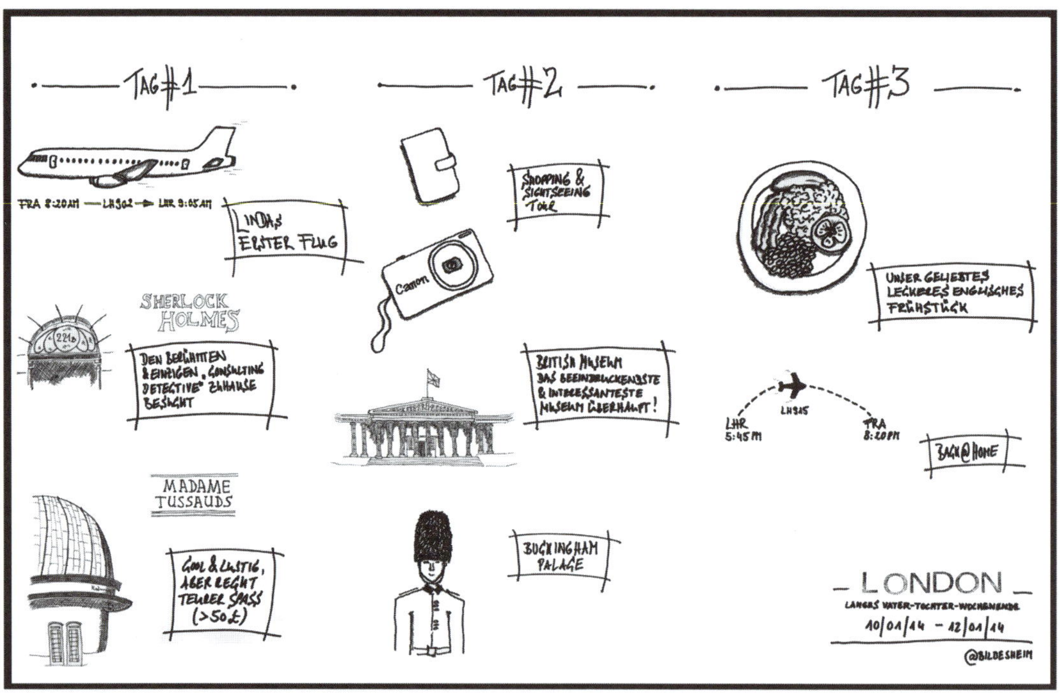

Oliver Bildesheim erstellte eine Reise-Sketchnote während seines Besuches in London.

ÜBUNG 6.1

ERSTELLEN SIE EINE URLAUBS-SKETCHNOTE

Schreiben Sie mit einem Taschennotizbuch oder einer Notiz-App eine Liste der täglichen Aktivitäten nieder. Fotografieren Sie mit Ihrer Kamera und – wenn möglich – nehmen Sie sich die Zeit, einige Erlebnisse direkt vor Ort als Sketchnote festzuhalten. Am Ende des Tages können Sie Ihre Recherchen in Reise-Sketchnotes verwandeln.

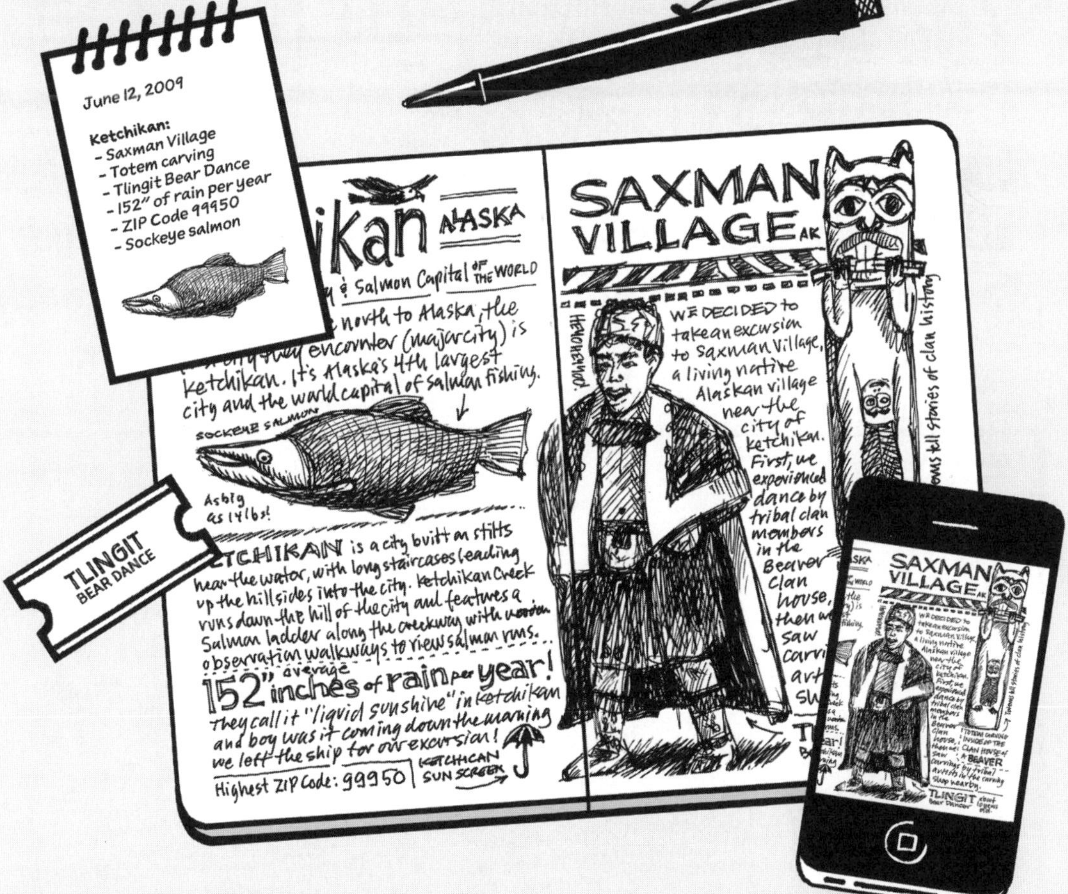

FRAGEN

Teilen Sie die Sketchnote mit einem Mitreisenden oder Freund. Was ist sein Eindruck von Ihrer Reise-Sketchnote? Wie hat das Dokumentieren Ihrer Reisen Ihre Perspektive auf den Urlaub verändert? Betrachten Sie sie nach einem Monat: Ruft die Sketchnote die Details klarer in Erinnerung?

★SKETCHNOTES VON GESCHÄFTSREISEN

Sketchnotes können nützlich auf Geschäftsreisen sein. Dokumentieren Sie visuell Ihre Gedanken über eine Konferenz, ein Meeting oder eine Aufgabe. Halten Sie Ihre Geschäftsessen fest, notieren Sie Ihre Ausgaben und reflektieren Sie über Ihre Erlebnisse, wenn Sie wieder zu Hause sind.

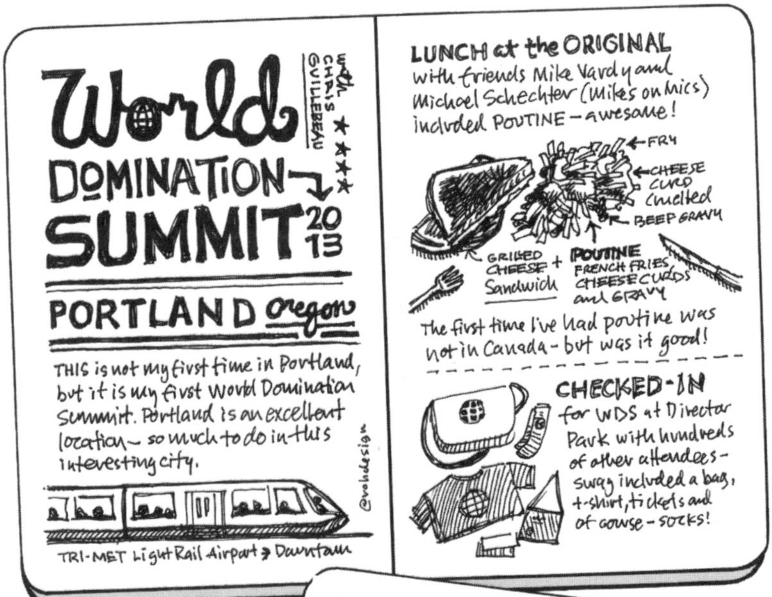

Einige der interessantesten Momente auf Chris Guillebeaus World Domination Summit 2013 waren vor, nach und zwischen den Sessions.

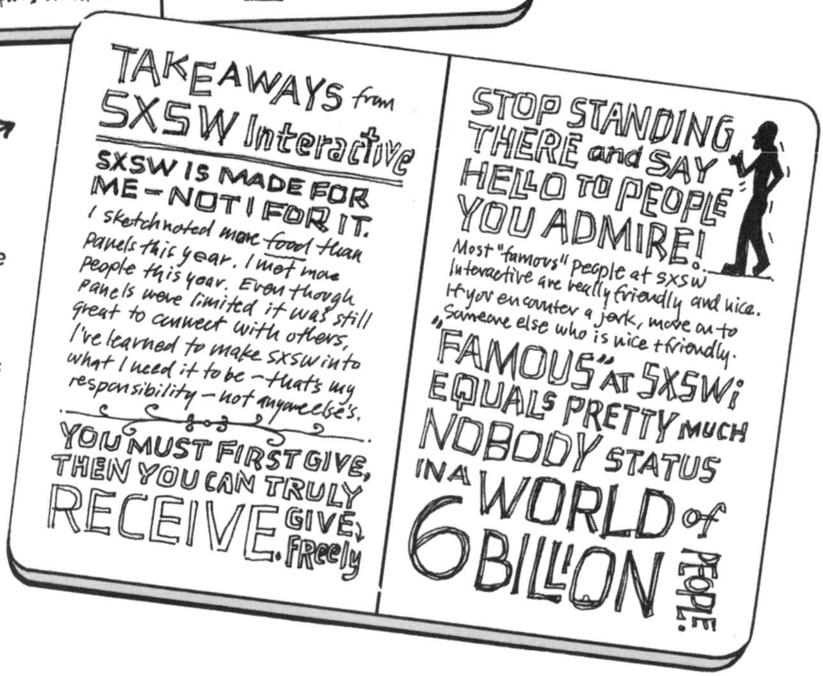

Ich habe einen zweistündigen Heimflug von der SXSW Interactive damit verbracht, meine Beobachtungen und Erkenntnisse des Festivals als Sketchnote festzuhalten.

TIPP FOTOGRAFIEREN SIE IHRE REISE-SKETCHNOTES

Machen Sie täglich mit Ihrem Smartphone oder einer anderen Kamera Fotos. Auf diese Weise haben Sie ein Backup Ihrer Arbeiten, und es ist leichter, Ihre Erlebnisse mit Freunden in sozialen Netzwerken oder mit Kollegen bei der Arbeit zu teilen.

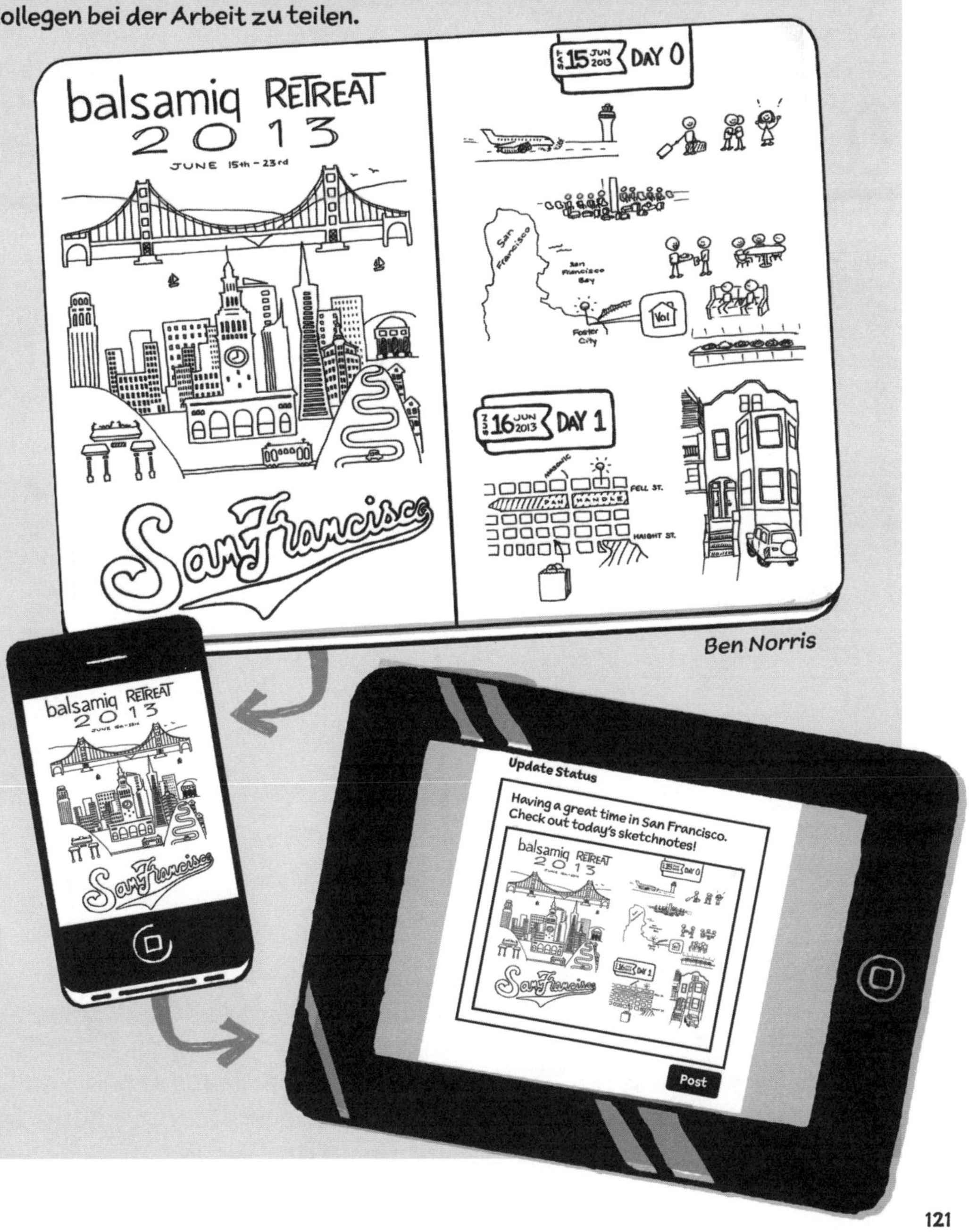

Ben Norris

ÜBUNG 6.2

ERSTELLEN SIE EINE SKETCHNOTE EINER GESCHÄFTSREISE

Erstellen Sie auf Ihrer nächsten Geschäftsreise eine Reise-Sketchnote. Dokumentieren Sie die Dinge, über die Sie nachdenken, während Sie sich für ein Meeting, eine Konferenz oder andere geschäftliche Tätigkeit vorbereiten. Notieren Sie Details von Treffen und Personen, halten Sie Ihre Ausgaben fest und nutzen Sie den Heimweg, um Ihre Erlebnisse zu reflektieren.

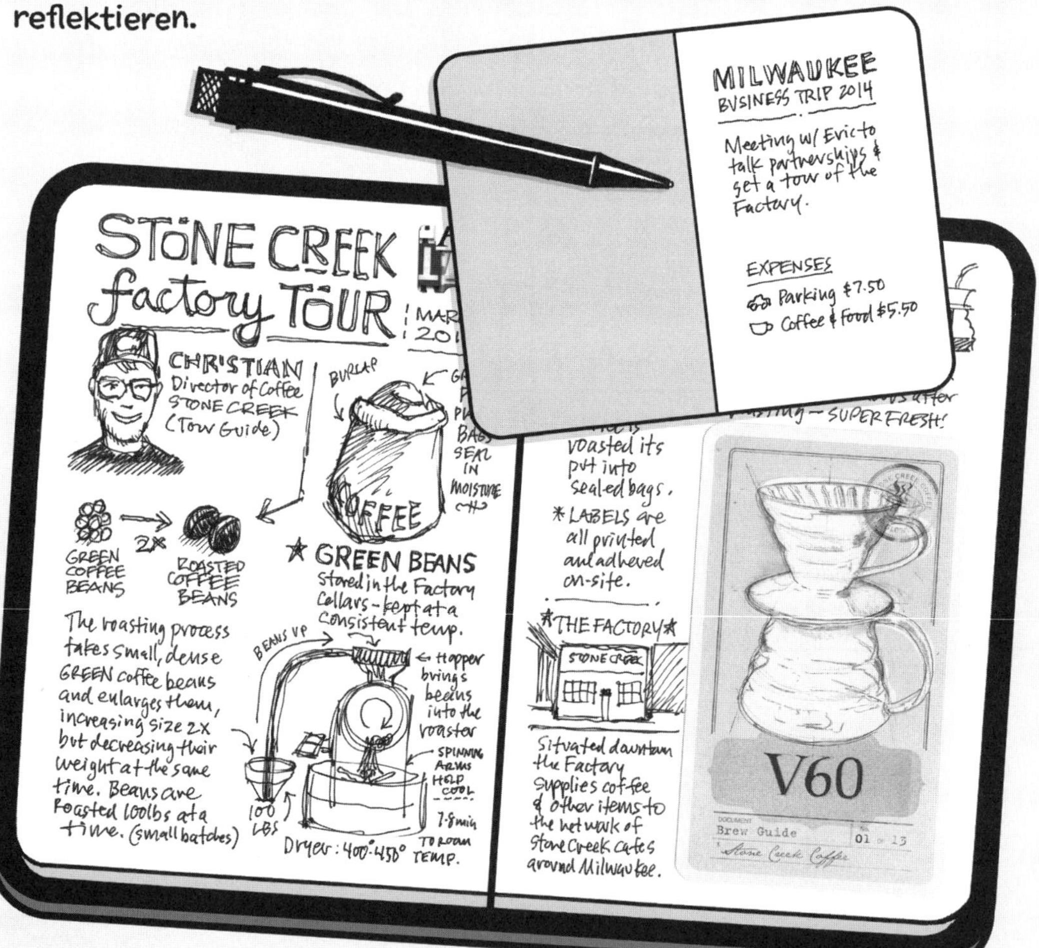

FRAGEN

Hat sich Ihr Bewusstsein für Reisedetails und Geschäfts-Events durch Sketchnotes geschärft? Hat Ihnen die Sketchnote geholfen, deutlicher zu erkennen, was Sie erfahren und beobachtet haben?

REISE-SKETCHNOTES IN DREI SCHRITTEN

Befolgen Sie diese Schritte, um Ihre eigenen Reise-Sketchnotes zu erstellen.

1 SUCHEN SIE INTERESSANTE MOTIVE

Was sollten Sie als Sketchnote festhalten? Hier ein paar Ideen:

→ **KONZENTRIEREN SIE SICH AUF DIE STADT AN SICH.** Gibt es Gebäude, die die Skyline definieren? Einen Berg in der Ferne? Einen Fluss oder einen anderen Orientierungspunkt, an den Sie sich besonders erinnern?

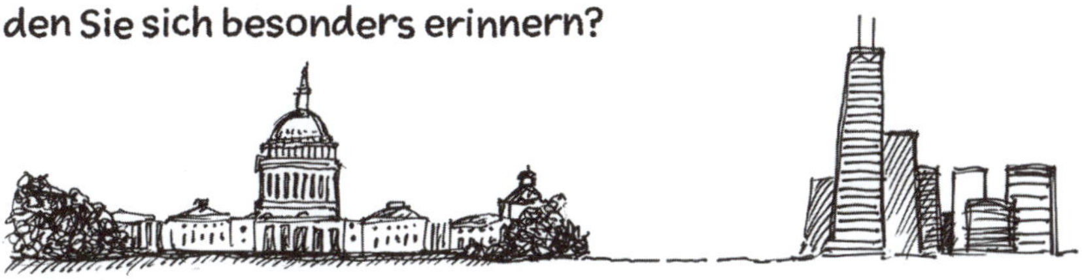

→ **SUCHEN SIE DINGE, DIE ANDERS SIND.** In Portland fand ich in den Straßen von Downtown merkwürdige Trinkbrunnen mit vierfachen Wasserspendern, also zeichnete ich einen als Teil der Sketchnote in mein Buch.

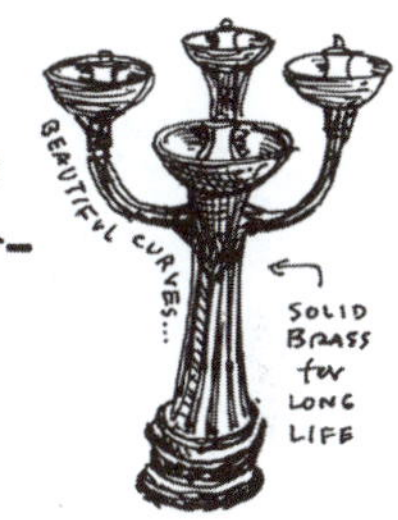

→ **REDEN SIE MIT LEUTEN UND NOTIEREN SIE IHRE GESCHICHTEN.** Bitten Sie sie, etwas zur Geschichte der Stadt zu erzählen oder Ihnen ein Lieblingsrestaurant oder eine Aktivität zu empfehlen.

→ **DOKUMENTIEREN SIE ERINNERUNGSWÜRDIGE GESCHICHTEN.** Notieren Sie Lieblingscafés oder -straßen und halten Sie lustige Geschichten fest, wie die amerikanische Marschkapelle, die ich in der Altstadt von Stockholm Copa Cabana spielen sah.

EINPRÄGSAME, MERKWÜRDIGE UND LUSTIGE EREIGNISSE HELFEN IHREM GEDÄCHTNIS AUF DIE SPRÜNGE.

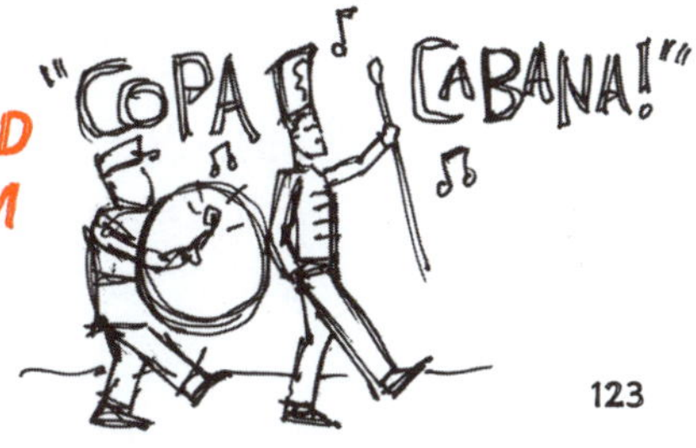

2 MACHEN SIE NOTIZEN UND SCHIESSEN SIE FOTOS

Bei einem straffen Reiseprogramm haben Sie vielleicht keine Zeit, Ihre Erlebnisse unmittelbar als Sketchnote festzuhalten. Hier einige Methoden, Erlebnisse festzuhalten und eine Referenz zu erstellen:

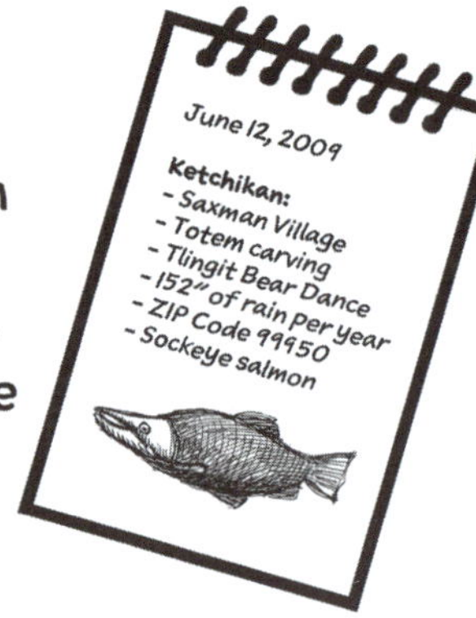

→ **TRAGEN SIE EINEN KLEINEN NOTIZBLOCK** mit sich oder verwenden Sie eine Notiz-App, um Dinge zu notieren, die Sie im Verlauf des Tages erlebt haben. Halten Sie direkt Orte, Zeiten und Geschichten fest. Am Ende des Tages nutzen Sie Ihre Notizen, um daraus Sketchnotes zu erstellen.

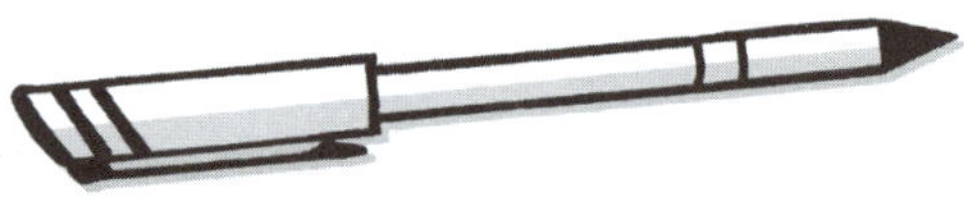

→ **VERWENDEN SIE EINE KAMERA**, um Fotos von Orten, Leuten und Gegenständen zu machen. Nutzen Sie die Bilder als Vorlage, um später genaue Zeichnungen in Ihren Sketchnotes zu erstellen.

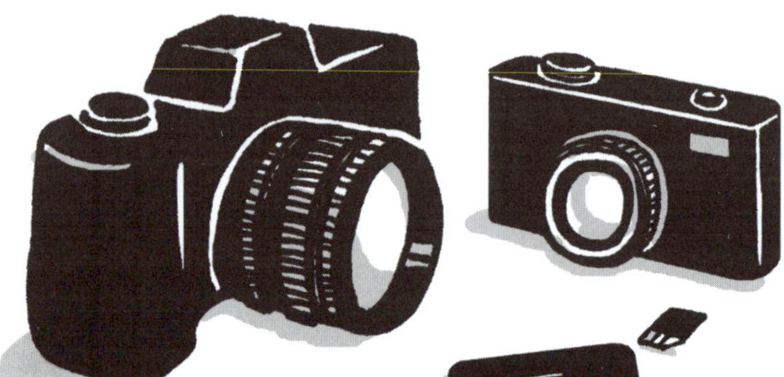

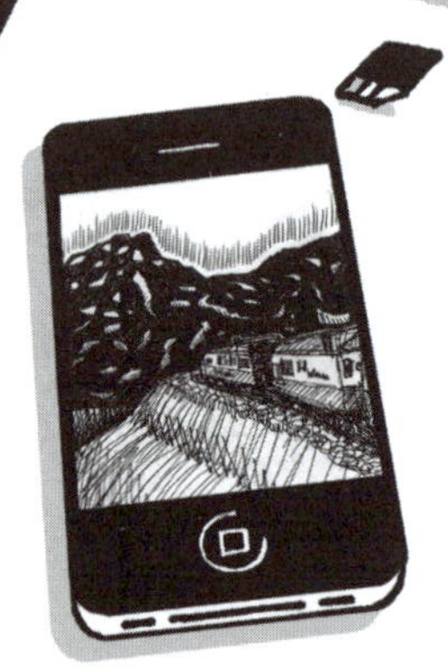

DIE BESTE KAMERA IST DIE, DIE MAN DABEIHAT.

3 NEHMEN SIE SICH SKETCHNOTE-ZEIT

Manchmal können Sie Sketchnotes während der Reise erstellen, ein andermal müssen Sie bis zum Ende des Tages warten. Hier ein paar Tipps, wie Sie sich auf Reisen Sketchnote-Zeit verschaffen:

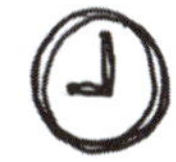

- **ACHTEN SIE AUF LEERZEITEN.** Nutzen Sie Pausen, um Sketchnotes vor Ort zu erstellen. Mittags-, Kaffee- oder Erholungspausen bieten oft ein paar Momente, um ein Tageserlebnis festzuhalten.

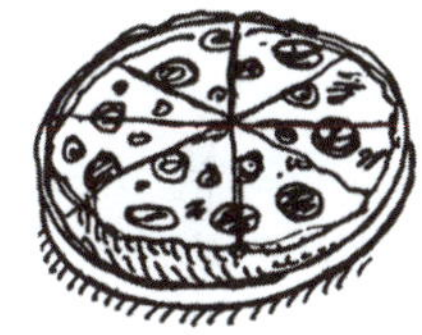

- **PLANEN SIE LÄNGERE MITTAGSPAUSEN** und verschaffen Sie sich so mehr Sketchnote-Zeit. Extrazeit einzuplanen gibt Ihnen die Chance, Sketchnotes zu reflektieren und zu erzeugen.
- **NEHMEN SIE SICH AM ENDE DES TAGES ZEIT,** um über Erlebtes nachzudenken und Sketchnotes zu erstellen. Ich habe Kinder, daher ist die beste Arbeitszeit für mich das Ende des Tages.

MAN FINDET UNTERWEGS NUR SCHWER ZEIT FÜR SKETCHNOTES. WENN SIE SICH JEDOCH TÄGLICH WELCHE ABKNAPSEN, WERDEN SIE MIT LEBENDIGEN ERINNERUNGEN BELOHNT.

TIPP LASSEN SIE PLATZ FÜR SPÄTER

Wenn Sie die Möglichkeit haben, eine Landschaft oder einen Gegenstand direkt vor Ort zu zeichnen, aber noch Platz brauchen, um vorherige Aktivitäten festzuhalten, gehen Sie wie folgt vor: Schätzen Sie die Fläche ab, die Sie benötigen, um die Sketchnote zu vervollständigen. Platzieren Sie die Zeichnung so auf der Seite, dass Raum für weitere Zeichnungen und Notizen bleibt. Wenn Sie Ihre finale Sketchnote am Ende des Tages erstellen, arbeiten Sie um die bereits erstellte Zeichnung herum.

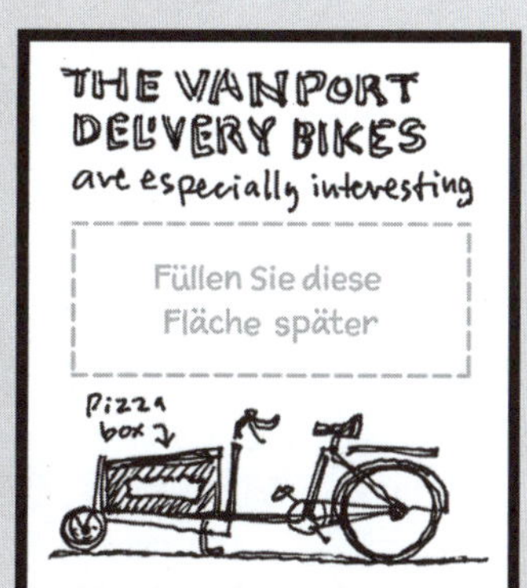

HIER EIN BEISPIEL FÜR GROBSKIZZEN UND DIE FINALE REISE-SKETCHNOTE ÜBER EINE TOUR ZUR STONE CREEK COFFEE'S FACTORY:

Grobe Sketchnote

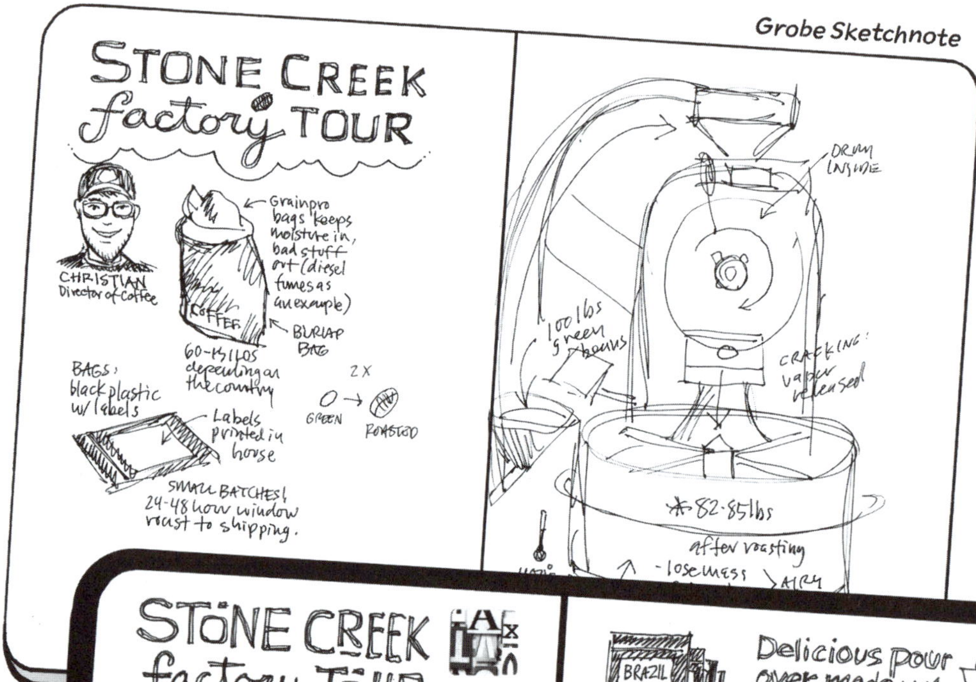

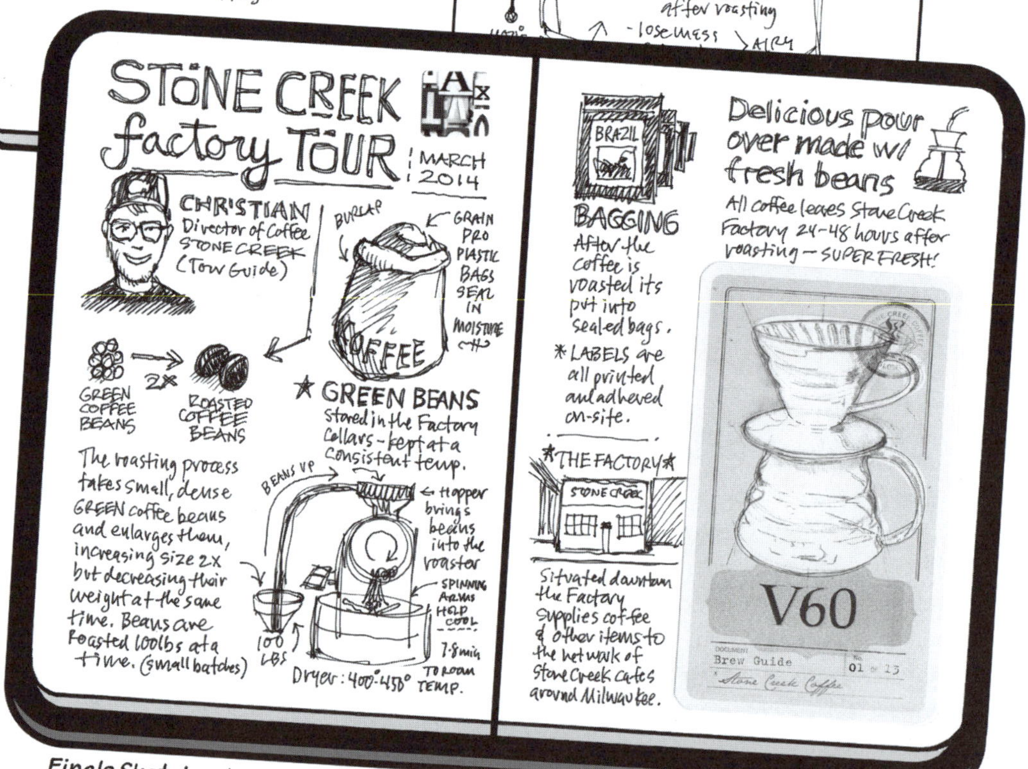

Finale Sketchnote

WEITERE REISE-SKETCHNOTES:

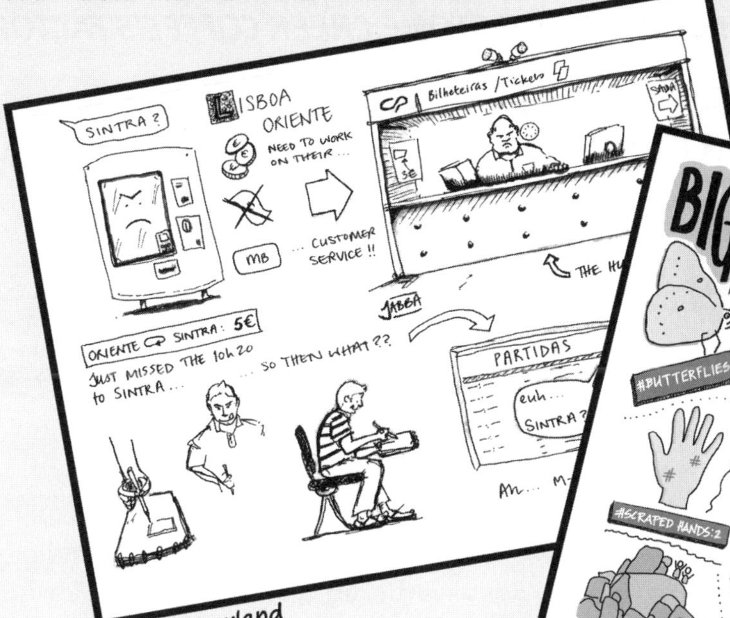

Francis Rowland

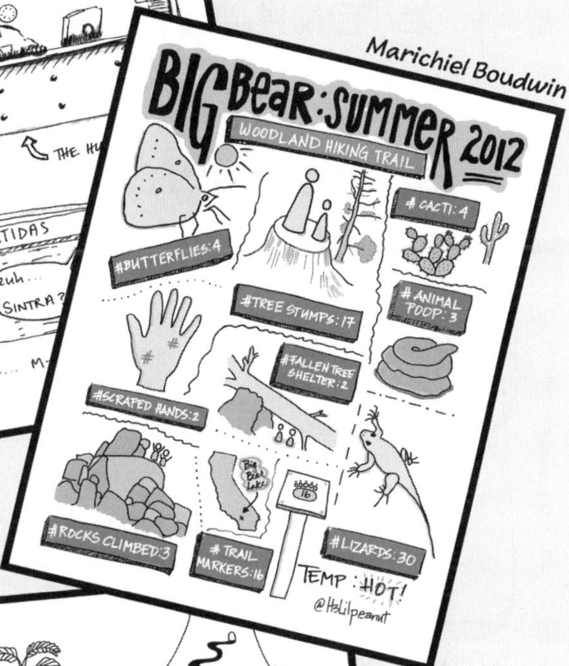

Marichiel Boudwin

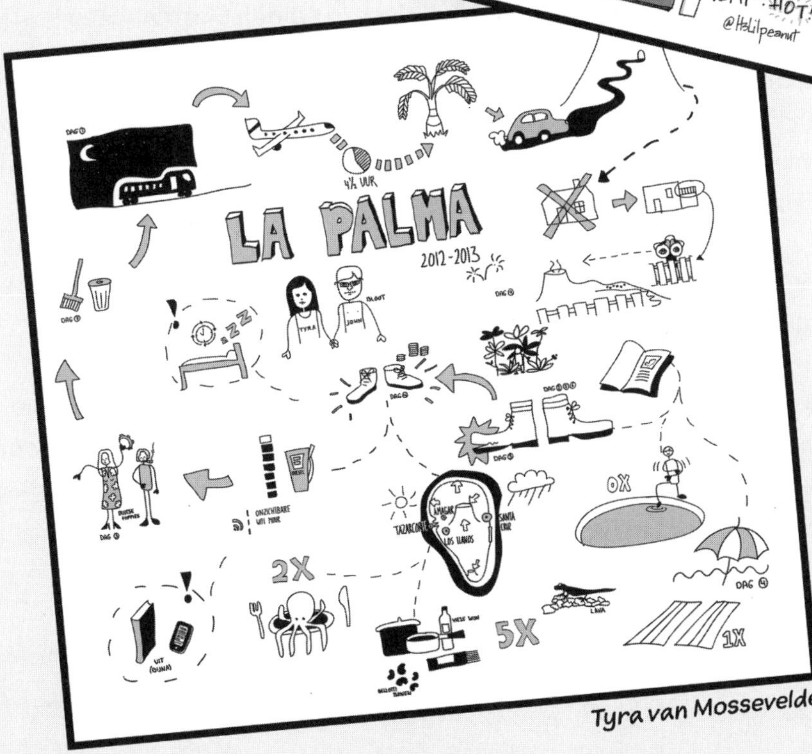

Tyra van Mossevelde

VORGESTELLTE SKETCHNOTER

Chris Spalton

SKETCHNOTES VERWANDELN REISEN IN VISUELLE ANDENKEN

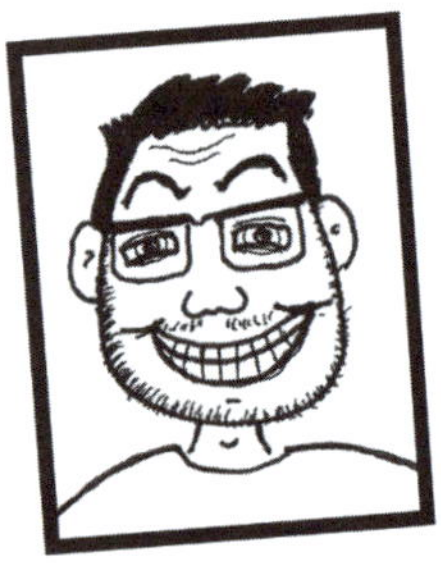

Chris ist ein Designer aus England, der Sketchnotes beruflich bei seinen designerischen Tätigkeiten einsetzt und um Meetings zu dokumentieren. Kürzlich erweiterte er sein Sketchnote-Spektrum um das Festhalten von Reiseerlebnissen.

Chris entdeckte, dass Sketchnotes eine persönlichere Methode darstellen, eine Reise zu dokumentieren, als ausschließlich Fotos zu schießen. Anstatt bei touristischen Hotspots Schlange zu stehen, um genau dasselbe Foto wie alle anderen zu schießen, versucht er lieber, unverwechselbare Erlebnisse in seinen Sketchnotes festzuhalten.

Die Kombination aus Worten und Zeichnungen ermöglicht es Chris, sein Erlebnis festzuhalten und zu dokumentieren, wie er sich an einem bestimmten Ort tatsächlich gefühlt hat. Er sucht lustige, ungewöhnliche Dinge, die auffallen, um seine Erinnerungen später anzukurbeln.

Er lässt in die Sketchnotes seine Persönlichkeit einfließen und macht sie so einprägsam, einzigartig und reizvoller, wenn er sie online teilt.

Seine Arbeitsweise basiert darauf, viele Fotos und Notizen von allem Außergewöhnlichen zu machen, was am Tag passiert. Dann sucht er sich einen Rückzugsraum in einem Café, im Hotelzimmer oder im Zug nach Hause, um seine Notizen und Fotos in Reise-Sketchnotes zu verwandeln.

„Es macht viel Spaß, Dinge zu zeichnen, die zu einem Reiseandenken werden, das mehr wert ist als tausend Fotos."

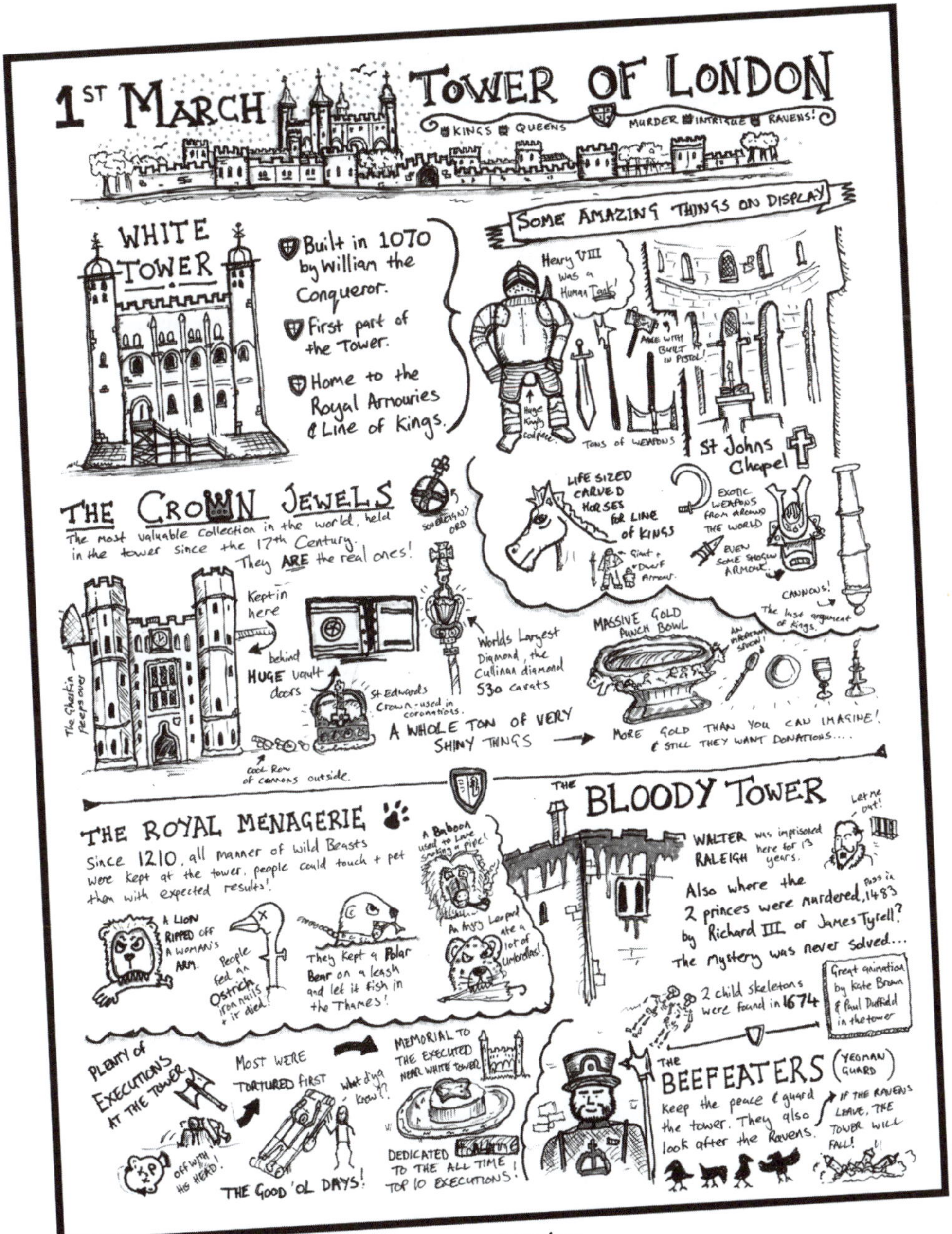

Chris' Reise-Sketchnote vom Tower von London

ARBEITSBLATT 6.1

A ICONS FÜR DIE REISE

Verwenden Sie im unten stehenden Raster Vierecke, Kreise, Dreiecke, Linien und Punkte, um Icons für die einzelnen Begriffe zum Thema Reise zu erstellen. Überspringen Sie ein Icon, wenn Sie nicht weiterkommen. Die letzte Reihe ist für Ihre eigenen Icons leer.

ZUG	FLUG	INCOGNITO	WÄHRUNG
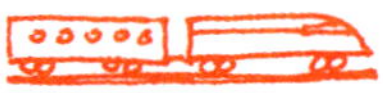	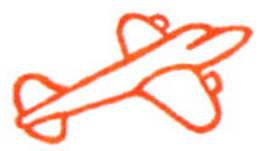	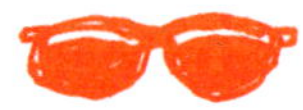	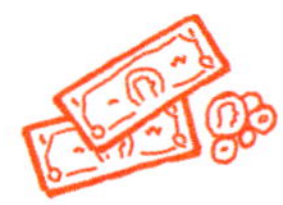
HOSTEL	PASS	FRÜHSTÜCK	ÜBERFAHRENES TIER
IMBISS	CAFÉ	BUMMEL	OZEAN
PROMENADE	STRAND	SIESTA	KREUZFAHRT-SCHIFF

ZUSAMMENFASSUNG

- Reise-Sketchnotes sind eine lustige, persönliche Methode, um Erlebnisse zu dokumentieren, an denen Sie sich später erfreuen können oder die Sie mit Freunden oder der Familie teilen können.
- Visuelle Reisegeschichten werden zu unschätzbaren Andenken, die einen konkreten Augenblick festhalten.
- Mit Reise-Sketchnotes behalten Sie den Überblick über Ihre Reisen. Wenn Sie Aktivitäten nicht dokumentieren, vermischen sie sich oder Sie verlieren sie für immer.
- Reise-Sketchnotes können noch Jahre später detaillierte Erinnerungen wachrufen.
- Sketchnotes von privaten oder geschäftlichen Reisen sind deshalb so wertvoll, weil sie Erinnerungen festhalten und ein Mittel zur Reflexion darstellen.
- Reservieren Sie sich am Ende des Tages etwas Zeit, um zu reflektieren und Ihre Sketchnotes zu erzeugen.
- Machen Sie Fotos von Ihren Sketchnotes als Backup Ihrer Arbeit und teilen Sie sie dann mit der Familie und Freunden.

★ ALS NÄCHSTES: KULINARISCHES MIT SKETCHNOTES

REISEN ESSEN MEDIEN

Kapitel 7

Kulinarische SKETCHNOTES

Dokumentieren Sie mit Zeichnungen, Typo und Text köstliche Mahlzeiten als Sketchnotes. Halten Sie Ihre schönsten kulinarischen Erlebnisse fest, um sich daran zu erfreuen und sie mit anderen zu teilen.

SKETCHNOTES VON

Kulinarischen ERLEBNISSEN

Wie möchten Sie ein fabelhaftes kulinarisches Erlebnis detailreich und plastisch dokumentieren? Mit Sketchnotes lassen sich kulinarische Erlebnisse wie Frühstück in einer anderen Stadt, Mittagessen in einem Straßencafé, ein Jubiläumsessen oder eine Kaffeeverkostung auf reichhaltige visuelle Weise darstellen.

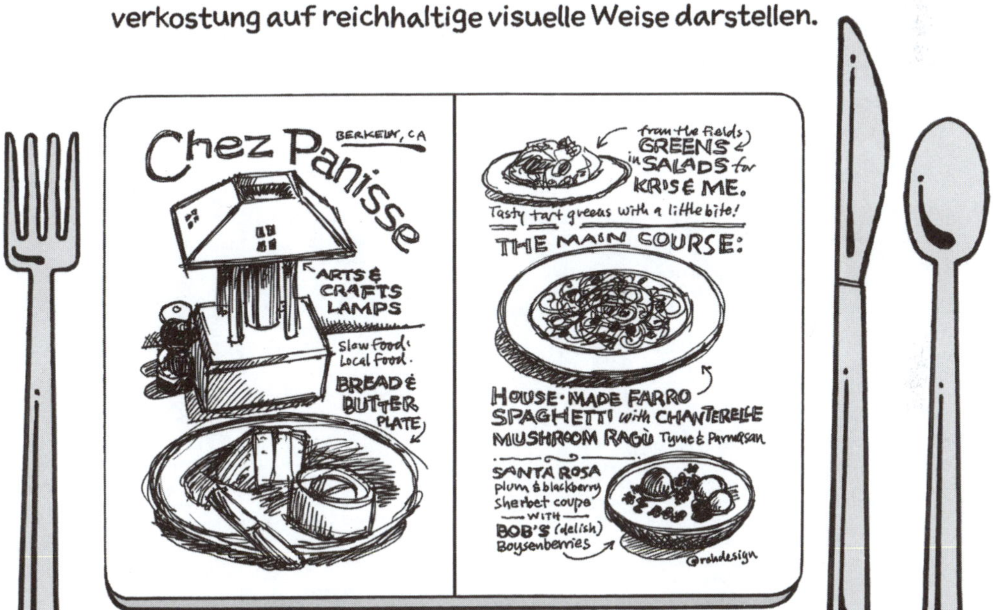

Meine kulinarischen Sketchnotes des Chez Panisse vom August 2010

Sketchnotes von Speisen helfen Ihnen, kulinarische Erfahrungen zu würdigen und sie später klarer zu erinnern.

SIE KÖNNEN DIESELBEN PRINZIPIEN WIE BEI MEETINGS, IDEEN UND REISEN ANWENDEN, UM ZU DOKUMENTIEREN, WAS SIE ESSEN UND TRINKEN.

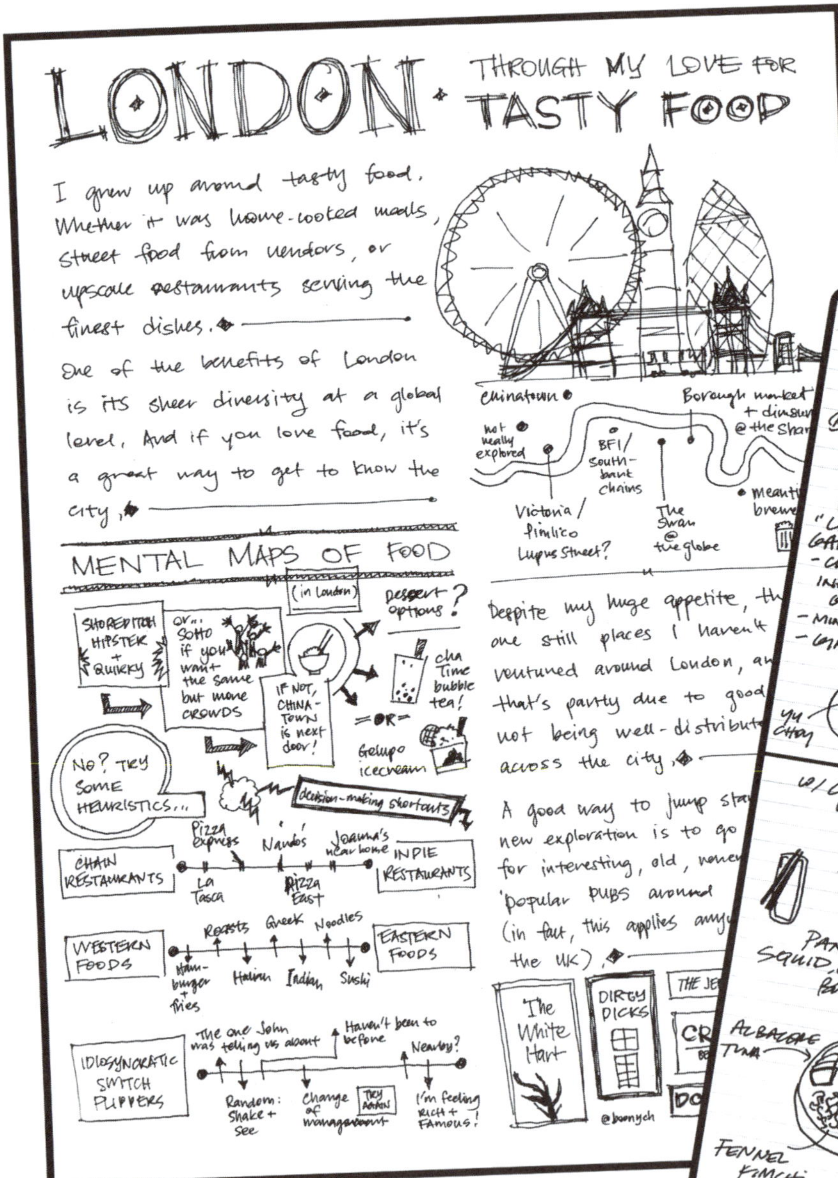

Boon Yew Chew

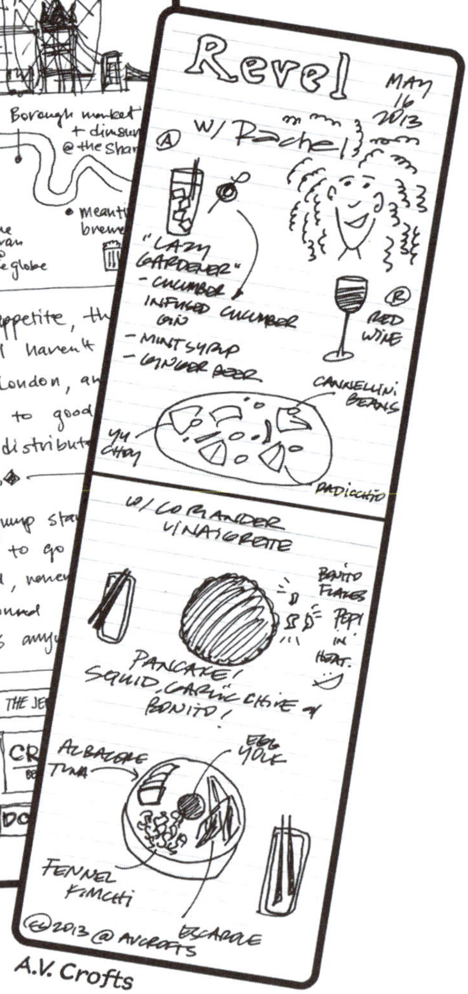

A.V. Crofts

die VORTEILE VON KULINARISCHEN SKETCHNOTES

Kulinarische Sketchnotes sind in vielerlei Hinsicht nützlich:

VERANKERN SIE ERLEBNISSE in Ihrer Erinnerung, indem Sie die Speisen und Getränke, den Ort, die Umgebung, Gedanken und Gefühle des Augenblicks festhalten.

ERWEITERN SIE IHR WISSEN, indem Sie neue Informationen über die Herkunft von Speisen und Zubereitungsmethoden oder einzigartige Aromen visuell darstellen.

TEILEN SIE IHRE KULINARISCHEN SKETCHNOTES mit Freunden und Familie per E-Mail und Social Media.

WÜRDIGEN SIE IHR ESSEN, indem Sie sich Zeit nehmen, als Sketchnote festzuhalten, was Sie gegessen haben. So erleben Sie Ihre Mahlzeiten bewusster.

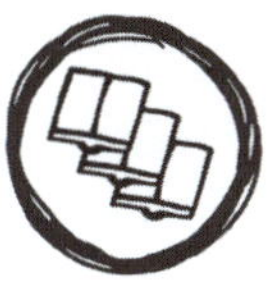

LEGEN SIE EINE REZEPTSAMMLUNG an, nachdem Sie Ihre kulinarischen Sketchnotes erstellt haben.

EINE KULINARISCHE SKETCHNOTE ERSTELLEN

Sketchnotes von Mahlzeiten gehören zu meinen Lieblingsmethoden, ein Erlebnis zu dokumentieren. Und so erstelle ich kulinarische Sketchnotes:

1 HALTEN SIE IHRE WERKZEUGE BEREIT

Tragen Sie ein Notizbuch und einen Stift bei sich. Nehmen Sie ein Smartphone oder eine Kamera mit, damit Sie Fotos von Ihrer Mahlzeit als Vorlage machen können.

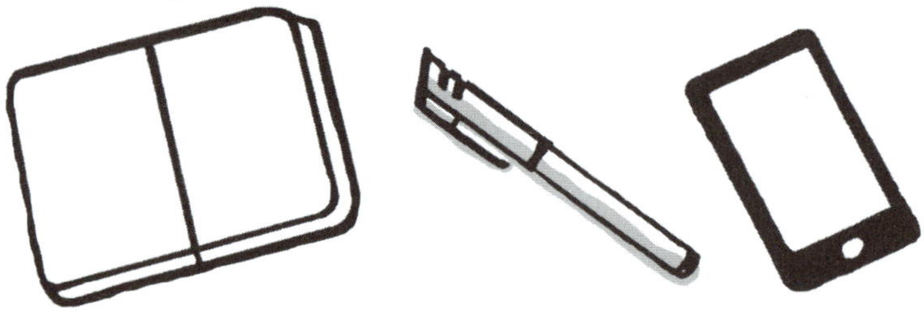

2 STELLEN SIE FRAGEN

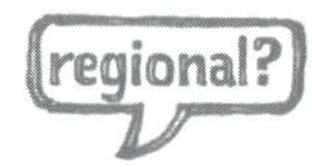

Gibt es irgendwelche besonderen oder ungewöhnlichen Zutaten in diesem Gericht? Stammen die Zutaten aus der Region? Können Sie mir mehr über den Küchenchef und seine Vorstellungen von Essen erzählen? Notieren Sie diese Details für später.

3 MACHEN SIE FOTOS VOM GERICHT

Fotografieren Sie das Gericht, sobald es serviert wird, und machen Sie Aufnahmen von besonderen Details, wenn Sie möchten. Das erzeugt eine nützliche Vorlage und erlaubt Ihnen, erst zu essen und dann zu zeichnen.

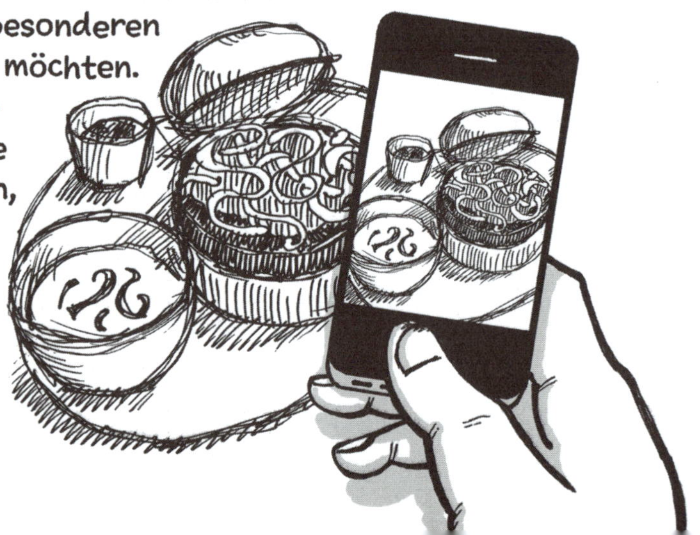

4 GENIESSEN SIE IHRE MAHLZEIT

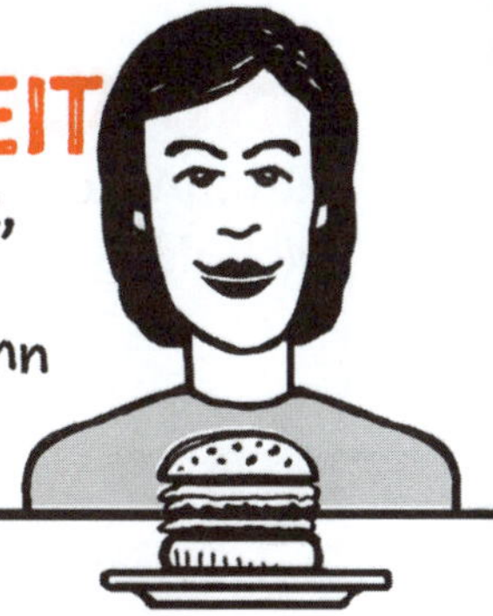

Nehmen Sie sich Zeit, dem Geschmack, der Konsistenz, dem Duft und Ihren Sinneseindrücken nachzuspüren. Notieren Sie sich diese Details in Ihrem Notizbuch, wenn Sie möchten. Wenn Sie Ihre Mahlzeit als Sketchnote darstellen, können Sie auf diese Geschmacksnotizen Bezug nehmen.

5 BEOBACHTEN SIE IHRE UMGEBUNG

Achten Sie auf die Umgebung und die Menschen, mit denen Sie essen, besonders wenn das Essen ein besonderer Anlass ist.

6 BEGINNEN SIE MIT DER SKETCHNOTE

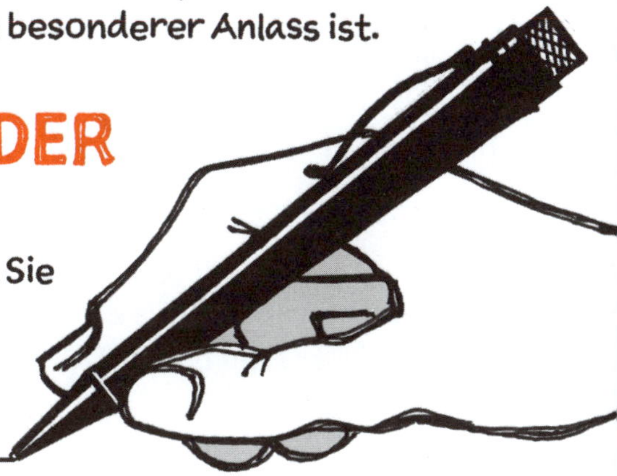

Wenn das Essen beendet ist, räumen Sie das Geschirr weg und beginnen Sie mit der Sketchnote auf Basis von Fotos, Notizen und Erinnerungen.

7 FÜGEN SIE PERSÖNLICHE KOMMENTARE HINZU

Ergänzen Sie Ihre Gedanken: über den Geschmack, was Sie am liebsten mochten oder was Sie nicht interessiert hat. Das macht die Sketchnote einzigartig und verstärkt Ihre Erinnerung.

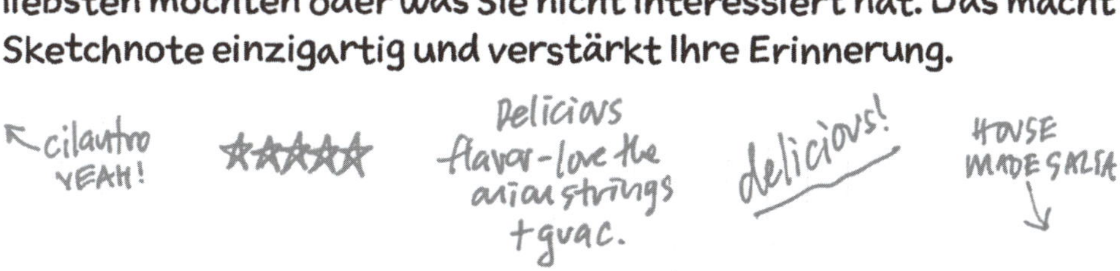

8 FOTOGRAFIEREN SIE IHRE SKETCHNOTE

Erstellen Sie ein Backup Ihrer Arbeit, so haben Sie dann auch die Möglichkeit, das Bild online mit Freunden und Familie zu teilen.

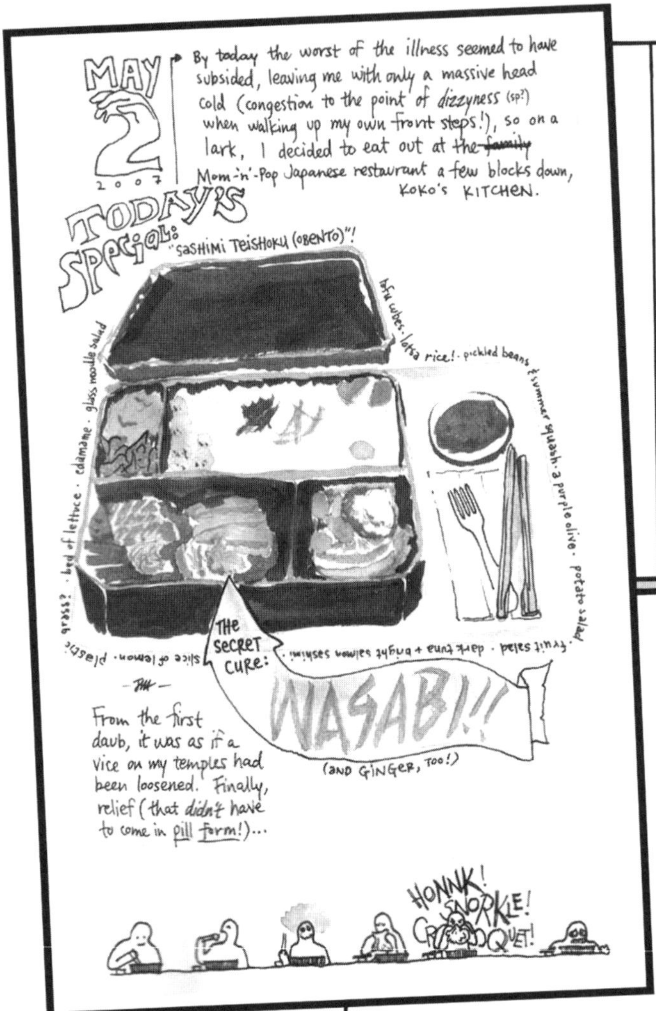

Jason Alderman

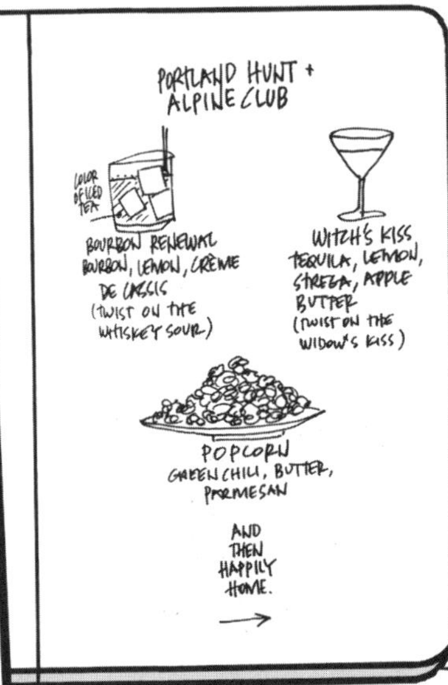

Jessica Esch

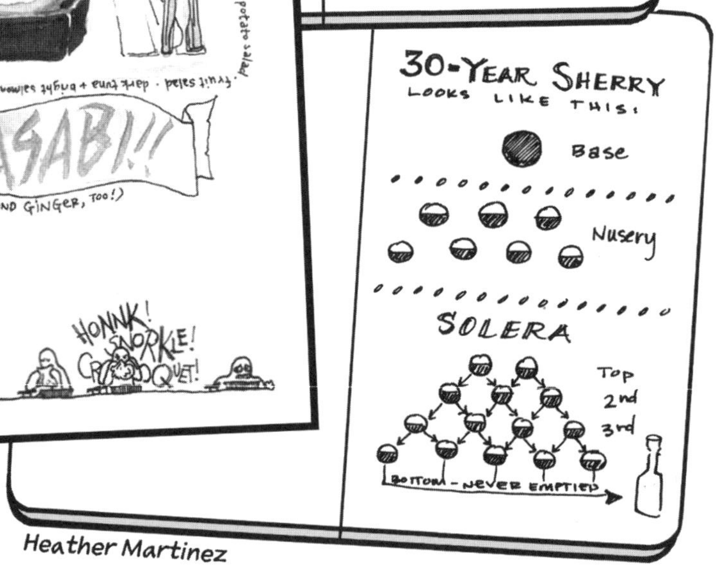

Heather Martinez

TIPP GEMEINSAME KULINARISCHE SKETCHNOTE

Machen Sie ein Spiel mit kulinarischen Sketchnotes, indem Sie mit einigen Freunden oder Ihrer Familie essen gehen. Jeder kann ein anderes Gericht wählen, Fotos und Notizen machen und dann seine Mahlzeit als Sketchnote festhalten. Teilen Sie Ihre Sketchnotes untereinander und verwenden Sie Zeichnungen und Notizen, um Ihr Gericht zu beschreiben.

ÜBUNG 7.1
EINE SKETCHNOTE VON EINEM ESSEN IM RESTAURANT

Wählen Sie etwas Ungewöhnliches oder Neues. Schießen Sie ein Foto als Vorlage. Genießen Sie Ihr Essen und machen Sie dabei Notizen. Fassen Sie Ihre Gedanken am Ende des Mahls zusammen und erstellen Sie eine Sketchnote Ihres Gerichts mit Unterstützung der Fotos und Notizen. Schreiben Sie rund um die Zeichnung Kommentare zu Geschmack, Umgebung, Menschen und das gesamte Erlebnis.

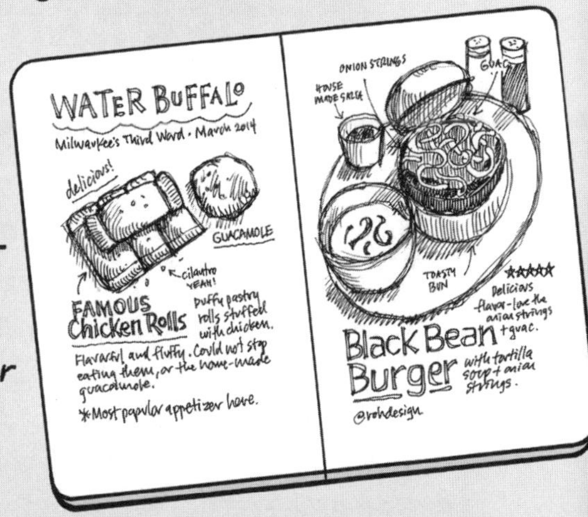

FRAGEN

Wie hat das Wissen, dass Sie Ihr Essen als Sketchnote umsetzen werden, Ihre Wertschätzung für Details verändert? Haben Sie sich mehr Zeit gelassen als sonst? An wie viele Details können Sie sich nach einer Woche anhand der kulinarischen Sketchnote erinnern? Und einen Monat später?

ÜBUNG 7.2
GESCHMACKSERLEBNIS ALS SKETCHNOTE

Probieren Sie verschiedene Variationen eines Lieblingsessens oder -getränks und halten Sie Ihre Beobachtungen als Sketchnote fest. Ideen für Essen: eine Käseauswahl, verschiedene Dim-Sum-Gerichte oder Tapas. Als Getränke: mehrere Sorten von Kaffee, Tees, Weinen oder Bieren. Essen oder trinken Sie jede Probe, machen Sie Fotos und Notizen und erstellen Sie dann eine Reihe von einzelnen oder gruppierten Sketchnotes, um die Erfahrung zu dokumentieren.

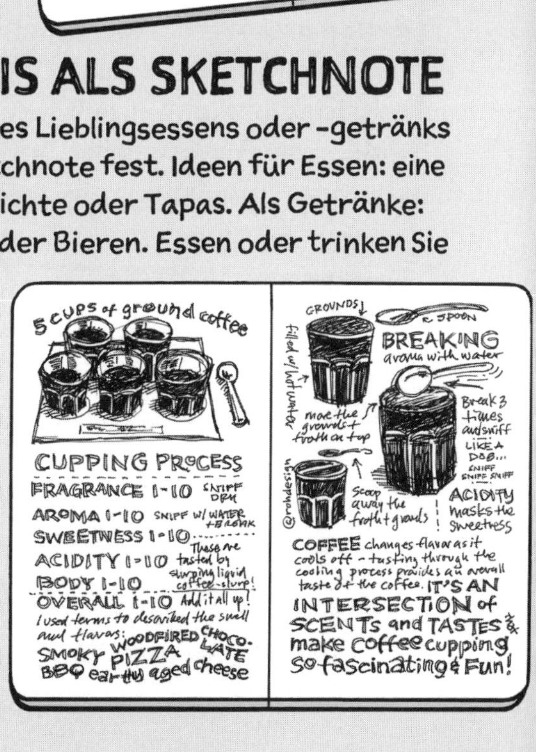

FRAGEN

Führte die Erstellung von Sketchnotes verschiedener Speisen und Getränke zu unterschiedlichen Erkenntnissen? Konnten Sie ein Lieblingsgericht oder -getränk erkennen?

Sam „Pub" Smith

KULINARISCHER GENUSS DOKUMENTIERT MIT VISUELLEM FLAIR

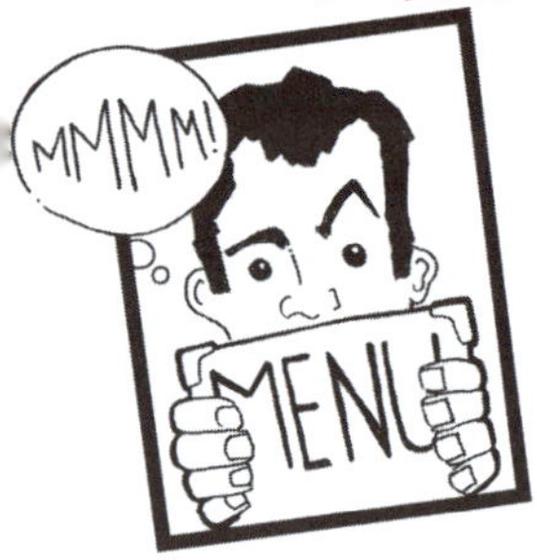

Sam „Pub" Smith ist ein Interaction Designer aus England, der sich abwechselnd in London und Stroud aufhält, einer kleinen Stadt in den Cotswolds. Er isst gerne und liebt es, besondere kulinarische Erlebnisse als Sketchnote festzuhalten.

Sam dokumentiert seine persönlichen Erkenntnisse und Kommentare zum Gesamterlebnis in seinen handgezeichneten Sketchnotes. Er nutzt seine umfassende Sammlung von kulinarischen Sketchnotes für sich selbst und um Restaurantempfehlungen zu geben. Seine Sketchnotes beginnen mit dem Logo des Restaurants, das er den Speisekarten, Tellern, Servietten oder Schildern entnimmt. Er fügt das Datum und die Stadt hinzu und macht Fotos von der Dekoration, der Aussicht, den Leuten, mit denen er unterwegs ist, und – sobald es serviert wird – vom Gericht selbst.

Manchmal zeichnet Sam die Personen, mit denen er gemeinsam isst, oder notiert eine lustige Bemerkung, die am Tisch gefallen ist, und macht sie zum Mittelpunkt der Sketchnote. Die Mahlzeit ist nicht immer die Hauptattraktion für ihn.

Wenn er mal sein Skizzenbuch nicht dabeihat, skizziert er auf Servietten und verwandelt diese Skizzen in ordentliche Sketchnotes, sobald er nach Hause kommt.

„Ich wähle aus der Mahlzeit ein paar bemerkenswerte oder besondere Dinge aus. Indem ich meiner kulinarischen Sketchnote Gedanken und Beobachtungen hinzufüge, bewahre ich eine Erinnerung, an der ich mich später erfreuen kann."

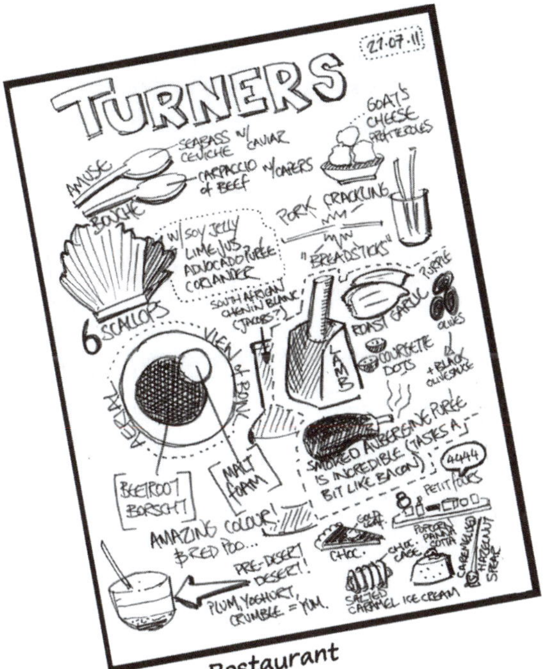

Turners Restaurant

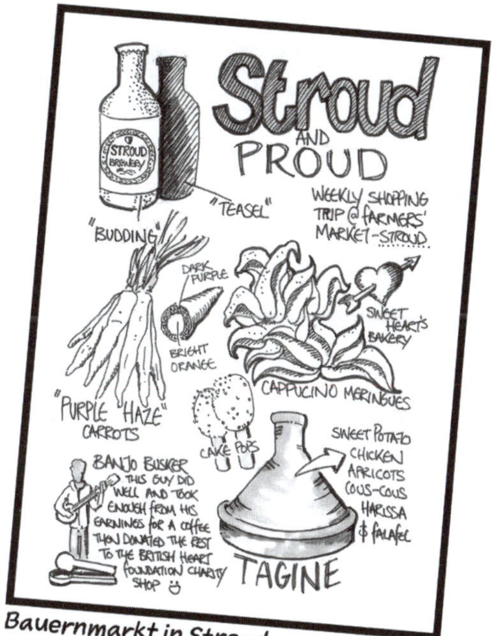

Bauernmarkt in Stroud

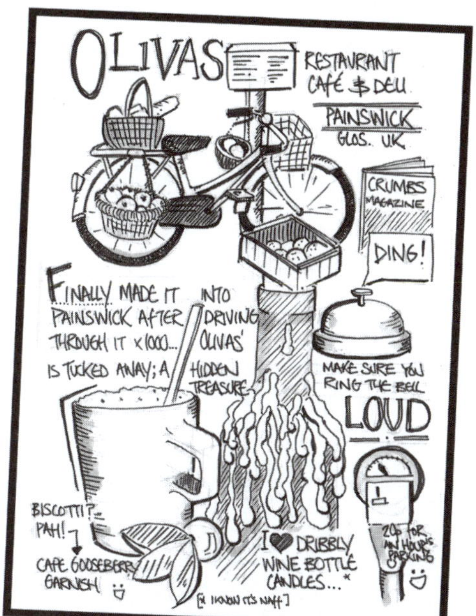

Olivas' Restaurant, Café und Deli

ARBEITSBLATT 7.1
KULINARISCHE ICONS

Verwenden Sie im unten stehenden Raster Vierecke, Kreise, Dreiecke, Linien und Punkte, um Icons für die einzelnen Begriffe zum Thema Essen zu erstellen. Überspringen Sie ein Icon, wenn Sie nicht weiterkommen. Die letzte Reihe ist für Ihre eigenen Icons leer.

APPETIZER	GETRÄNK	SALAT	BROT
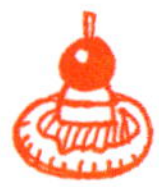	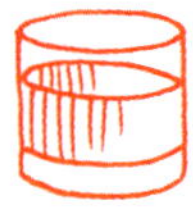	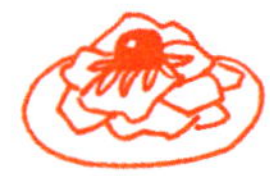	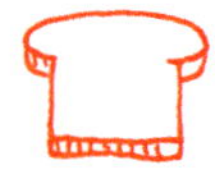
WEIN	SUSHI	STEAK	HUMMER
WASSER	PIZZA	TACO	KÄSESTEAK-SANDWICH
BURGER	NUDELN	FRIKADELLEN	SUPPE

ZUSAMMENFASSUNG

- Kulinarische Sketchnotes helfen Ihnen, Erlebnisse zu würdigen und sie später klarer zu erinnern.
- Indem Sie eine Mahlzeit visuell dokumentieren, können Sie neues Wissen über Herkunft des Essens, Zubereitungsmethoden oder besondere Aromen sammeln.
- Ihre kulinarische Erfahrung wird bewusster, wenn Sie diese als Sketchnote festhalten.
- Stellen Sie Fragen über den Küchenchef, besondere Zutaten und regionale Bestandteile und halten Sie diese Details in Ihrer Sketchnote fest.
- Fügen Sie persönliche Kommentare zu den Aromen hinzu, zum Beispiel welche Sie am liebsten mochten und welche gar nicht. Das macht die Sketchnote zu einer einzigartigen Gedankenstütze.
- Kulinarische Sketchnotes machen Spaß und lassen sich leicht mit Freunden und Familie teilen.

★ **ALS NÄCHSTES: FILME, TV & MEDIEN MIT SKETCHNOTES**

REISEN ESSEN MEDIEN

Kapitel 8

SKETCHNOTES VON FILMEN, TV & MEDIEN

Mithilfe von Sketchnotes lässt sich die Handlung von Filmen, TV-Serien und anderen Medien aufbereiten, vermitteln und festhalten.

SKETCHNOTES VON FILMEN, TV & Medien

Wir schwimmen in einem Meer audiovisueller Medien: Ein konstanter Informationsfluss schwappt täglich über uns hinweg. Mit Sketchnotes können Sie auf einzigartige Weise Filmen, TV-Sendungen und anderen Medien einen Sinn abgewinnen.

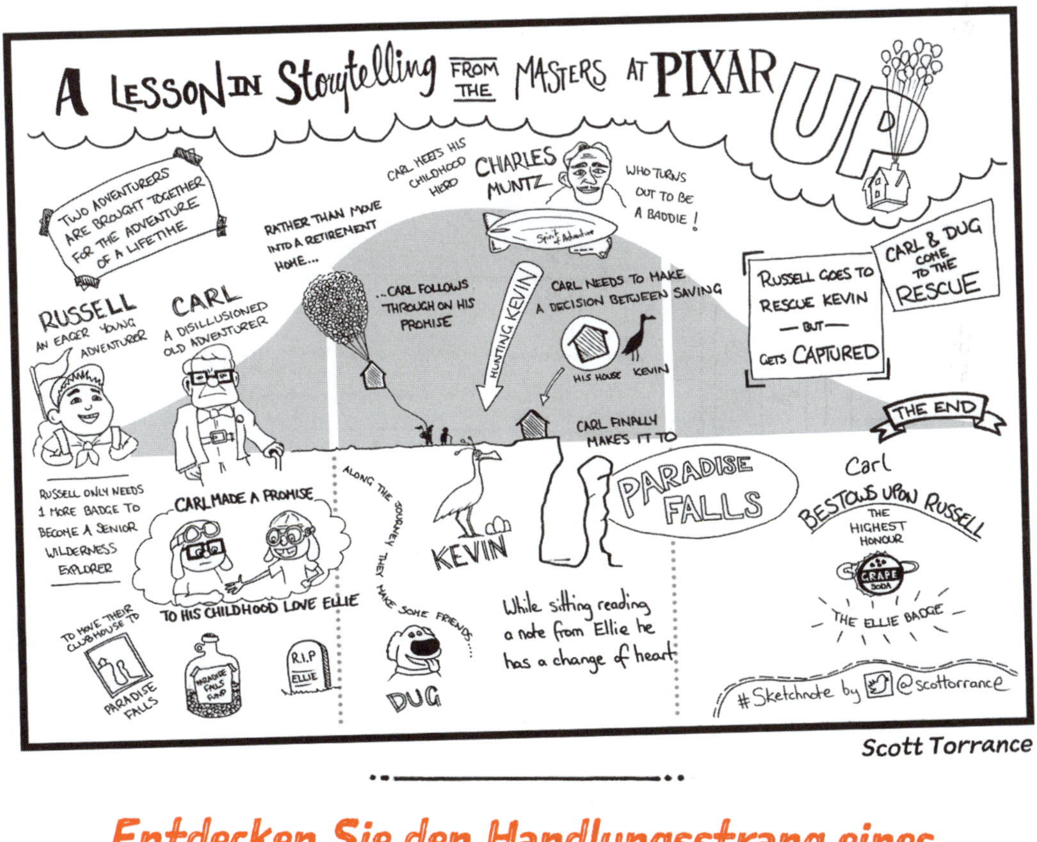

Scott Torrance

Entdecken Sie den Handlungsstrang eines Films, indem Sie während der Betrachtung eine Sketchnote davon erstellen.

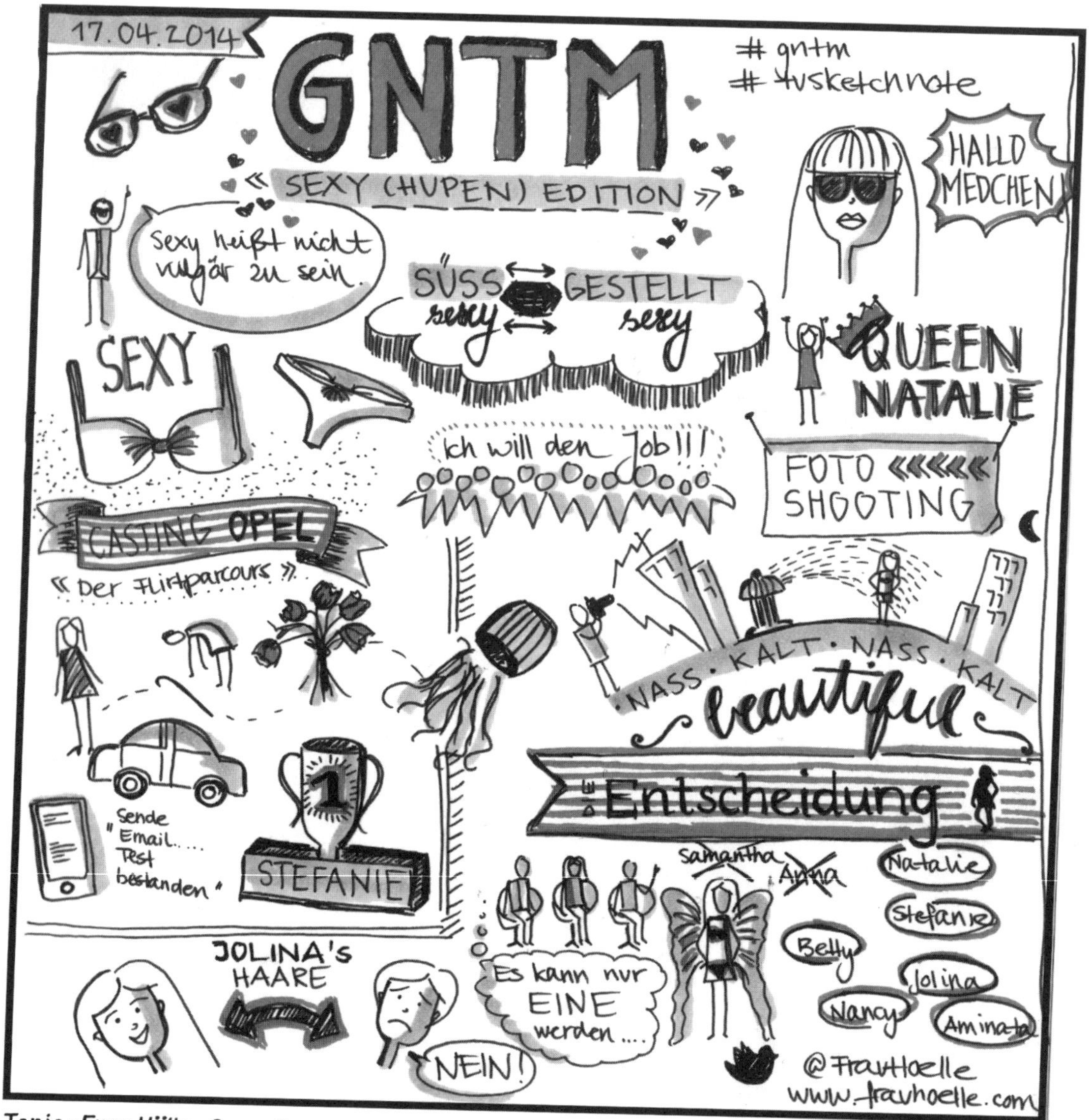

Tanja »Frau Hölle« Cappell

die VORTEILE VON FILM-, TV- & MEDIEN-SKETCHNOTES

Mediale Erlebnisse wie Filme, TV-Serien, Bücher, Sportereignisse und Musik als Sketchnotes umzusetzen, hat viele Vorteile:

SIE VERSTEHEN, was Autoren, Regisseure und Schauspieler durch dieses Medium vermitteln, indem Sie eine visuelle Karte von Filmen, Serien und anderen Medien erstellen.

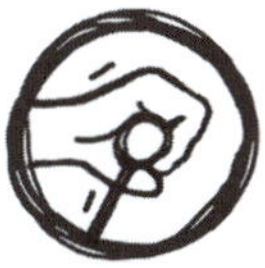

SIE LASSEN SICH AUF DIE GESCHICHTE EIN, ihre Charaktere, Konflikte und Entscheidungen, während Sie zuschauen, zuhören oder lesen.

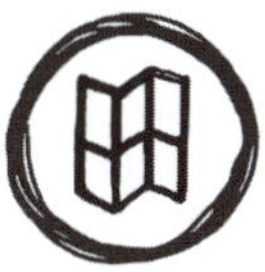

ERSTELLEN SIE EINE SKETCHNOTE-MAP von Charakteren, Bezügen oder anderen Dingen, die in Filmen oder Serien Ihre Aufmerksamkeit erregen.

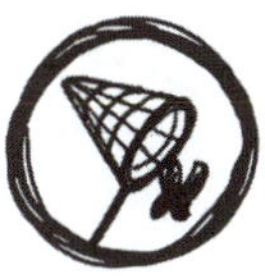

SAMMELN SIE KENNTNISSE und Gedanken in Dokumenten für sich oder um sie zu teilen.

ERSTELLEN SIE EINE BIBLIOTHEK von Sketchnotes, die Ideen, Lehren und Inspiration aus medialen Quellen beinhaltet.

EINE SKETCHNOTE VON EINEM FILM, EINER TV-SERIE ODER EINEM VIDEO ERSTELLEN

In folgenden Schritten erstellen Sie Sketchnotes von filmischen Quellen.

1 BEREITEN SIE IHRE UMGEBUNG VOR

Bereiten Sie Ihre Arbeitsumgebung vor. Wählen Sie ein Skizzenbuch und einen Stift, finden Sie einen gemütlichen Ort und spielen Sie das Video ab. Eine gerade Unterlage macht das Skizzieren einfacher.

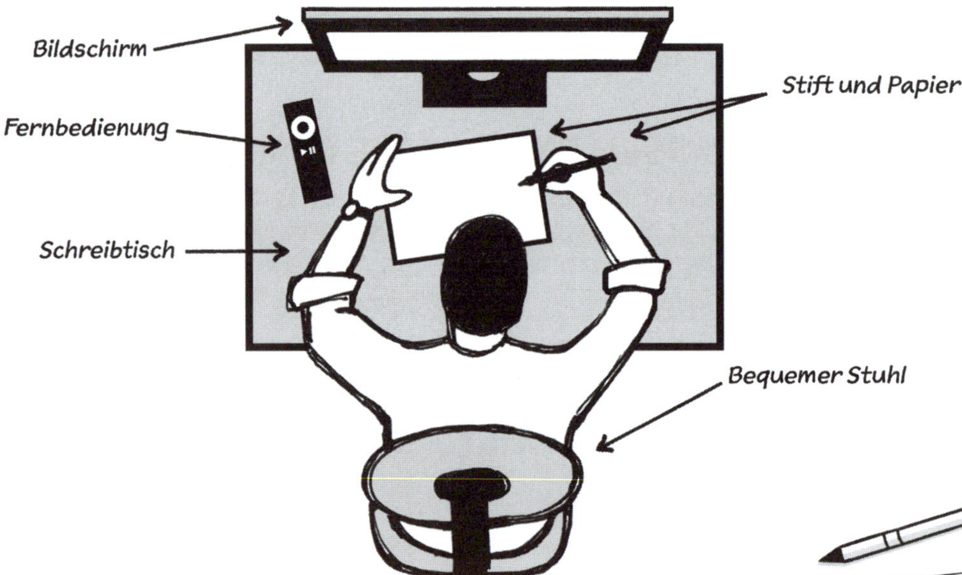

2 ERSTELLEN SIE EINEN TITEL

Nehmen Sie sich etwas Zeit bevor das Video beginnt, um den Titelbereich Ihrer Sketchnote zu gestalten. Nennen Sie Regisseur, Autoren, Schauspieler und alle relevanten Details, die Sie festhalten möchten.

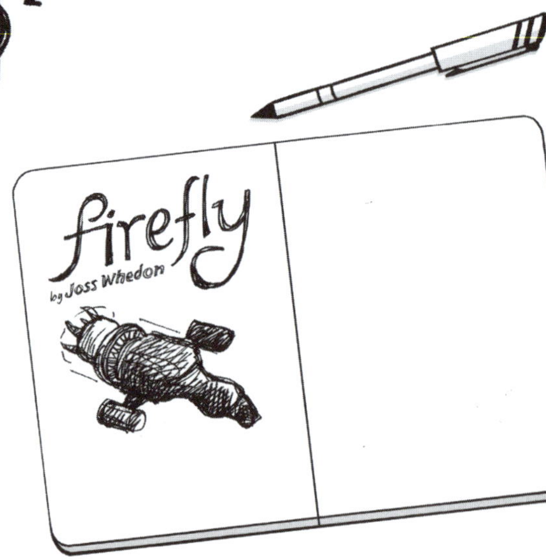

3 BEREITEN SIE SICH AUF DAS VIDEO VOR

Bereiten Sie sich auf die Art der Informationen vor, die Sie festhalten wollen: die übergreifende Botschaft, Dialoge, Details zu Figuren, Beziehungen, Konflikte und Lösungen, Präsentation, Stil oder neu gewonnene Erkenntnisse. Erstellen Sie für diesen Zweck eine Themenliste oder eine Matrix mit Figuren, auf die Sie verweisen oder der Sie Details hinzufügen können, wenn das Video läuft.

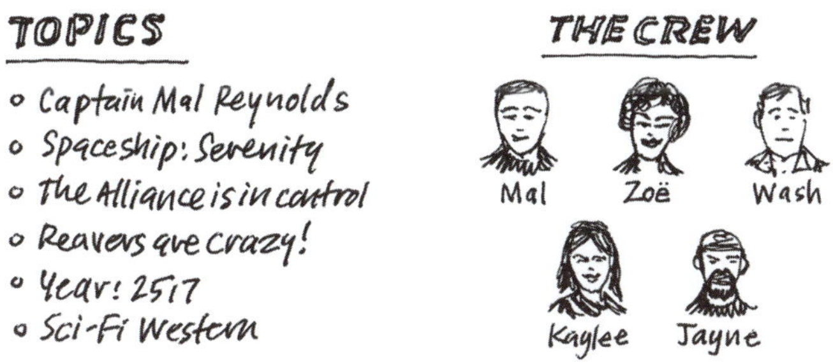

4 BEGINNEN SIE MIT DER SKETCHNOTE

Starten Sie das Video, achten Sie auf die Art der Informationen, die Sie festhalten wollen (Schritt 3), und setzen Sie Typo, Zeichnungen und Text ein, um Details in der Sketchnote festzuhalten.

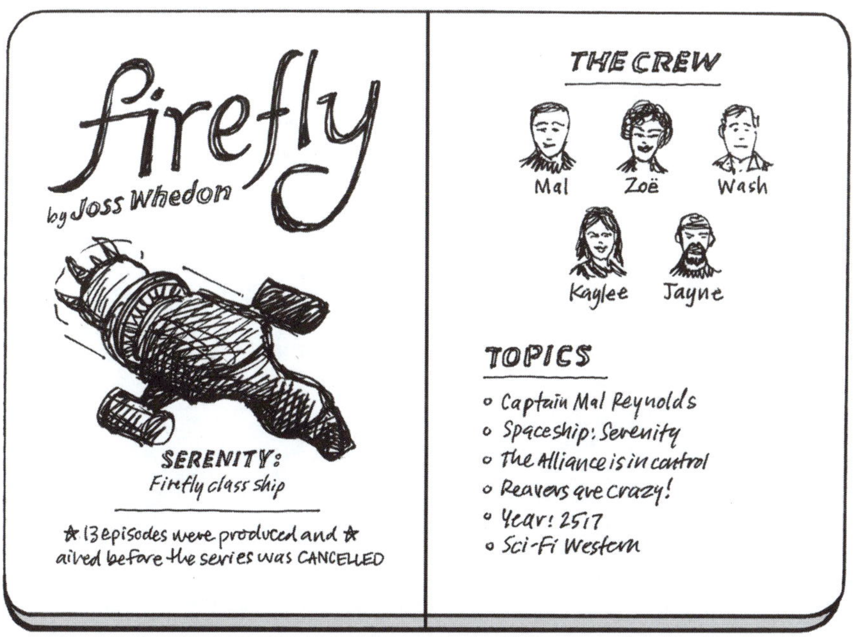

5 ÜBERPRÜFEN SIE IHRE SKETCHNOTE

Wenn das Video fertig ist, nehmen Sie sich einen Moment Zeit, um Ihre Sketchnote zu überprüfen und über die Präsentation nachzudenken. Ich sehe häufig am Ende Verbindungen, die ich währenddessen nicht erkannt habe. Fügen Sie solche Beobachtungen in Ihre Sketchnote ein.

Ich habe weitere Notizen hinzugefügt, nachdem ich die Serie gesehen hatte.

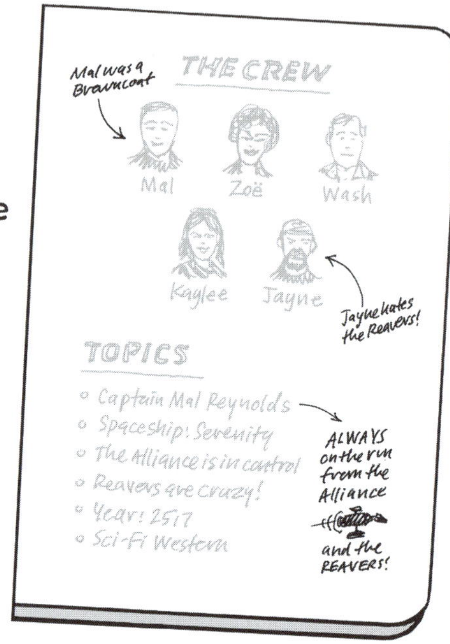

6 STELLEN SIE IHRE SKETCHNOTE FERTIG

Recherchieren Sie nach Schauplätzen, Figuren, Bezügen oder irgendetwas anderem, was Ihre Neugierde nach dem Betrachten geweckt hat. Fügen Sie diese Beobachtungen Ihrer Sketchnote hinzu.

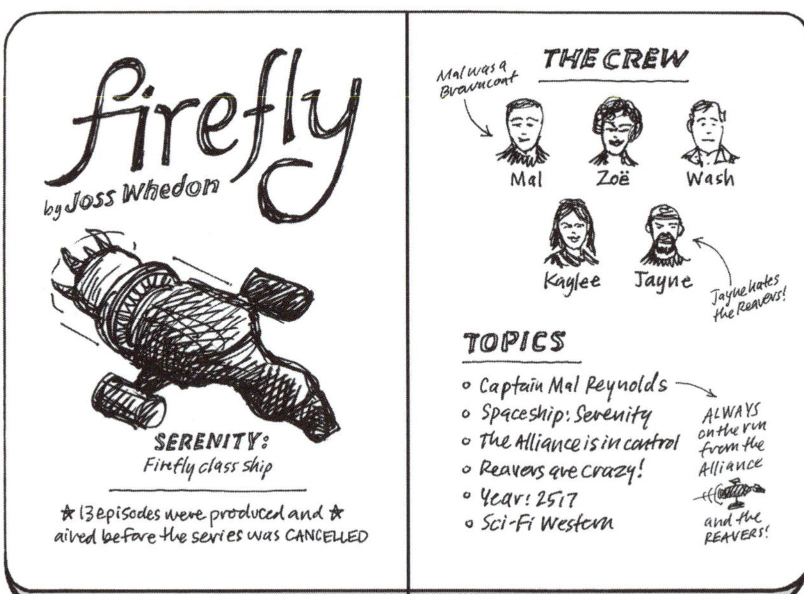

PRAKTISCHER NUTZEN

Hier einige Tipps zur Sketchnote-Erstellung von unterschiedlichen Medien:

★ SKETCHNOTES VON SPIELFILMEN

Filme sind üblicherweise nur wenige Stunden lang und erzählen eine komplette Story mit vielen Figuren und Schauplätzen. Botschaften sind dabei meist subtil und nicht offensichtlich. Filme als eine Sketchnote umzusetzen erfordert volles Engagement.

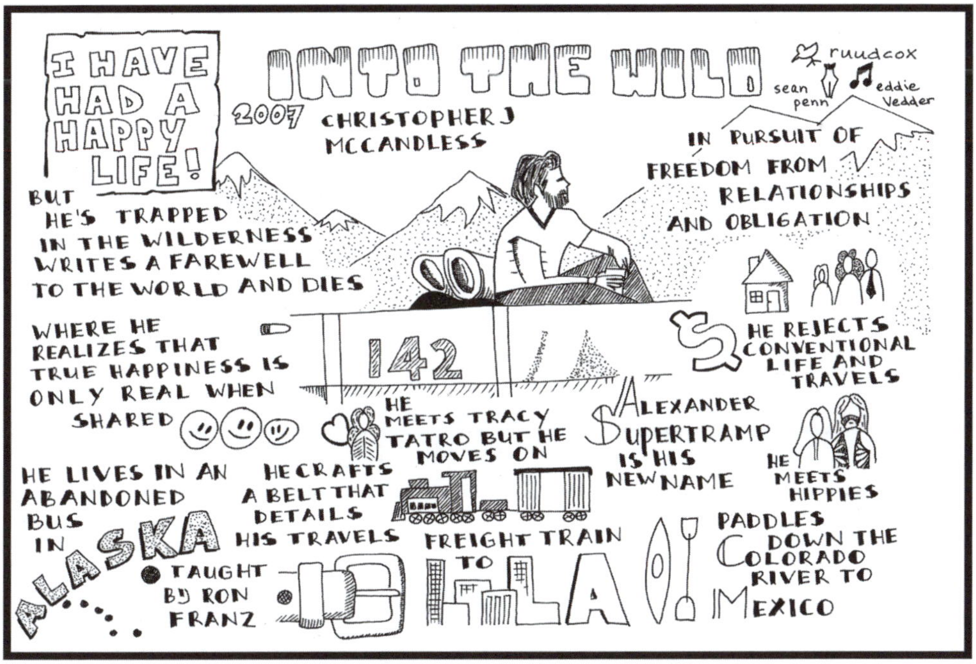

Sketchnote von Ruud Cox' zum Film „Into the Wild"

Bei Spielfilm-Sketchnotes können Sie sich auf verschiedene Aspekte konzentrieren: das übergreifende Thema, die Entwicklung der Figuren, denkwürdige Dialoge oder den Konflikt der Story und seine Lösung. Jeder Aspekt bietet eine eigene einzigartige Perspektive auf den Film.

TIPP

NUTZEN SIE DIE PAUSE-TASTE!

Sie haben die Kontrolle bei der Wiedergabe. Nutzen Sie nach Bedarf die Pause-Taste, wenn Sie mit der Sketchnote beginnen. Fordern Sie sich und versuchen Sie, Pausen zu vermeiden, je mehr Sie Ihre Fertigkeiten verbessern – bis Sie die Sketchnote schließlich ohne Unterbrechung schaffen.

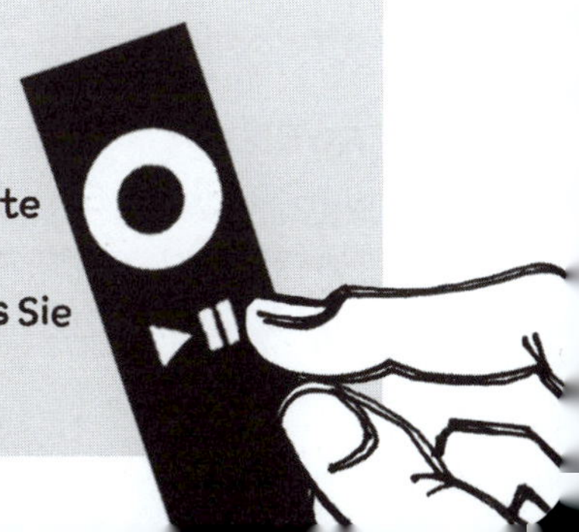

Ü ÜBUNG 8.1
ERSTELLEN SIE EINE SKETCHNOTE IHRES LIEBLINGSFILMS

Ihr Lieblingsfilm ist ein guter Ausgangspunkt für eine Spielfilm-Sketchnote. Sie kennen die Story und haben bereits ein gutes Gefühl für die Schauplätze, Figuren und die Handlung.

Erstellen Sie auf der Seite den Filmtitel und die Rollenbesetzung und dokumentieren Sie die Höhepunkte, die für Sie wichtig sind.

FIGUREN-MATRIX

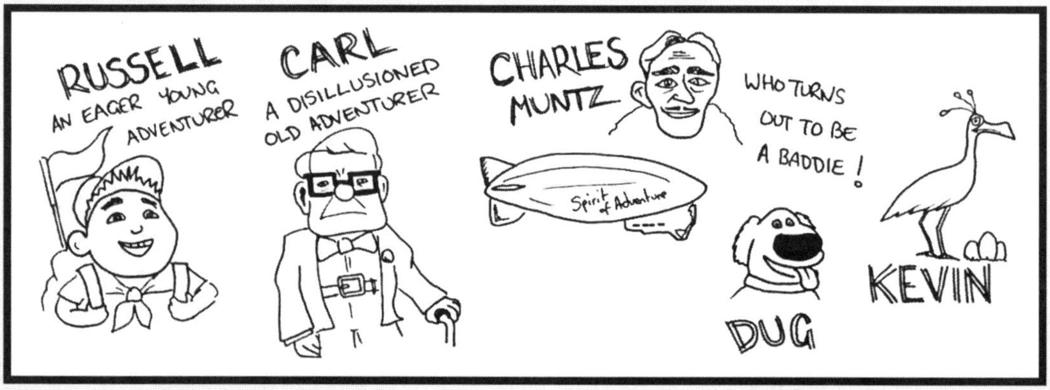

UNVERGESSLICHE SZENEN

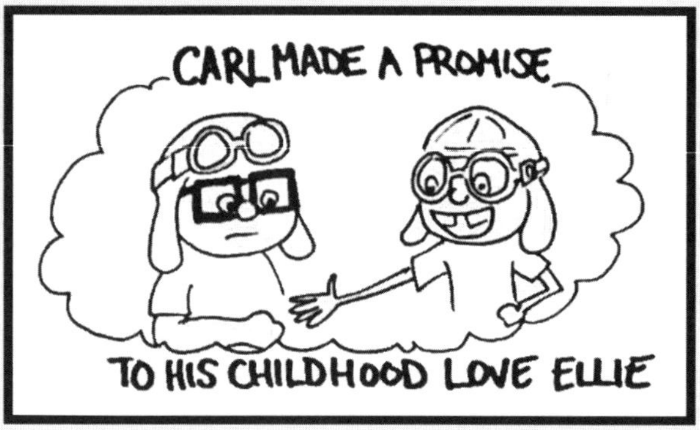

SCHLÜSSELKONFLIKT

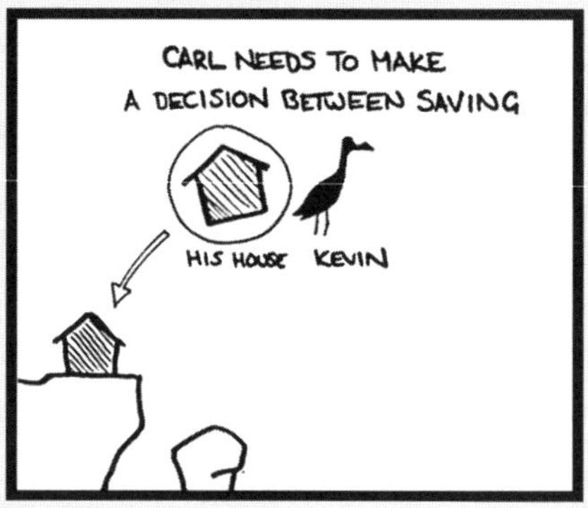

Dokumentieren Sie in Ihrer Sketchnote denkwürdige Dialoge, Charaktere, starke Bilder und die Gefühle, die Sie bei der Betrachtung des Films haben.

FRAGEN

Haben Sie beim Erstellen der Sketchnote neue Details im Film entdeckt?
Konnten Sie während des Skizzierens mit dem Film Schritt halten?
Mussten Sie auf die Pause-Taste drücken?

★SKETCHNOTES VON SERIEN

Es ist reizvoll, TV-Serien als Sketchnote umzusetzen. Wenn man jede Folge oder Staffel dokumentiert, kann man auf eine ganze Sketchnote-Reihe blicken und so den Spannungsbogen und die Figurenentwicklung beobachten.

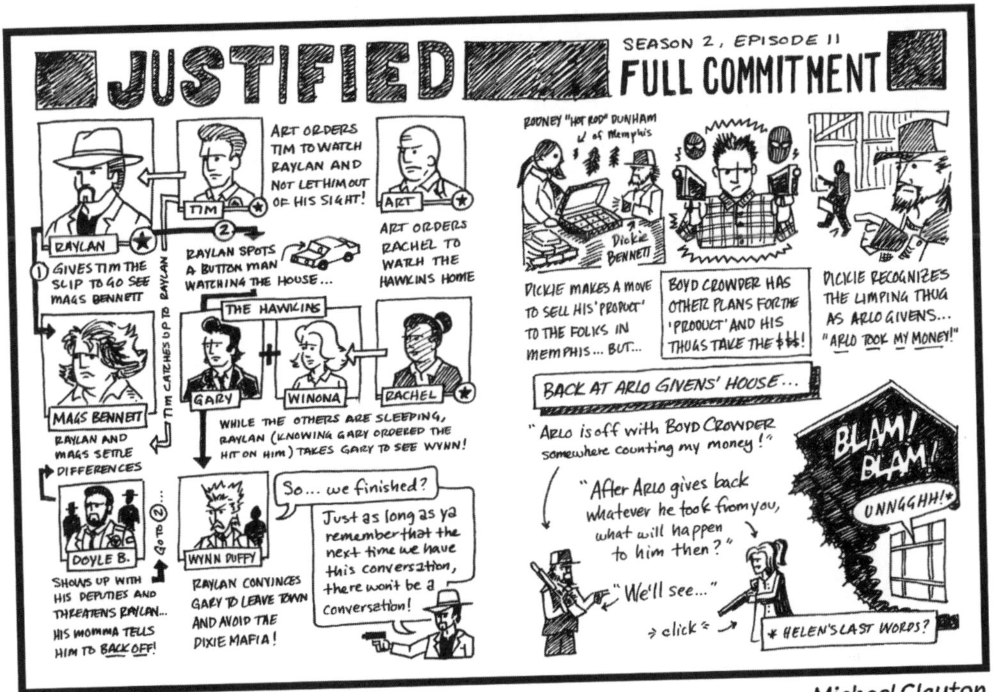

Michael Clayton

Erstellen Sie optional eine Figuren-Matrix — für jede Figur eine eigene Fläche auf der Seite. Zeichnen Sie als Referenz die Hauptfiguren mit Namen und Eigenschaften in diesen Bereich. Lassen Sie Platz übrig, damit Sie der Matrix neue Figuren hinzufügen können.

Verwenden Sie durchgängige grafische Elemente, um die Staffeln und Folgen einer Serie zu markieren. Fügen Sie Seitenzahlen ein und führen Sie einen Index als Referenz, um später bestimmte Sketchnotes wiederfinden zu können.

TIPP **VERWENDEN SIE GRAFISCHES MATERIAL ALS VORLAGE**

Anstatt zu versuchen, Figuren zu zeichnen, während der Film oder die Serie läuft, nehmen Sie sich lieber vorher Zeit, den Titel und die Hauptfiguren von der DVD-Hülle oder der Serien-Website oder der Internet Movie Database (IMDB) abzuzeichnen.

JUSTIFIED

SPORTEREIGNISSE IM TV eignen sich gut, um Ihre Fertigkeiten für Live-Sketchnotes zu erproben. Sie können ein beliebiges Spiel dokumentieren — wie Baseball, Football, Hockey, Fußball oder Autorennen — und dabei die entscheidenden Spiele, Spieler, Spielstand und Ihre eigenen Reaktionen auf das Ereignis festhalten. Jede Live-Sportart bietet ihre eigene einzigartige Herausforderung, die Ihre Sketchnote-Fertigkeiten verbessern, während Sie Ihre Erlebnisse visuell dokumentieren.

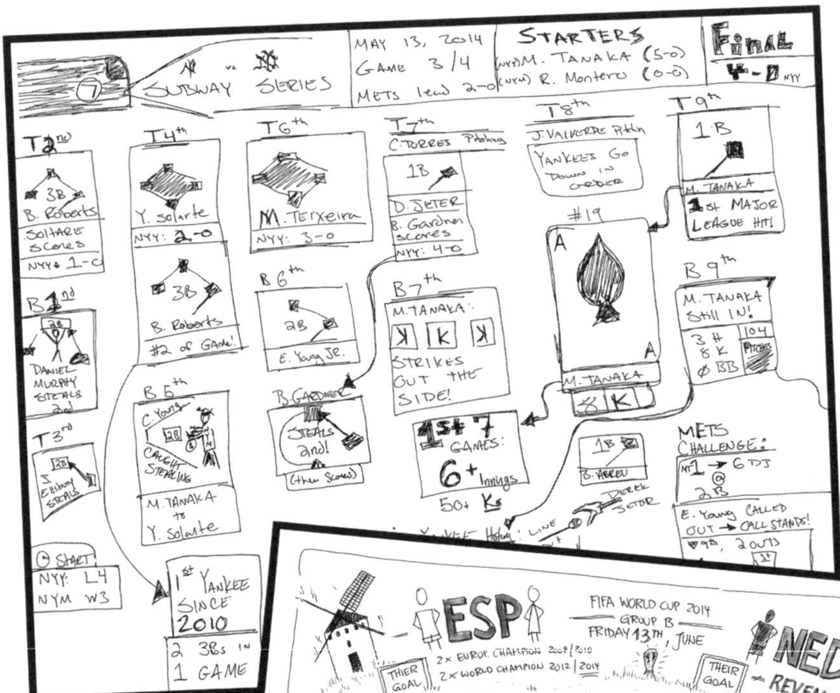

Joseph Casabona

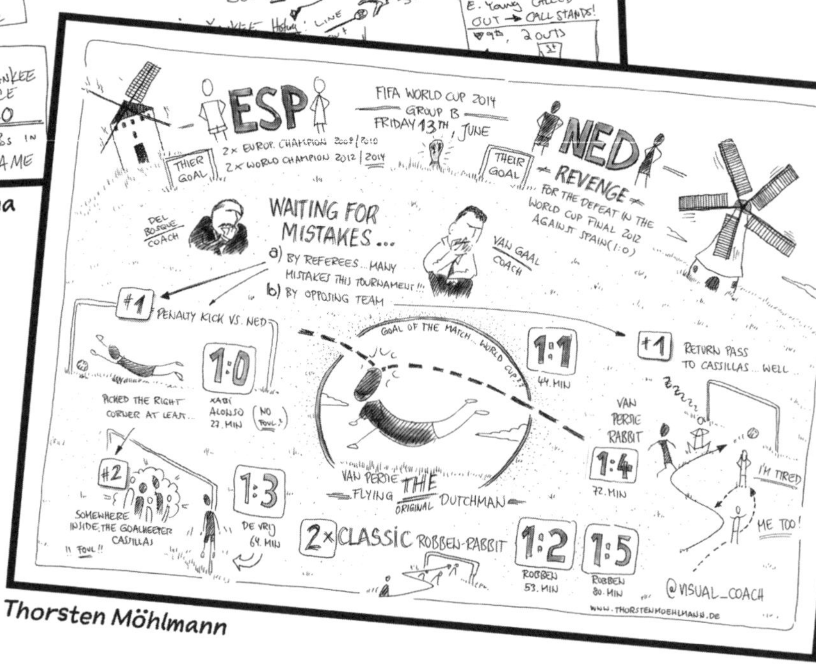

Thorsten Möhlmann

ÜBUNG 8.2

Ü SKETCHNOTE IHRER LIEBLINGSSERIE

Beginnen Sie wie bei der Spielfilmübung mit Ihrer Lieblingsserie und skizzieren Sie Figuren, Story, Konflikt und Lösung. Halten Sie Lieblingszitate und Figuren der Serie mit Zeichnungen und Schriftzügen fest. Versuchen Sie, eine ganze Staffel als Sketchnotes zu zeichnen, und beobachten Sie, welche Handlungselemente und Figurenentwicklungen entstehen, während Sie Details dokumentieren.

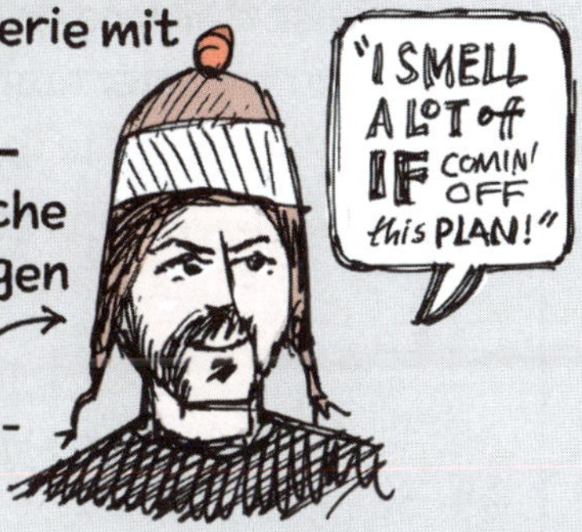

Eins meiner Lieblingszitate aus „Firefly"

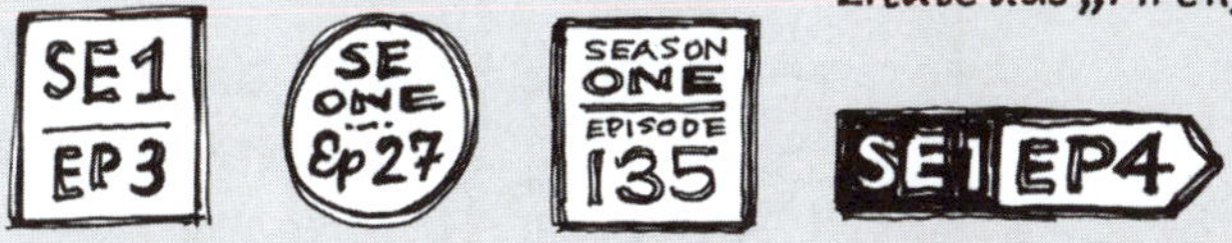

Icon-Ideen zur Staffel- und Folgennummerierung

FRAGEN

Haben Sie beim Erstellen der Sketchnote neue Details in der Folge oder der ganzen Staffel entdeckt? Wie gut konnten Sie beim Skizzieren mit der Folge Schritt halten?

ÜBUNG 8.3

Ü SKETCHNOTE EINES TEAMSPORT-EREIGNISSES

Dokumentieren Sie ein Teamsport-Event als Sketchnote und halten Sie dabei wichtige Informationen über die Teams, entscheidende Spiele, Schlüsselspieler und Spielstand fest.

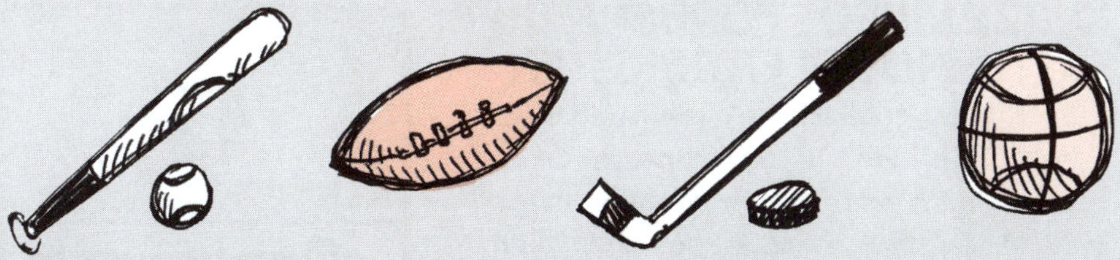

FRAGEN

Wie hat sich Ihre Wahrnehmung des Spiels verändert, nachdem Sie aufmerksamer waren und Bilder und Text eingesetzt haben?

★SKETCHNOTES VON VIDEOS

Die Prinzipien für Spielfilme und Serien gelten auch für Informationsvideos wie TED-Vorträge oder YouTube-Videos. Diese Videos sind in der Regel kürzer und konzentrieren sich auf Vorträge und Gebrauchsanleitungen.

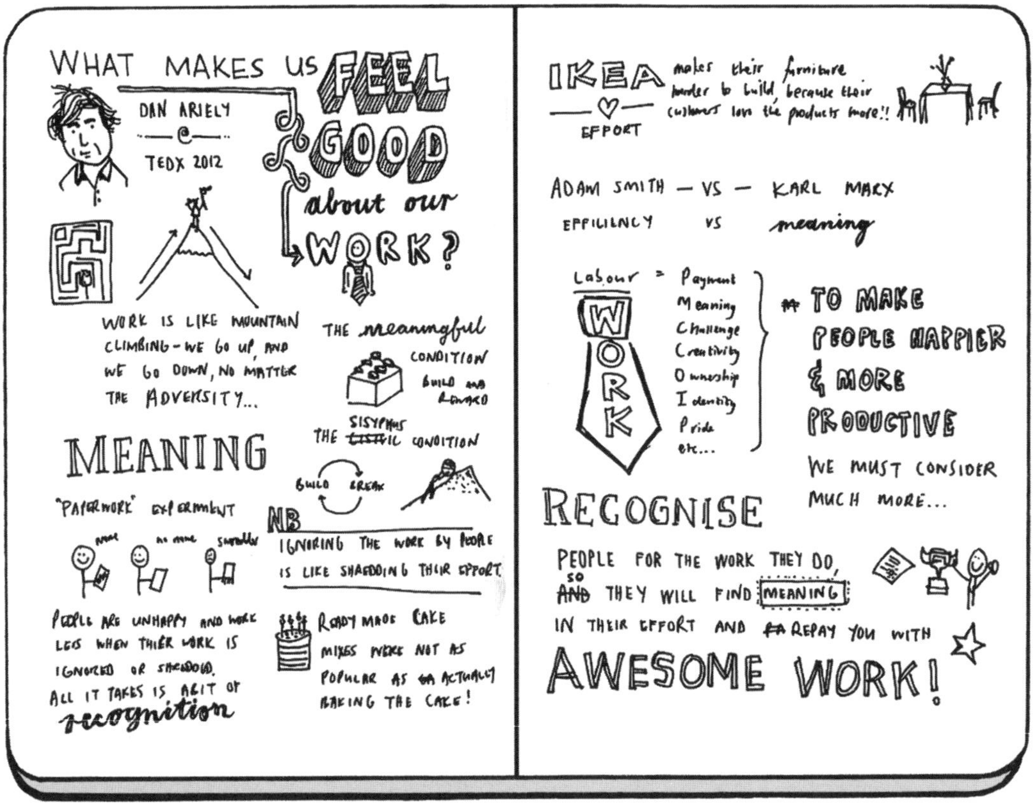

Mark Koekemoer

TIPP **KURZE VIDEOS FÖRDERN IHRE SKETCHNOTE-FERTIGKEITEN**

Erweitern Sie zugleich Ihr Wissen und Ihre Fertigkeiten, indem Sie Sketchnotes von kurzen Videos erstellen. Sie können ein paar in die Mittagspause einschieben und haben immer noch genug Zeit für Ihr Salamibrötchen.

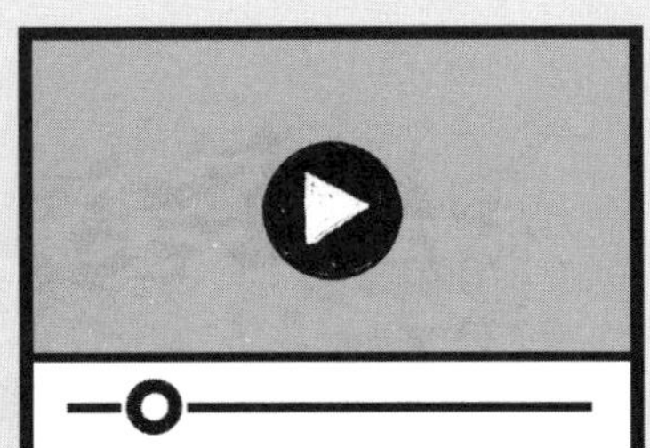

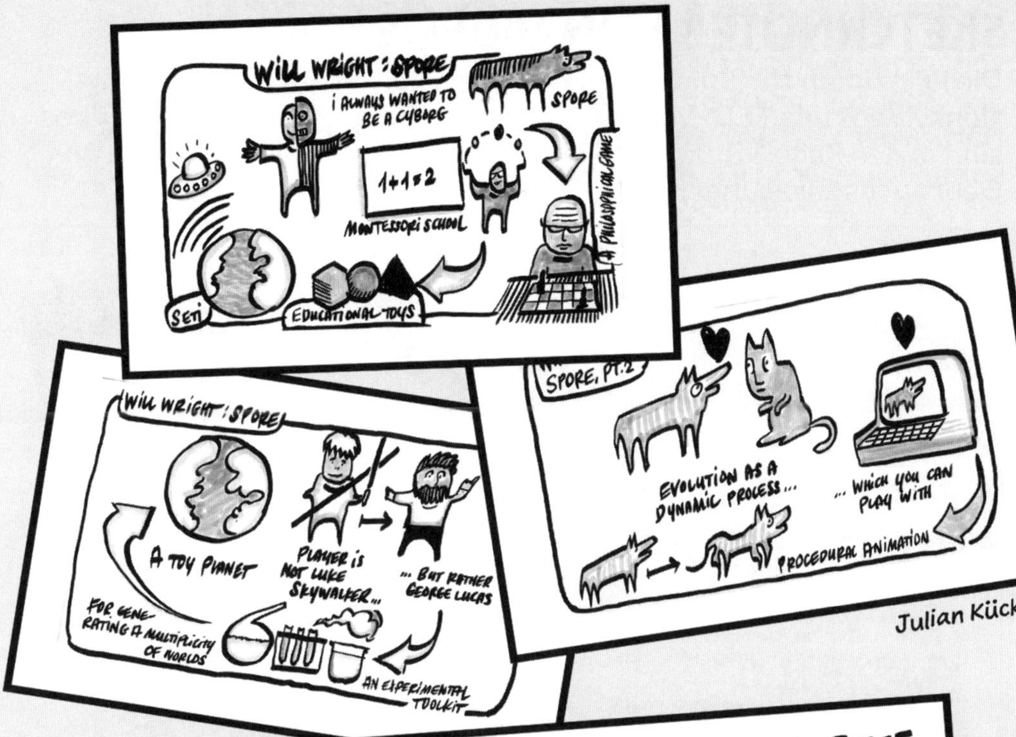

Julian Kücklich

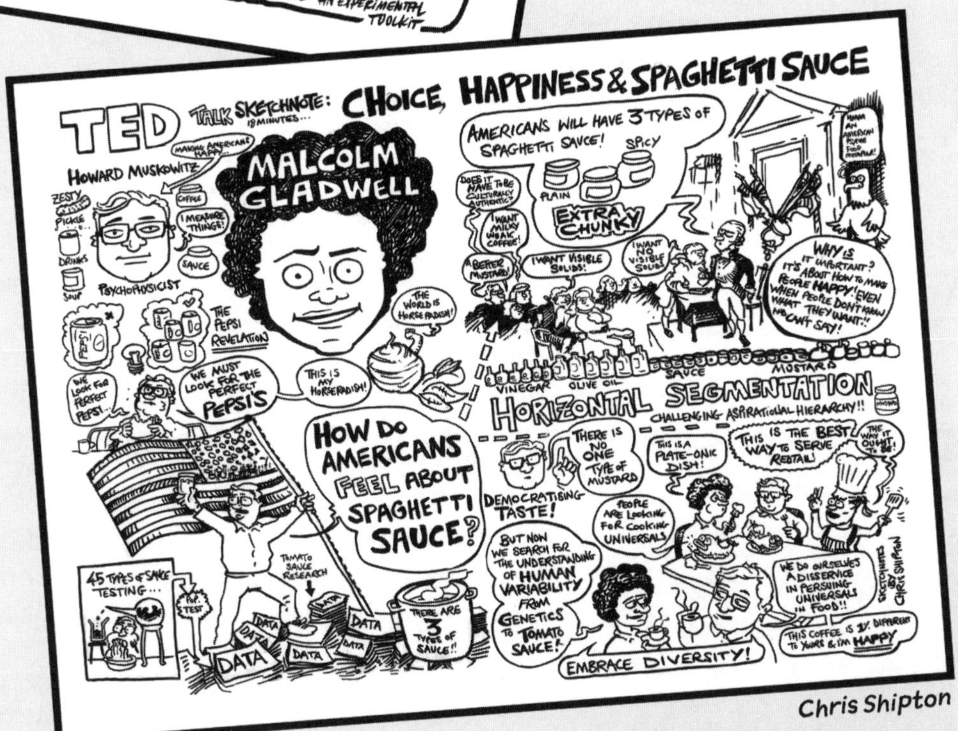

Chris Shipton

★ SKETCHNOTES VON AUDIODATEIEN

Tonaufnahmen sind ein weiteres geeignetes Medium, um Ihre Sketchnote-Fähigkeiten auszufeilen. Podcasts, Interviews und Hörbücher sind ergiebig, und da sie ohne Bilder daherkommen, können Sie sich voll auf die gehörten Ideen konzentrieren, während Sie Ihre Sketchnote erstellen.

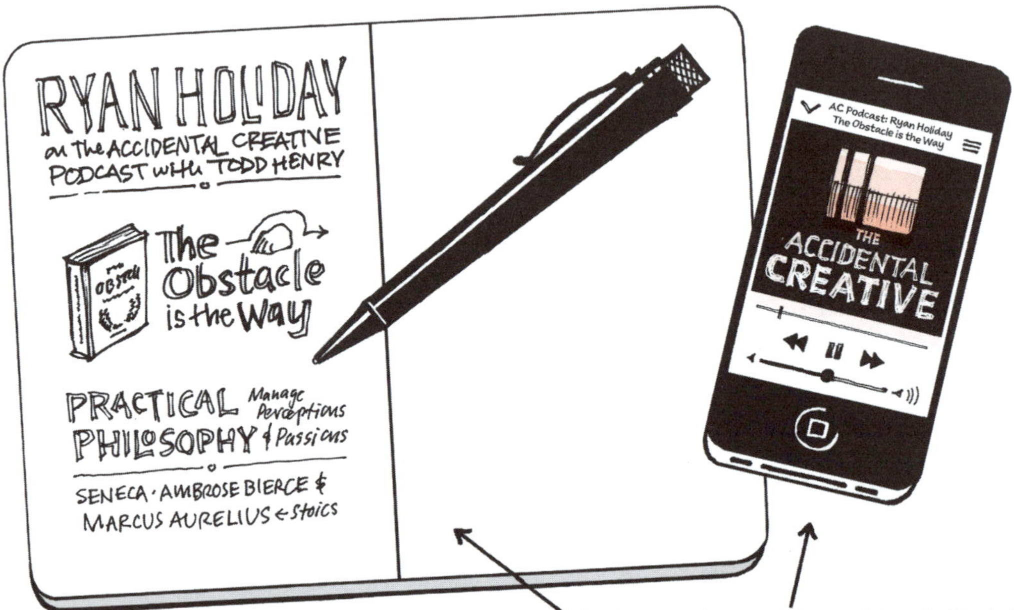

Podcasts eignen sich perfekt als Sketchnote-Übung, weil Sie Ihre Sitzung nach Bedarf anhalten und weiterführen können.

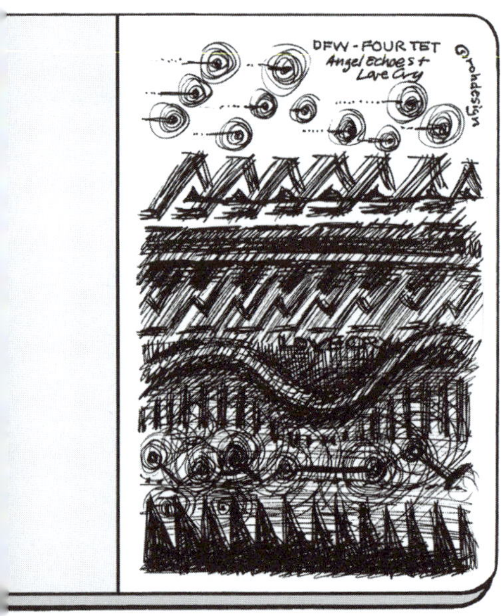

SKETCHNOTES VON MUSIK sind ebenfalls möglich. Zeichnen Sie das Porträt des Künstlers, üben Sie Ihre Typo-Fertigkeit an Songtexten oder halten Sie Ihre Gefühle beim Hören fest, indem Sie organische handgezeichnete Bilder oder Muster einsetzen.

Ich habe festgestellt, dass das Erstellen von Sketchnotes von Musikstücken eine entspannende, fast therapeutische Aktivität ist.

Diese Sketchnote eines „Four Tet"-Songs entstand am Flughafen Dallas/Fort Worth, während ich auf den Anschlussflug wartete.

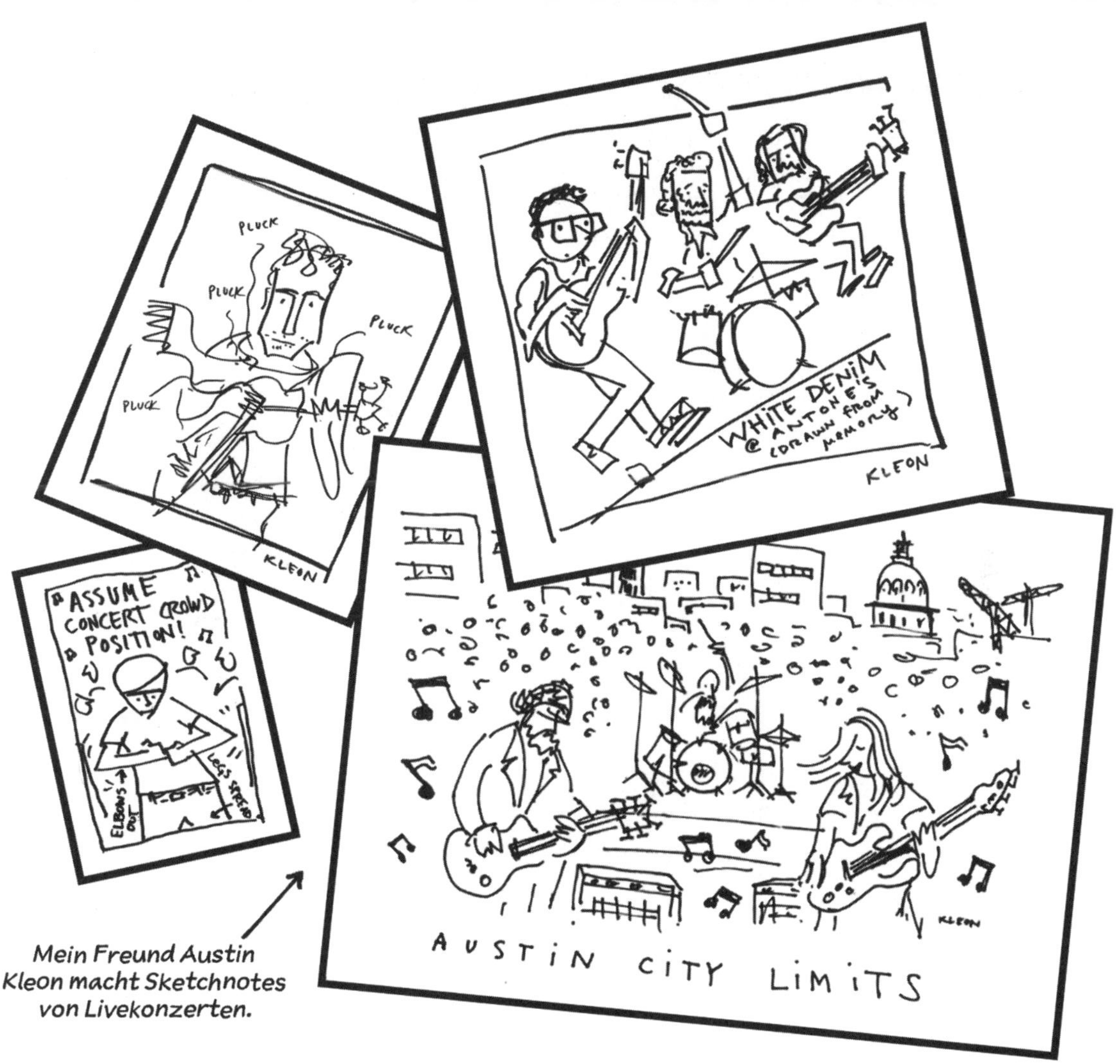

Mein Freund Austin Kleon macht Sketchnotes von Livekonzerten.

TIPP

LOCKER BLEIBEN!

Sketchnotes von Musik machen mir besonders Spaß, wenn ich meine Arbeit eher locker und interpretativ angehe und nicht straff und strukturiert. Lassen Sie Ihren Stift von Ihrer Intuition führen.

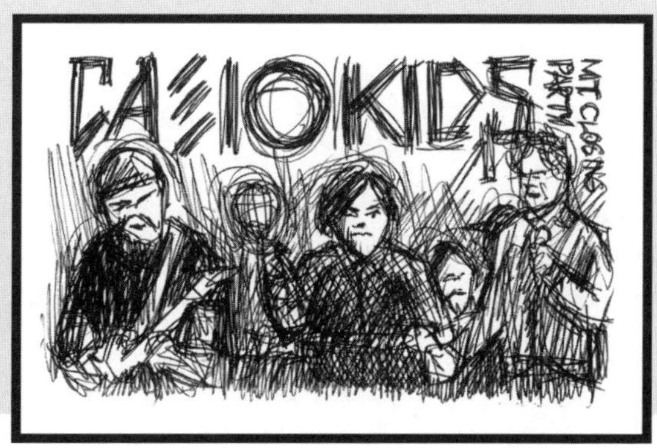

ÜBUNG 8.4

Ü SKETCHNOTE IHRER LIEBLINGSMUSIK

Halten Sie Ihren Lieblingssong als Sketchnote fest. Nutzen Sie dabei Sketchnote-Techniken und bleiben Sie locker.

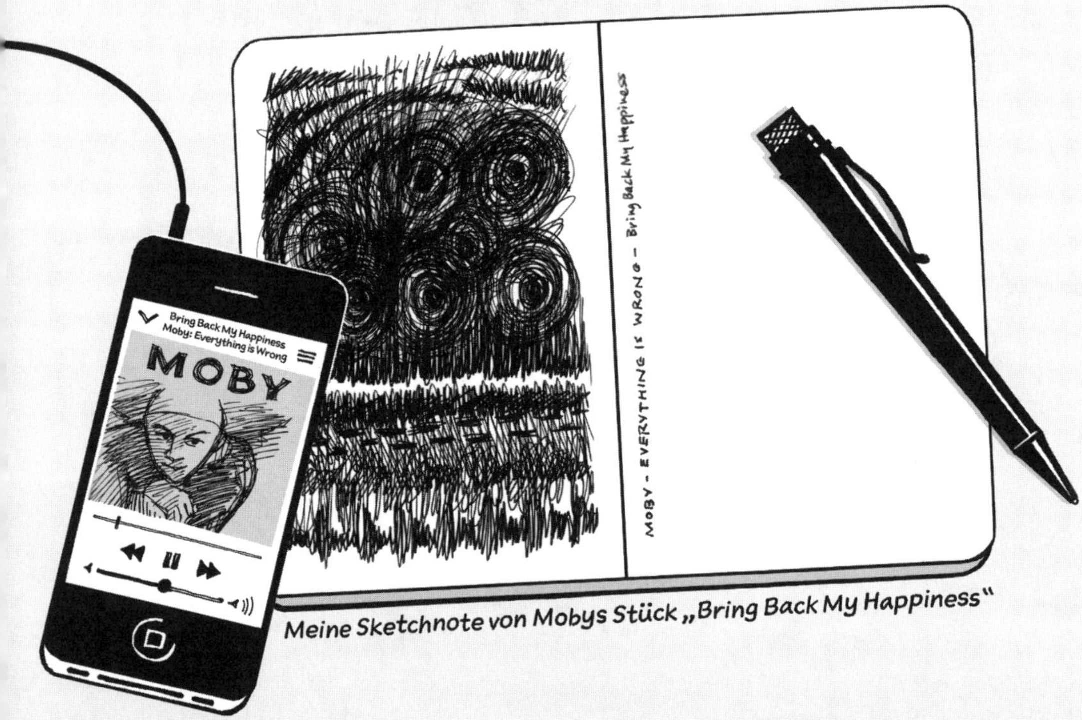

Meine Sketchnote von Mobys Stück „Bring Back My Happiness"

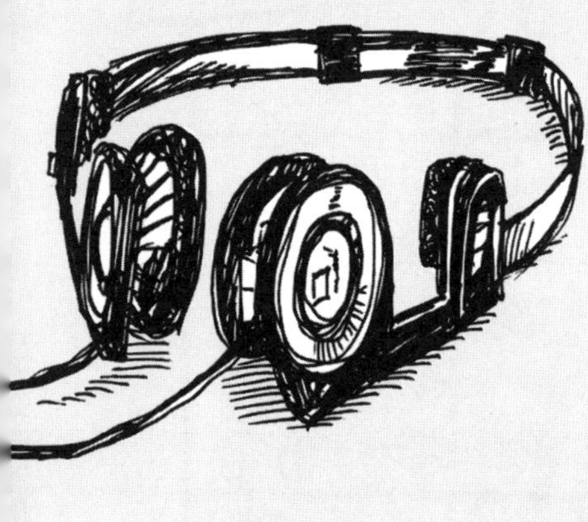

FRAGEN

Welche Worte fanden bei Ihnen Anklang?
Waren Ihre Zeichnungen hell oder dunkel?
Welche Gefühle haben Sie festgehalten?

Sketchnotes von Musik eignen sich bestens, um zwischendurch Ihre Fähigkeiten zu schulen.

★SKETCHNOTES VON BÜCHERN

Bücher sind wunderbare Quellen für Sketchnotes. Sachbücher funktionieren besonders gut, aber Sie können auch genauso wie bei Spielfilmen Romanhandlungen als Sketchnote festhalten.

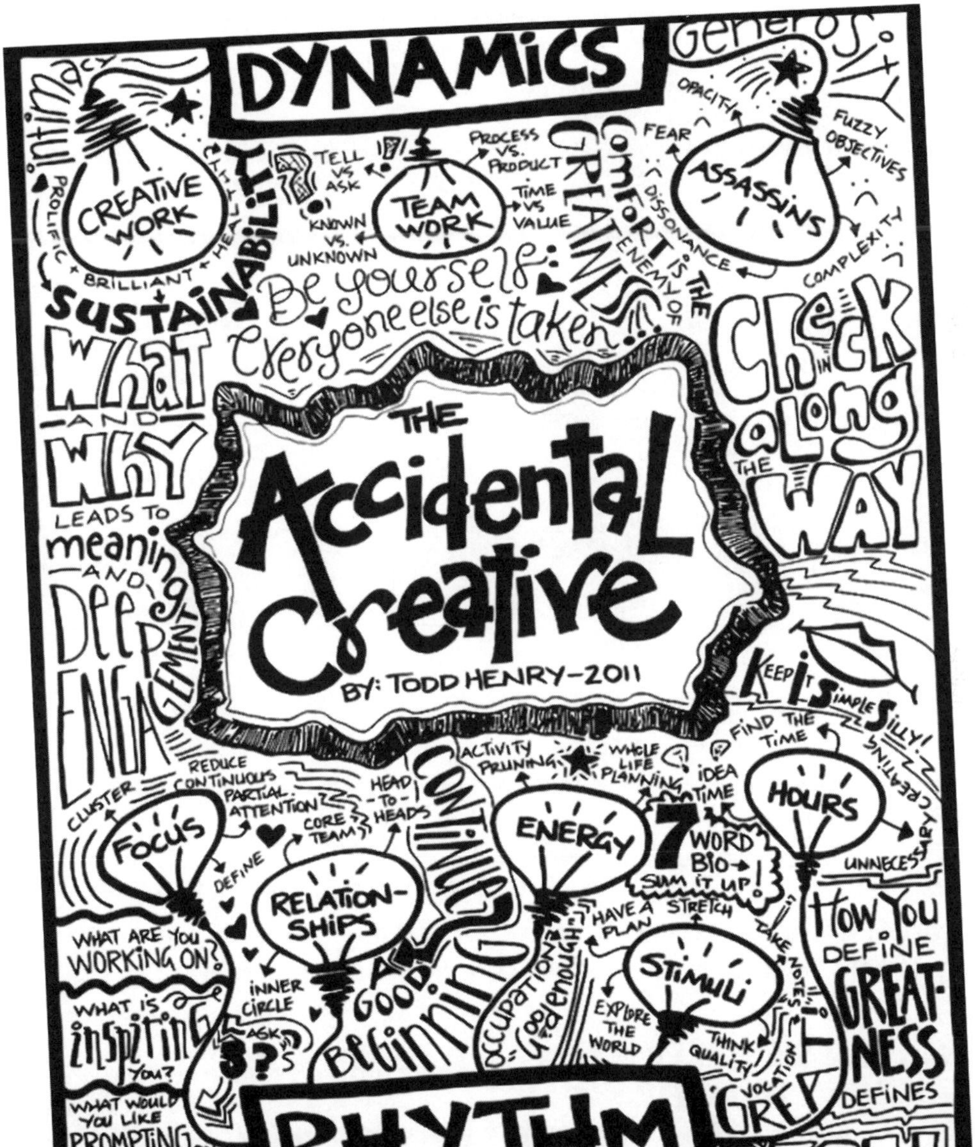

Melinda Walker

WENN SIE SKETCHNOTES VON BÜCHERN ERSTELLEN, sind diese unabhängig vom Buch selbst. Selbst wenn Sie es verleihen oder verlieren, bleiben Ihre Hervorhebungen und Gedanken zu den Details des Buches erhalten.

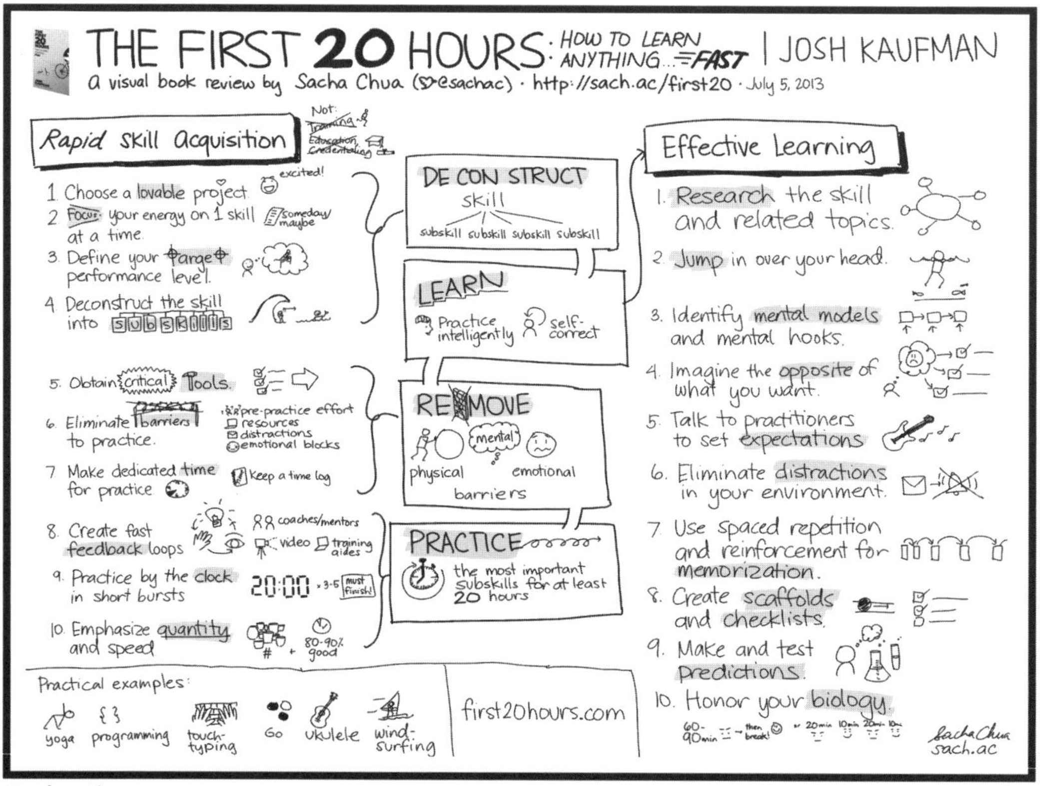

Sacha Chua

Buch-Sketchnotes sind kompakt und helfen Ihnen, sich zu erinnern, was Sie gelesen haben, weil Sie sich auf die Höhepunkte konzentrieren. Sketchnotes von Büchern sind nützlich, wenn Sie jemand anderem ein Buch beschreiben wollen, das Sie gelesen haben.

TIPP FÜHREN SIE EIN EIGENES NOTIZBUCH FÜR BUCH-SKETCHNOTES

Wenn Sie alle Sketchnotes in einem Notizbuch sammeln, können Sie besser verfolgen, wie viele Bücher Sie gelesen haben, und Ihre Sketchnotes zur Auffrischung schnell durchblättern. Bewahren Sie Buch und Stift dort auf, wo Sie lesen, damit Sie Ihre Informationen jederzeit festhalten können.

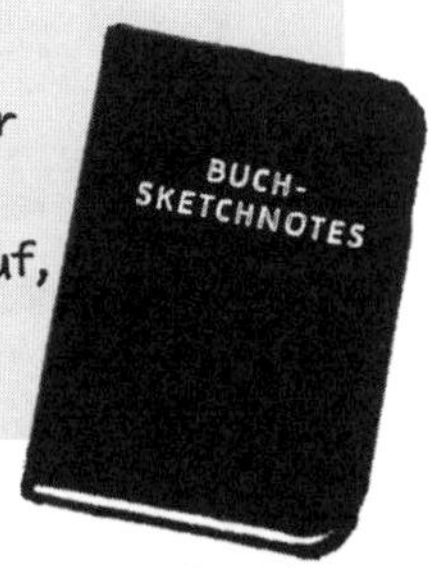

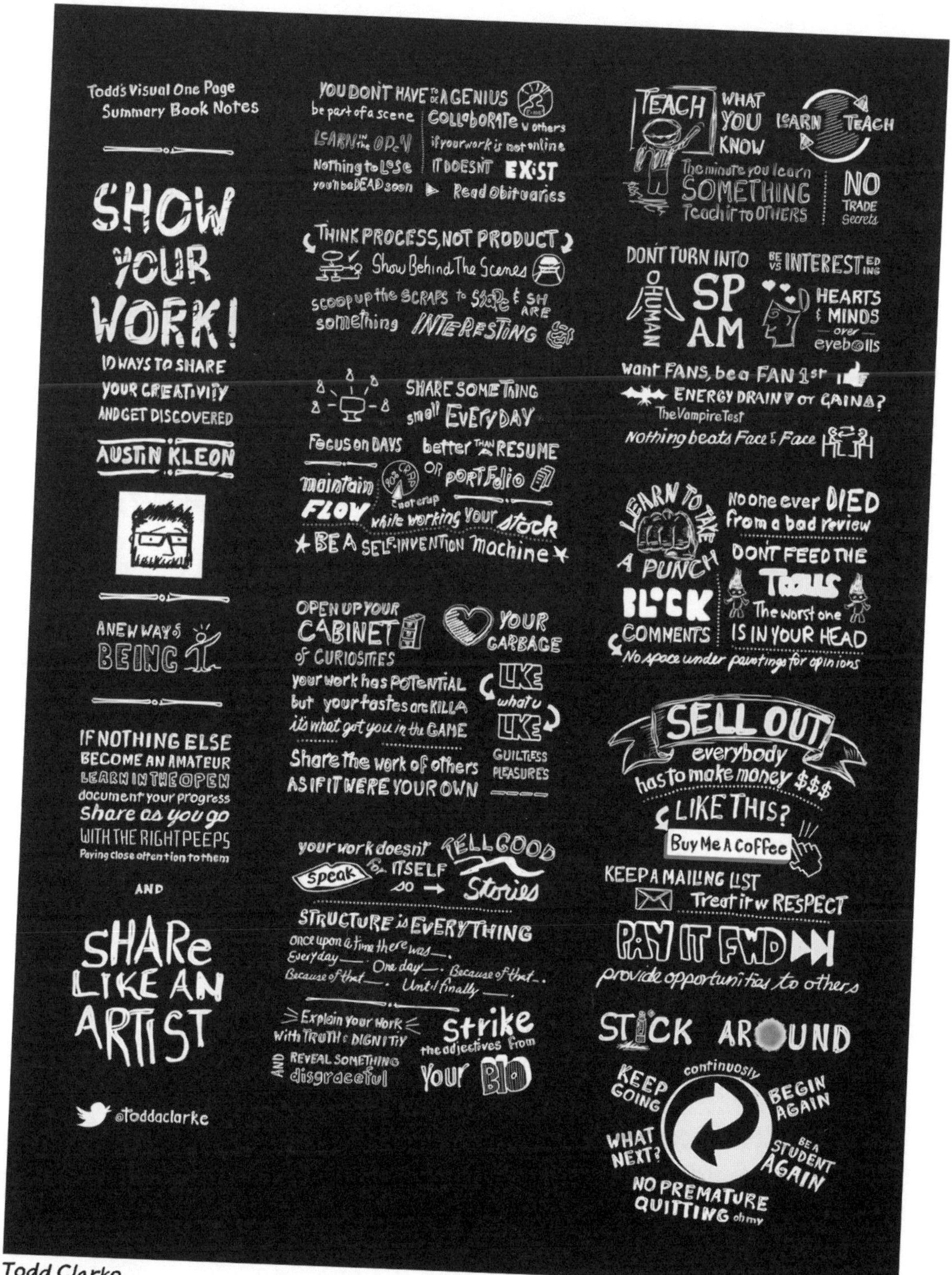
Todd's Visual One Page Summary Book Notes
SHOW YOUR WORK!
10 WAYS TO SHARE YOUR CREATIVITY AND GET DISCOVERED
AUSTIN KLEON
A NEW WAYS BEING
IF NOTHING ELSE BECOME AN AMATEUR
LEARN IN THE OPEN
document your progress
share as you go
WITH THE RIGHT PEEPS
Paying close attention to them
AND
SHARe LIKE AN ARTIST
@toddaclarke
YOU DON'T HAVE TO BE A GENIUS
be part of a scene
COLLABORATE w others
LEARN in the OPEN
if your work is not online IT DOESN'T EXIST
Nothing to Lose you'll be DEAD soon
Read obituaries
THINK PROCESS, NOT PRODUCT
Show Behind The Scenes
scoop up the SCRAPS to SHAPE & SHARE something INTERESTING
SHARE SOMETHING small EVERYDAY
Focus on DAYS
better THAN A RESUME OR PORTFOLIO
maintain FLOW while working your stock
★ BE A SELF-INVENTION machine ★
OPEN UP YOUR CABINET of CURIOSITIES
YOUR GARBAGE
your work has POTENTIAL but your tastes are KILLA
its what got you in the GAME
LIKE what u LIKE
Share the work of others AS IF IT WERE YOUR OWN
GUILTLESS PLEASURES
your work doesn't speak for ITSELF so → TELL GOOD Stories
STRUCTURE is EVERYTHING
once upon a time there was ___. Everyday ___. One day ___. Because of that ___. Because of that ___. Until finally ___.
Explain your work with TRUTH & DIGNITY AND REVEAL SOMETHING disgraceful
strike the adjectives from your BIO
TEACH WHAT YOU KNOW
LEARN TEACH
The minute you learn SOMETHING Teach it to OTHERS
NO TRADE Secrets
DON'T TURN INTO SP AM
HUMAN
BE INTERESTED VS INTERESTING
HEARTS & MINDS — over — eyeballs
want FANS, be a FAN 1st
ENERGY DRAIN or GAIN?
The Vampire Test
Nothing beats Face to Face
LEARN TO TAKE A PUNCH
No one ever DIED from a bad review
DON'T FEED THE TROLLS
The worst one IS IN YOUR HEAD
BLOCK COMMENTS
No space under paintings for opinions
SELL OUT
everybody has to make money $$$
LIKE THIS? Buy Me A Coffee
KEEP A MAILING LIST
Treat it w RESPECT
PAY IT FWD
provide opportunities to others
STICK AROUND
continuosly
KEEP GOING
BEGIN AGAIN
WHAT NEXT?
BE A STUDENT AGAIN
NO PREMATURE QUITTING oh my
Todd Clarke

Doug Neill

NEUE IDEEN ERFORSCHEN MIT SKETCHNOTES VON FERNSEHSENDUNGEN

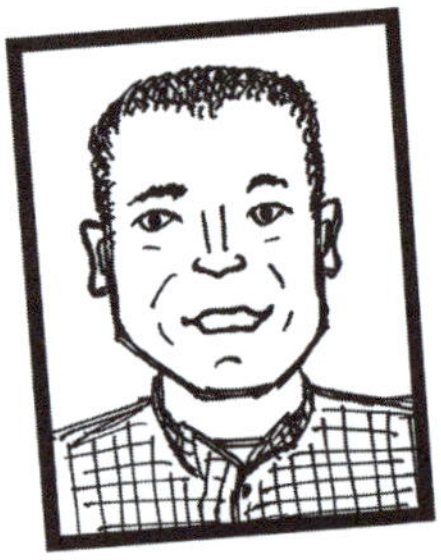

Doug ist Sketchnoter, Illustrator und Dozent und lebt in Portland, Oregon. Er erstellt gerne Sketchnotes von Vorträgen, Interviews und Podcasts und hat nun Sketchnotes von Fernsehsendungen ausprobiert. An Sketchnotes hat ihn ursprünglich gereizt, dass sie ein Ventil für Kreativität mit intellektuellem Anspruch sind.

Doug erstellt üblicherweise Sketchnotes von seriösem Kram: tiefgründige Interviews und Vorträge vollgepackt mit großen Ideen und komplexen Systemen. Er erstellt Sketchnotes, um sich diese Ideen zu merken und besser zu verstehen.

Doug erstellte als Experiment eine Sketchnote der neu gestarteten „Tonight Show" mit Jimmy Fallon. Die Erforschung einer Late-Night-TV-Sendung spornte ihn an, sich zu entspannen und einen unbeschwerteren Ansatz für Sketchnotes zu verfolgen.

Mit der Sketchnote der Fernsehshow konnte Doug auf amüsante Weise die neue Richtung der Show abstecken und einen historischen Augenblick festhalten.

Dieser Forscheransatz diente ihm zudem als Teststrecke für neue Ideen, die er bei schwierigeren Themen anwenden kann.

„Ich nutze Sketchnotes, um neue Ideen zu entwickeln und sie in mein Leben einfließen zu lassen. Es ist eine unterhaltsame Art, die Lücke zwischen Idee und Tat zu schließen."

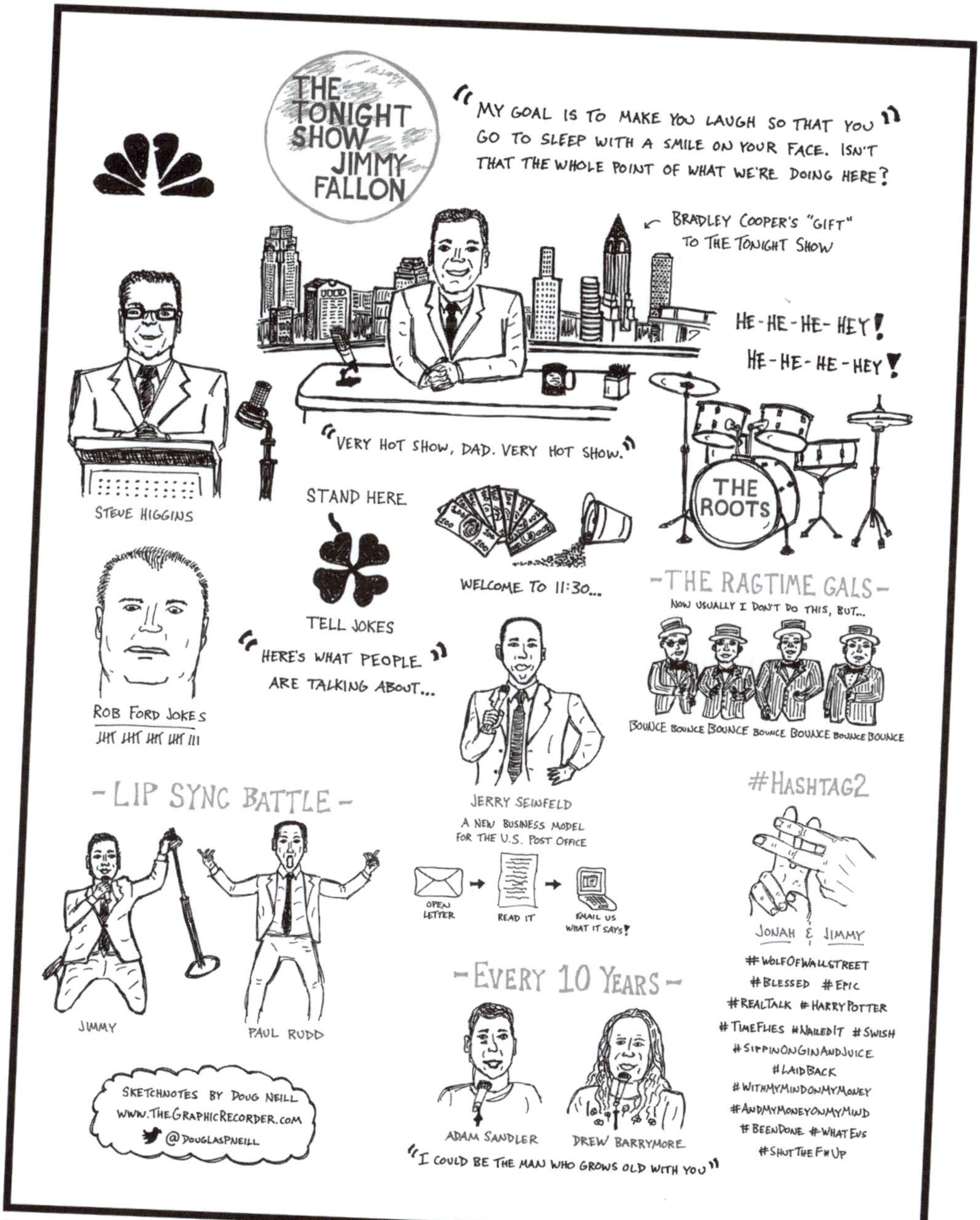

Dougs Sketchnote der „Tonight Show" mit Jimmy Fallon

A ARBEITSBLATT 8.1

ICONS FÜR MEDIEN

Verwenden Sie im unten stehenden Raster Vierecke, Kreise, Dreiecke, Linien und Punkte, um Icons für die einzelnen Begriffe zum Thema Medien zu erstellen. Überspringen Sie ein Icon, wenn Sie nicht weiterkommen. Die letzte Reihe ist für Ihre eigenen Icons leer.

SCHLÜSSEL-ZITAT	SOUNDTRACK	SPANNUNGS-BOGEN	FOLGE
		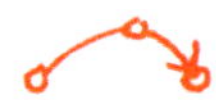	
HANDLUNGS-STRANG	SZENE	KONFLIKT	AUFLÖSUNG
ELFMETER	ABSEITS	TOR	ECKE
INTERVIEW	ALBUM	AUTOR	VERLAG

ZUSAMMENFASSUNG

- → Sketchnotes eignen sich, um den Sinn von Spielfilmen, TV-Serien und anderen Medien zu verarbeiten, zu verstehen und festzuhalten.
- → Sketchnotes helfen Ihnen, Zugang zur Geschichte, den Figuren, Konflikten und Lösungen zu gewinnen, während Sie schauen, zuhören oder lesen.
- → Sie können übergreifende Themen, Figurenentwicklung, denkwürdige Dialoge oder den Konflikt und die Lösung der Story als Sketchnote festhalten.
- → Live-Sportereignisse eignen sich sehr gut, um ihre Live-Sketchnote-Fähigkeiten zu testen.
- → Audio wie Podcasts und Musik ist ebenfalls ein Medium, das sich für Sketchnotes eignet.
- → Sketchnotes sind kompakt und helfen Ihnen, sich zu erinnern, was Sie gelesen und gedacht haben.

★ **ALS NÄCHSTES: SKETCHNOTE-TIPPS & -TECHNIKEN FÜR FORTGESCHRITTENE**

NÜTZLICHE TIPPS

TECHNIKEN

Kapitel 9

Sketchnote-Tipps & Techniken für Fortgeschrittene

Hier biete ich eine Sammlung von Tipps & Techniken für Fortgeschrittene an, um Ihre Sketchnote-Fähigkeiten auf das nächste Level zu katapultieren.

JA, ES IST ZEIT FÜR *den* FORTGESCHRITTENEN KRAM!

Dieses Kapitel ist eine Sammlung von Tipps und Techniken für Fortgeschrittene, die meine Freunde und ich für unsere Sketchnote-Praxis verwenden. Sie können sie in einem Zug durchlesen oder bei Bedarf darauf zurückgreifen.

Bereits ein entscheidender Tipp oder eine wichtige Technik kann Ihre Sketchnote-Fertigkeiten in Fahrt bringen, also habe ich eine breit gefächerte Sammlung für Sie zusammengestellt. Hoffentlich wird einer oder mehrere Ihre Kreativität entfachen.

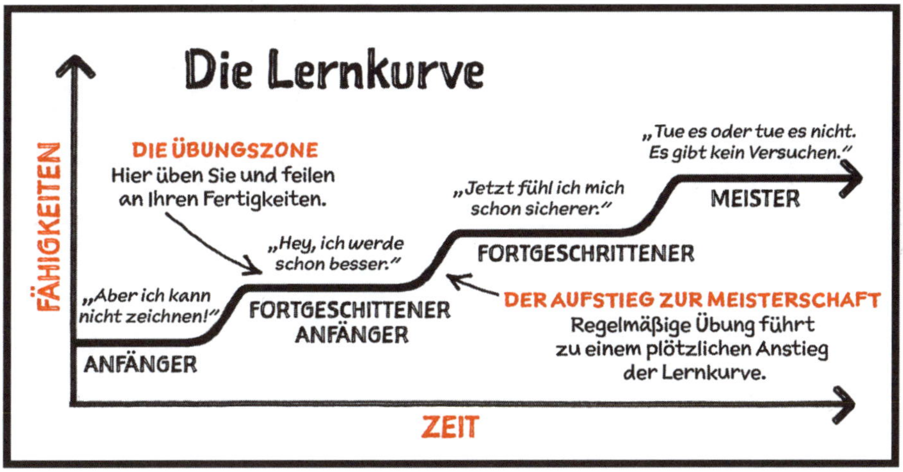

Egal, auf welchem Lernniveau Sie sich befinden, die beste Methode, sich zu verbessern ist, so häufig wie möglich Sketchnotes zu erstellen. Wiederholung steigert Ihre Fähigkeiten, aktiv zuzuhören, zu zeichnen und Schriftzüge zu erstellen.

*IDEEN UMREISSEN

Neue Ideen aufnehmen oder temporär im mentalen Speicher lagern zu können, während Sie eine bereits gehörte Idee skizzieren, ist eine entscheidende Sketchnote-Fertigkeit.

Sich einen ganzen Schwall Ideen zu merken kann jedoch eine Herausforderung sein. Ich umreiße daher gern den Kern der Idee gerade so weit, dass man erkennt, worum es sich dabei dreht, ohne sie vollständig festzuhalten. Dazu reicht ein Icon, ein einzelnes Wort oder ein Satz. Sobald die Idee zu Papier gebracht ist – mit genügend Platz für spätere Ausarbeitung –, kann ich zur nächsten Idee übergehen.

Indem ich Ideen umreiße, kann ich mit mehreren Ideen zugleich Schritt halten und am Ende der Sitzung zu ihnen zurückkehren, um sie auszuarbeiten.

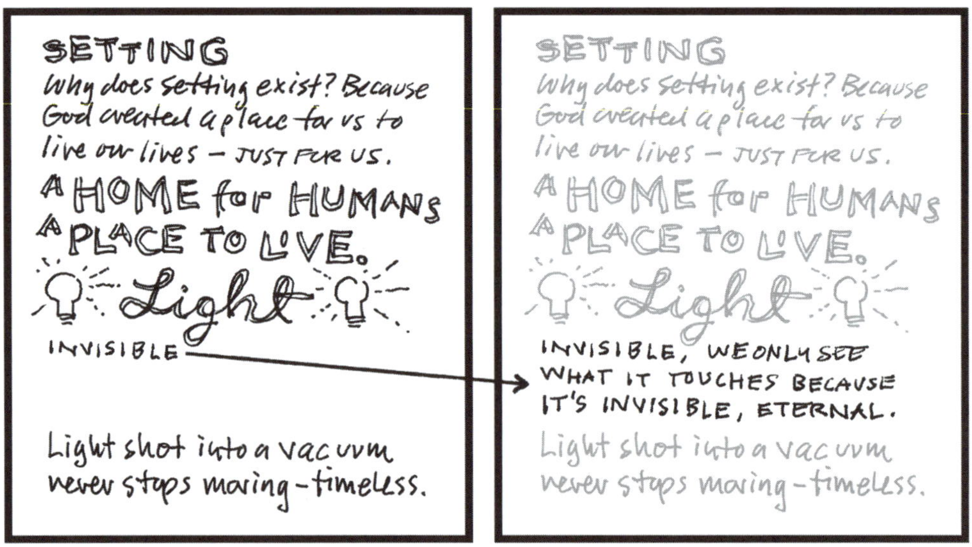

Notieren Sie ein Wort, lassen Sie Platz für Weiteres und gehen Sie zur nächsten Idee über.

Sobald Sie Zeit haben, füllen Sie den verbleibenden Platz mit Informationen.

*HALTEN SIE NACH WIEDERHOLUNGEN AUSSCHAU

Schlüsselideen gehen oft mit Wiederholungen einher. Achten Sie auf Wörter oder Ideen, die im Vortrag wiederholt werden. Wenn Sie eine in Wiederholungen verpackte Idee entdecken, die bei Ihnen Anklang findet, halten Sie diese fest.

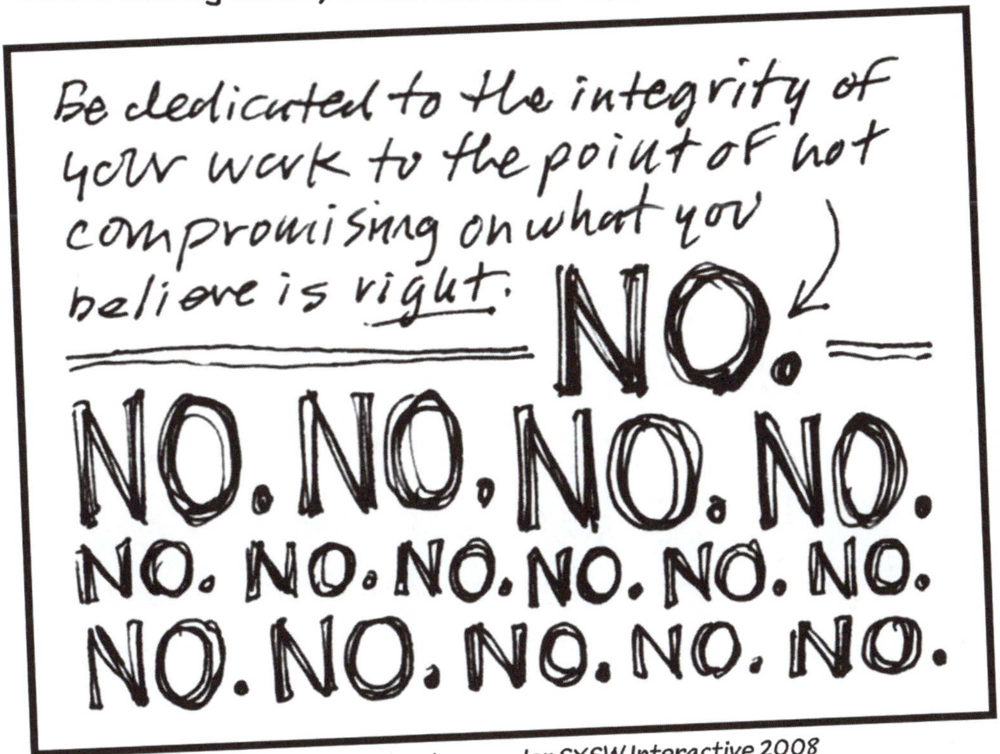

Meine Sketchnotes von der SXSW Interactive 2008

Ich achte auf Wiederholungen in meinen Gedanken. Wenn eine Idee immer wieder auftaucht, stehen die Chancen gut, dass es eine wichtige Idee ist. Dann halte ich sie fest.

*HALTEN SIE FLÄCHEN FREI

Wenn Sie Ideen notieren, deren Informationen präzise und fehlerlos sein müssen, lassen Sie etwas Platz drum herum frei, springen Sie vor und kehren Sie zurück, wenn Sie die korrekte Information einfügen können.

Halten Sie Flächen frei für religiöse Zitate, mathematische Formeln, Namen oder andere entscheidende Informationen, die korrekt sein müssen.

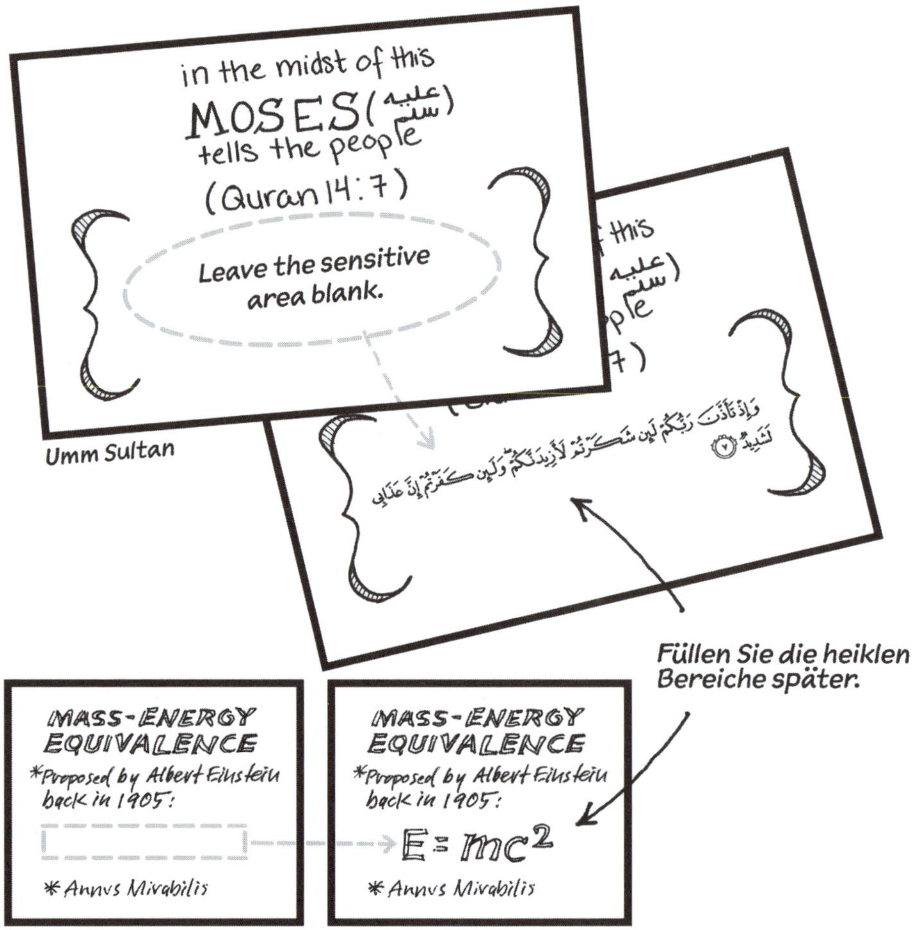

✱ BEREITEN SIE TITELSEITEN VOR

Wenn Sie ein Event mit mehreren Rednern besuchen, versuchen Sie, vor dem Event für jeden Sprecher eine Titelseite anzulegen. Schätzen Sie die Seitenanzahl für jeden Vortrag ab plus etwas Toleranz, falls der Vortrag länger dauert.

Sie können die korrekte Schreibweise der Namen aller Redner recherchieren und, falls Sie möchten, Porträts anhand von Fotos erstellen. Dieser Trick kann Ihnen helfen, den Druck beim Event zu reduzieren.

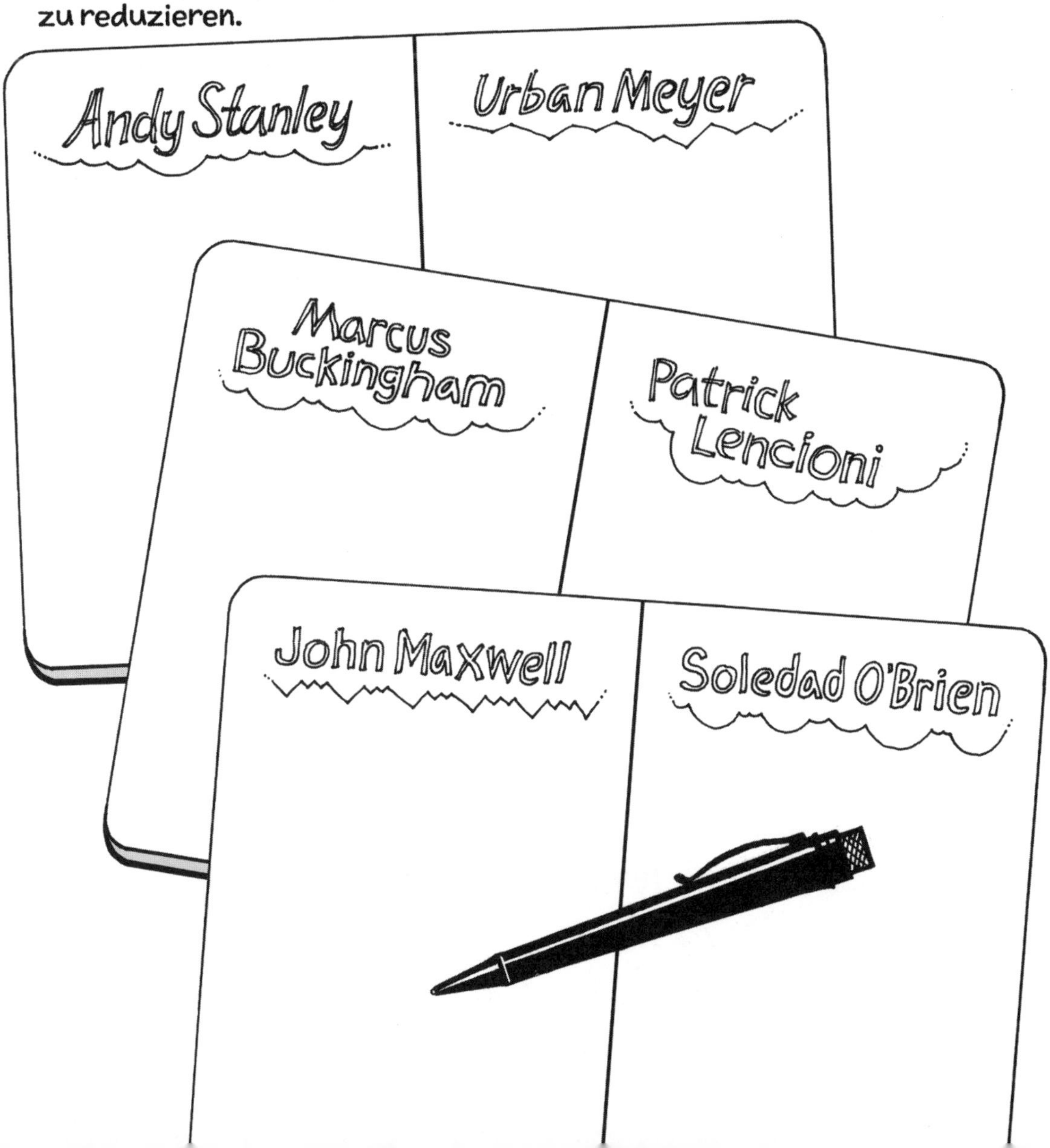

*NISCHEN FÜR KRITZELEIEN

Nutzen Sie kleine Flächen in Ihrer Sketchnote für die persönliche Note. Wenn Sie etwas zusätzlichen Platz unten auf der Seite haben, kehren Sie dahin am Ende zurück und fügen Sie Gedanken hinzu oder zeichnen Sie etwas, für das Sie im Eifer der Sketchnote-Erstellung keine Zeit hatten.

QUIEKENDE MÄUSE

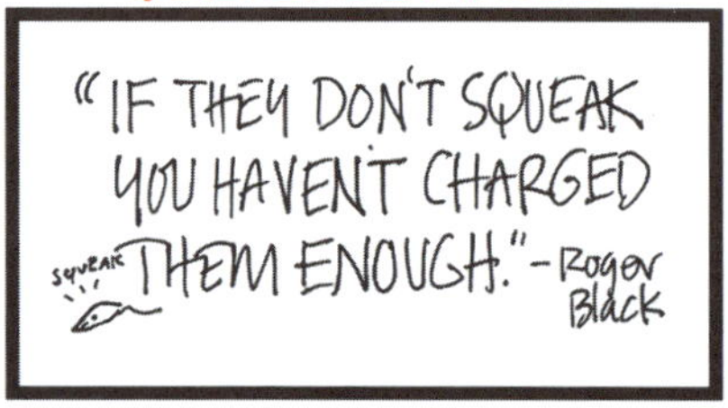

KLAPPRIGE SKELETTE

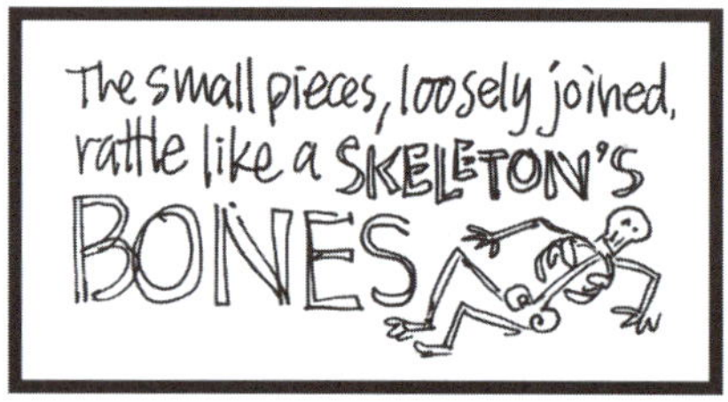

KLEINE FARMHÄUSER

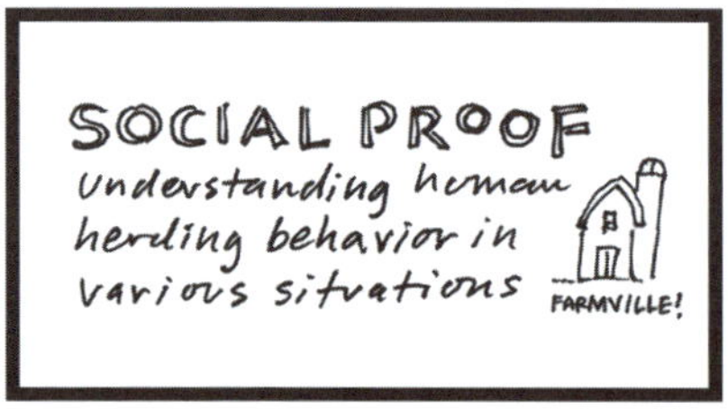

WIPPEN

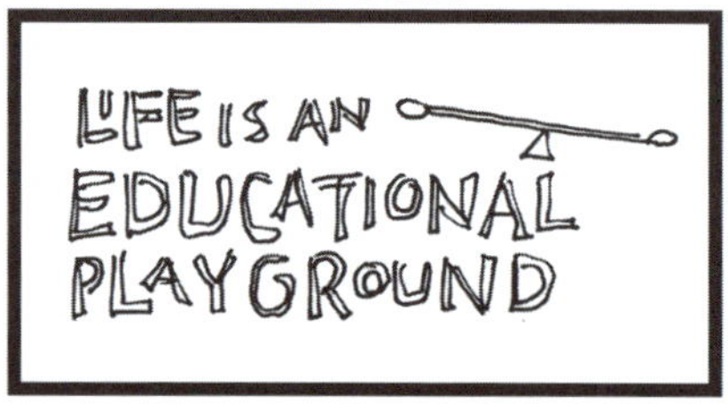

WÜTENDE BROWSER

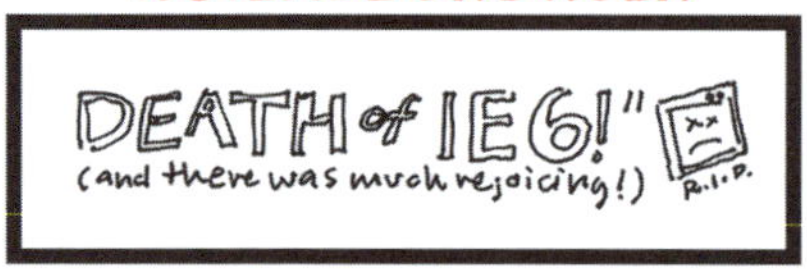

KÖNIGSKRONEN

KAFFEE KOCHEN

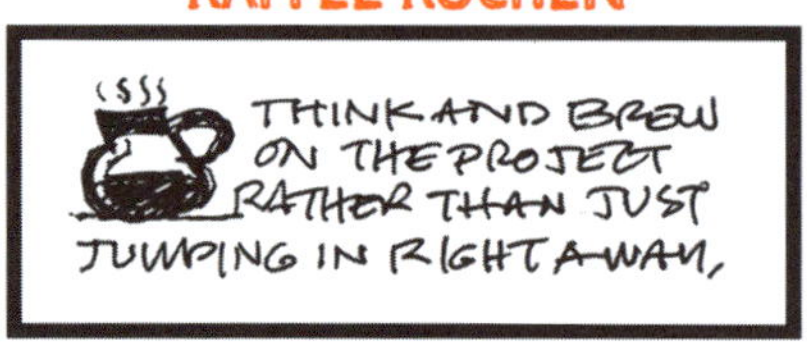

FIXE KAMERAS

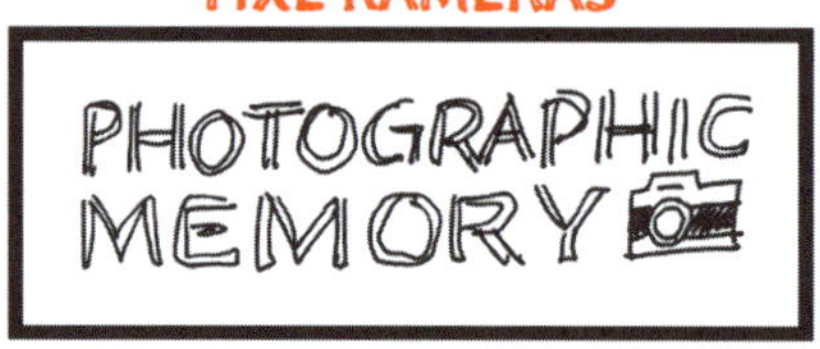

Ich suche nach kleinen Nischen und Lücken zwischen den Absätzen, Weißraum am Ende von Seiten oder leeren Randbereichen, um visuelle Ostereier einzubauen.

*FEHLER WERDEN PASSIEREN

Früher oder später unterläuft Ihnen ein Fehler. Das ist okay! Hier ein paar Ideen, wie man Fehler abdeckt, behebt oder sonst mit ihnen umgeht:

1. ZEICHNEN SIE EINE FORM wie einen Pfeil genau über Ihrem Fehler. Nutzen Sie nun den Bereich unter dem abgedeckten Fehler für die korrekte Schreibweise.

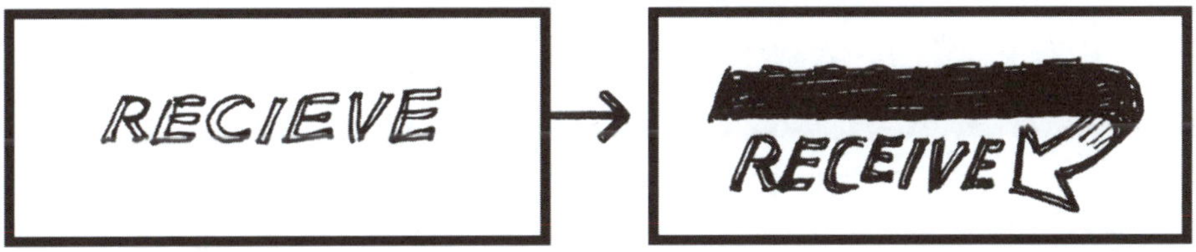

Irgendwie verschreibe ich mich immer bei diesem Wort.

Dunkler Tintenpfeil eilt zu Hilfe!

Seien Sie kreativ und haben Sie Spaß, wenn Sie einen Fehler mit einer Form abdecken! *Niemand muss Ihr Geheimnis wissen.*

2. BEHEBEN SIE IHN AM COMPUTER. Wenn Sie einen Namen falsch geschrieben und keine Möglichkeit haben, den Fehler zu verbergen, können Sie ihn mit einem Bildbearbeitungsprogramm am Computer korrigieren.

Ich habe einmal den Namen des Coca-Cola-CEO in meinen Sketchnotes falsch geschrieben. Ich haben seinen Namen in korrekter Schreibweise neu gezeichnet und ihn mithilfe von Photoshop überall ausgetauscht, wo er falsch auftauchte.

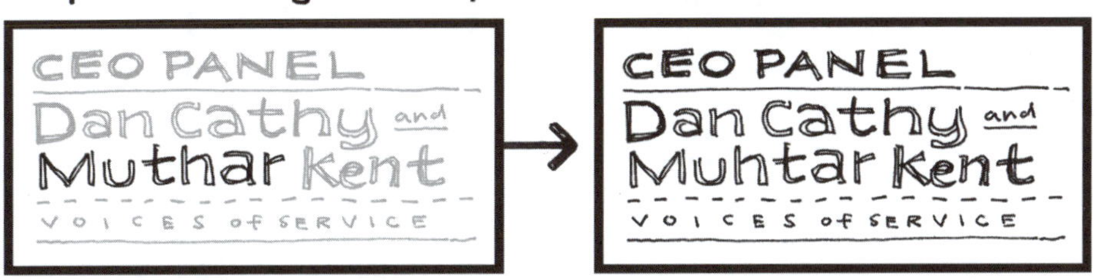

Ungewöhnliche Namen sind manchmal knifflig.

Photoshop eilt zu Hilfe!

Wenn Sie etwas vermasseln: Keine Panik! So können Sie Ihre Kreativität testen.

3. STEHEN SIE ZU IHREM FEHLER. Sie können Fehler durchstreichen und den korrekten Text daneben schreiben. Oder Sie können Kommentare hinzufügen, wie ich es neben einer langen Liste getan habe, die Zappos-CEO Tony Hsieh zeigte und die mir entging.

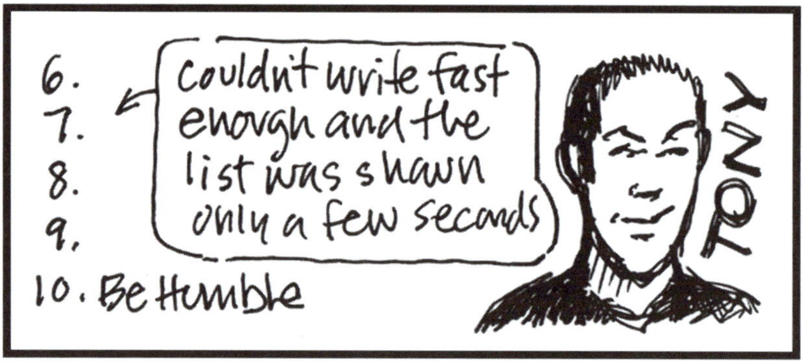

An der Stelle, wo die Liste hätte stehen sollen, habe ich meinen Fehler zugegeben. Es blieb nichts anderes übrig, als dazu zu stehen!

4. VERMEIDEN SIE DEN FEHLER. Wenn Sie ein Smartphone dabeihaben, schlagen Sie Wörter nach, bei denen Sie unsicher sind, bevor es zu spät ist. Sie können das Wort beginnen und dann den Teil auslassen, bei dem Sie unsicher sind, und es später beenden, wenn Sie ein Wörterbuch parat haben.

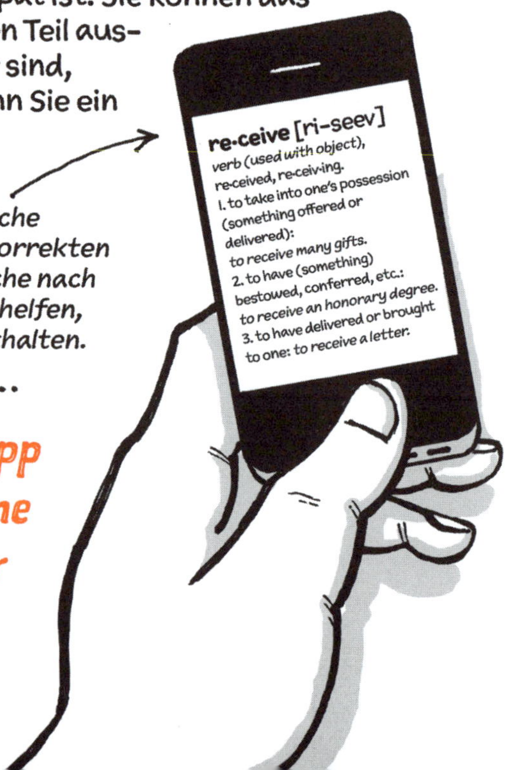

Smartphones sind nützliche Werkzeuge, die Ihnen bei der korrekten Rechtschreibung, der Recherche nach Personen, Orten und Dingen helfen, die Sie in der Sketchnote festhalten.

Ihre Wörterbuch-App auf dem Smartphone kann Ihnen später Zeit ersparen.

*INTERNETRECHERCHE & REFERENZ

Wenn Sie bei einem ungewöhnlichen oder schwierigen Motiv nicht weiterkommen, greifen Sie aufs Internet zurück. Eine Google-Bildsuche oder Bilder-Website kann als nützliche Referenz für alle möglichen Motive dienen.

Wenn mir nicht einmal einfällt, was ich überhaupt zeichnen soll, tippe ich bei der Google-Bildsuche Schlüsselwörter ein, die eine Idee beschreiben, und suche nach Motiven.

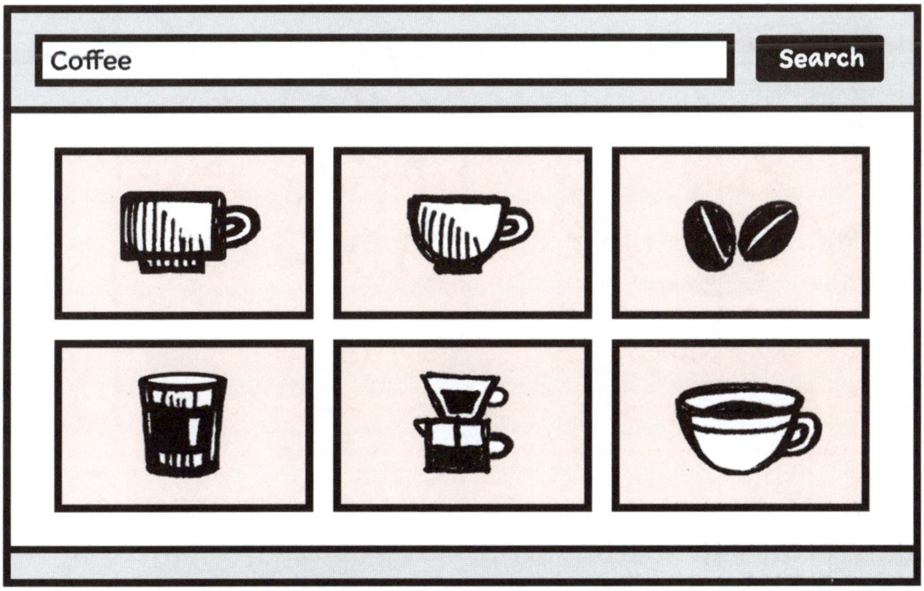

Halten Sie nach Schriften-Websites Ausschau, um auf Basis ihrer Schriftensammlung Vorlagen für Schriftzüge zu finden.

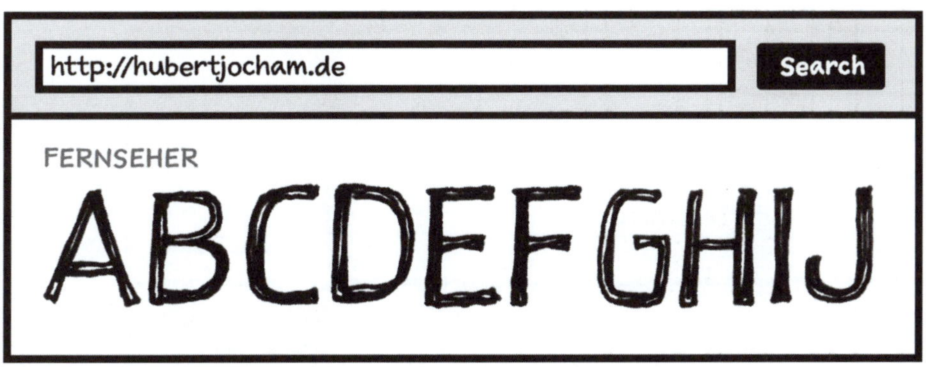

*SKETCHNOTES ZEIGEN

Ihre Sketchnotes während oder nach dem Event jemandem zu zeigen, kann viel Spaß machen. Hier ein paar Ideen:

1. ZEIGEN SIE DEM REDNER IHRE ARBEIT. Sie bekommen eine gute Gelegenheit, sich darüber zu unterhalten, was Sie gehört und notiert haben. Lassen Sie ihn Ihre Sketchnote unterschreiben und bieten Sie ihm an, eine Kopie davon zu mailen.

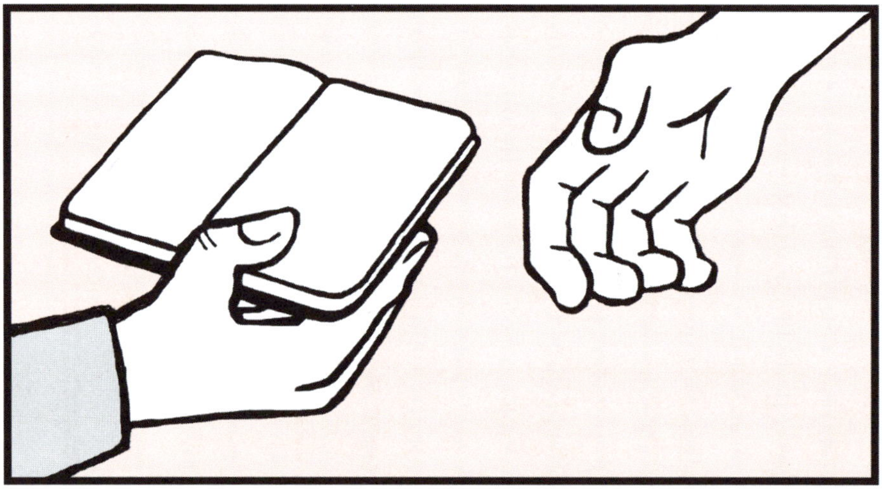

2. TEILEN SIE IHRE ARBEIT ÜBER SOZIALE NETZWERKE.
Wenn ein Treffen mit dem Redner keine Option ist, posten Sie ein Foto Ihrer Sketchnotes über soziale Netzwerke. Fügen Sie den Usernamen des Redners hinzu, damit er Ihre Arbeit sehen kann. Redner mögen es im Allgemeinen, ihren Vortrag als Sketchnote zu sehen, und leiten Ihre Arbeit vielleicht an Freunde weiter.

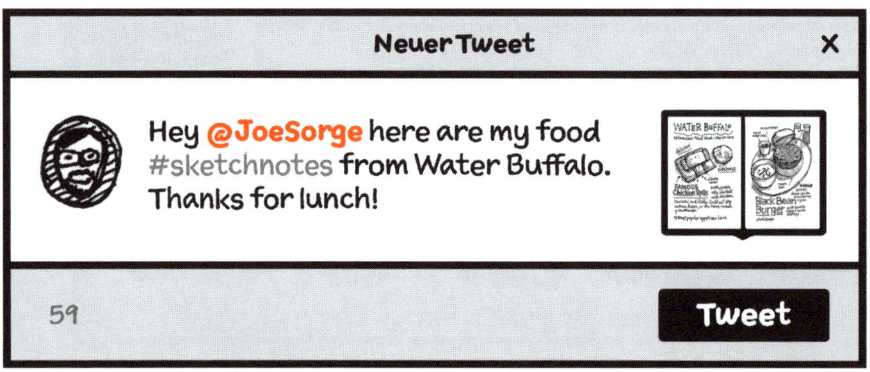

3. TEILEN SIE IHRE ARBEIT PER E-MAIL. Meine Freundin Jessica Esch recherchiert gern die E-Mail-Adresse der Person und sendet ihr den Link zu ihrer Sketchnote direkt zu. Etwas Extrazeit zu investieren kann sich lohnen und Ihr Netzwerk erweitern.

Neue E-Mail ✕

An: Margot Bloomstein
Von: Jessica Esch
Betreff: Sketchnotes Ihres Vortrags!

Margot, ich dachte, Sie möchten vielleicht meine Sketchnotes Ihres Vortrags sehen. Sie sind verlinkt, falls Sie sie teilen möchten. – Jess

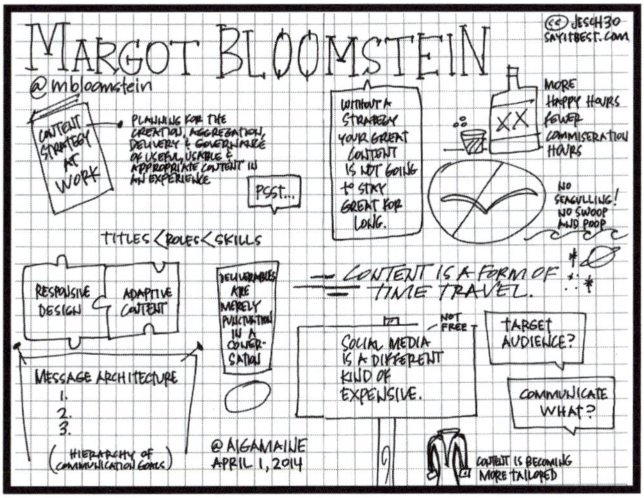

Senden

Sketchnotes zu teilen ist eine unterhaltsame Methode, mit Rednern in Kontakt zu treten, und Ihre Arbeit Sketchnote-Kollegen zu zeigen.

SCHRIFTZÜGE ERSTELLEN FÜR FORTGESCHRITTENE

Viele fragen nach weiteren Schriften, mit denen man handgeschriebene Schriftzüge erstellen kann. Hier also die Tutorials, um loszulegen:

*SERIFENSCHRIFT ZEICHNEN

Serifenschriften haben Serifen oder kleine „Füßchen" am Ende jedes Buchstabens, die Ihren Überschriften etwas Flair verleihen. Und so erstelle ich Serifen-Buchstaben:

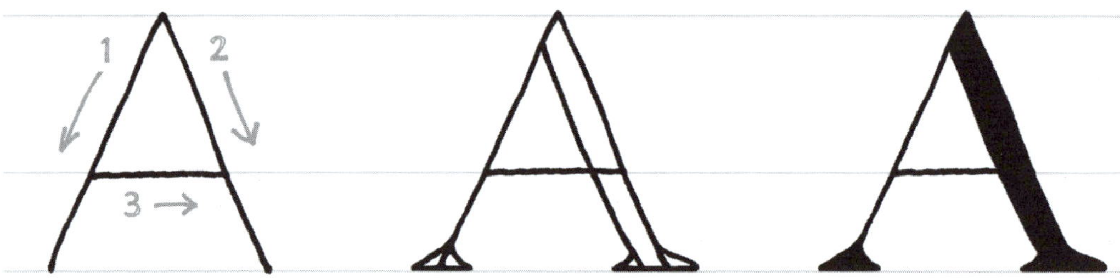

SCHRITT 1

Zeichnen Sie als Grundgerüst Buchstabenformen mit einfacher Linie.

SCHRITT 2

Verstärken Sie die Linien und fügen Sie Serifen hinzu anhand des rechts gezeigten Schriftbeispiels.

SCHRITT 3

Füllen Sie den fertigen Buchstaben und passen Sie die Form nach Bedarf an.

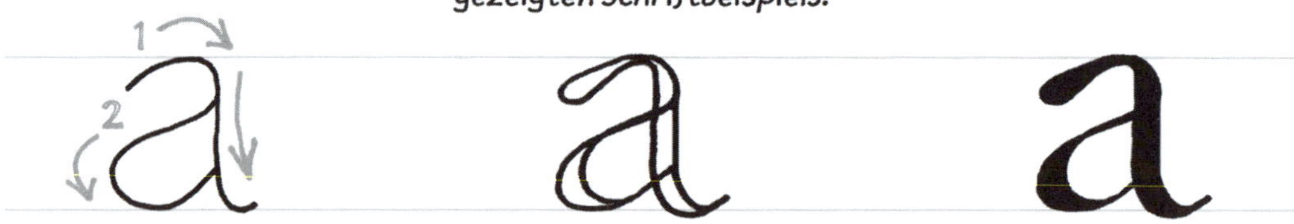

ERSTELLEN SIE EIN WORT IN SERIFENSCHRIFT

Serifenschrift ist regelmäßig und logisch, wenn man einmal den Aufbau verstanden hat.

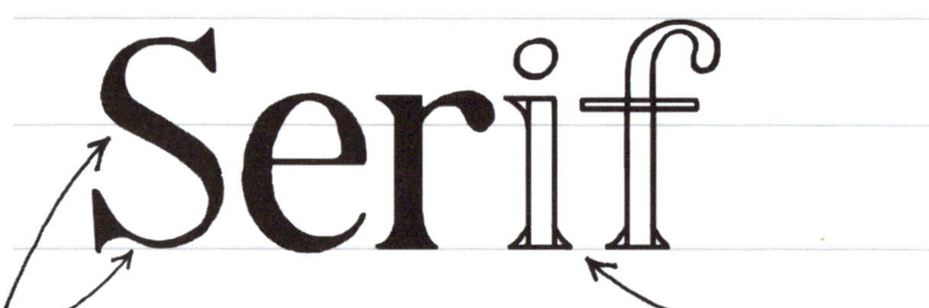

Zeichnen Sie dicke und dünne Bereiche von jedem Buchstaben nach und nutzen Sie dabei die Beispielschrift als Vorlage.

Der Abstand zwischen Buchstabenpaaren nennt sich Laufweite.

CENTURY SCHOOLBOOK von Monotype ist eine hilfreiche Schriftvorlage, die Sie bei der Erstellung von Serifenschriftzügen nutzen können:

GROSSBUCHSTABEN

ABCDEFGHIJ
KLMNOPQRS
TUVWXYZ

KLEINBUCHSTABEN

abcdefghijklmn
opqrstuvwxyz

ZIFFERN & SATZZEICHEN

1234567890
?!&%$@#()+-

*SLAB SERIF-SCHRIFTEN (EGYPTIENNE) ZEICHNEN

Slab Serif ist eine Variante von Serifenschrift, die geometrischere Formen und dicke, gerade Serifen enthält. Und so erzeuge ich Schriftzüge als Slab Serif:

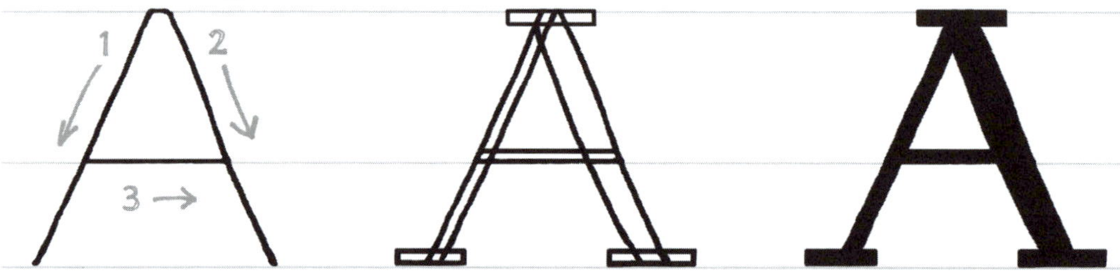

SCHRITT 1

Zeichnen Sie als Grundgerüst Buchstabenformen mit einfacher Linie.

SCHRITT 2

Fügen Sie Linien und Slab-Serifen hinzu anhand des rechts gezeigten Schriftbeispiels.

SCHRITT 3

Füllen Sie den fertigen Buchstaben und passen Sie die Form nach Bedarf an.

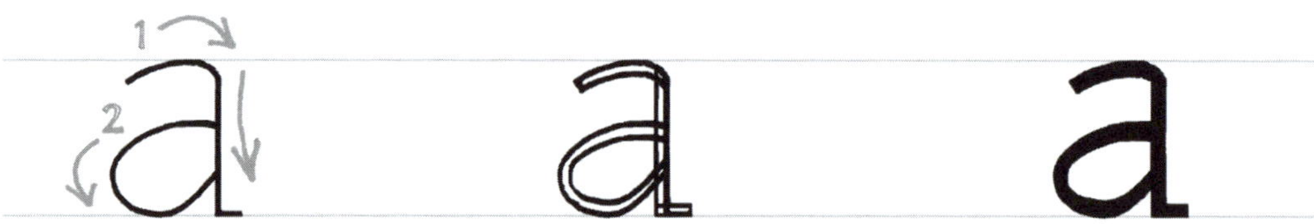

ERSTELLEN SIE EIN WORT IN SLAB-SERIFENSCHRIFT

Schrift mit Slab-Serifen ist etwas fetter als die traditionelle Serifenschrift.

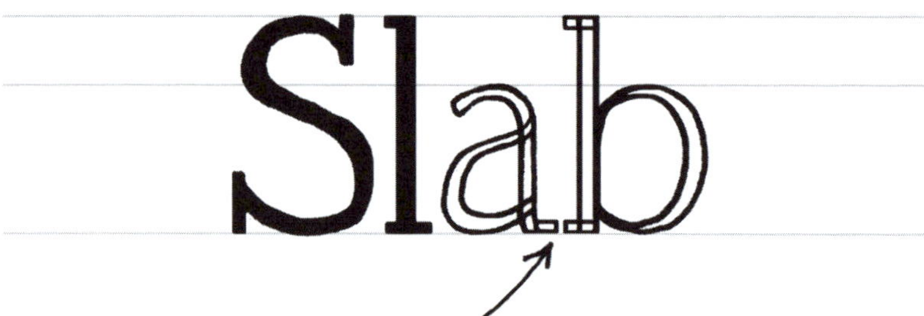

Es ist hilfreich, sich an bereits gezeichneten Serifen zu orientieren, wenn Sie benachbarte Buchstaben zeichnen.

ROCKWELL von Monotype ist eine gute Schriftvorlage, wenn Sie Schriftzüge als Slab Serif umsetzen wollen:

GROSSBUCHSTABEN

ABCDEFGHIJK
LMNOPQRSTU
VWXYZ

KLEINBUCHSTABEN

abcdefghijklm
nopqrstuvwxyz

ZIFFERN & SATZZEICHEN

1234567890
?!&%$@#()+-

*SCRIPT-SCHRIFTEN ZEICHNEN

Das Zeichnen von Script-Schriftzügen kann sehr zeitaufwendig sein, daher verwende ich sie, wenn ich zusätzliche Zeit vor oder nach dem Zeichnen einer Sketchnote habe. Und so erstelle ich Script-Schriftzüge:

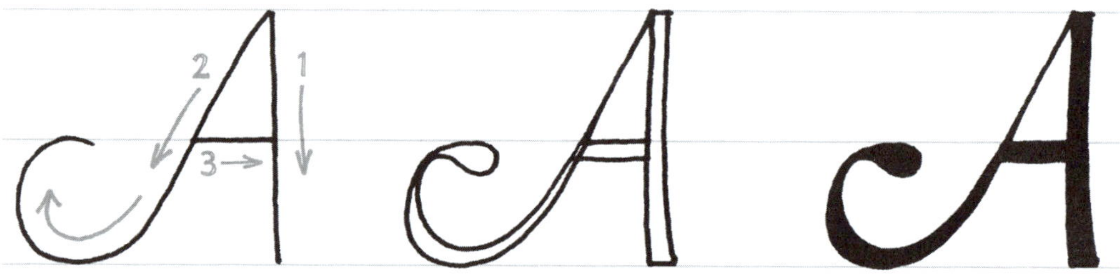

SCHRITT 1
Zeichnen Sie als Grundgerüst Buchstabenformen mit einfacher Linie.

SCHRITT 2
Verstärken Sie die Linien und fügen Sie weitere Details hinzu wie den Knubbel am Ende der Kurve.

SCHRITT 3
Füllen Sie den fertigen Buchstaben und passen Sie die Form nach Bedarf an.

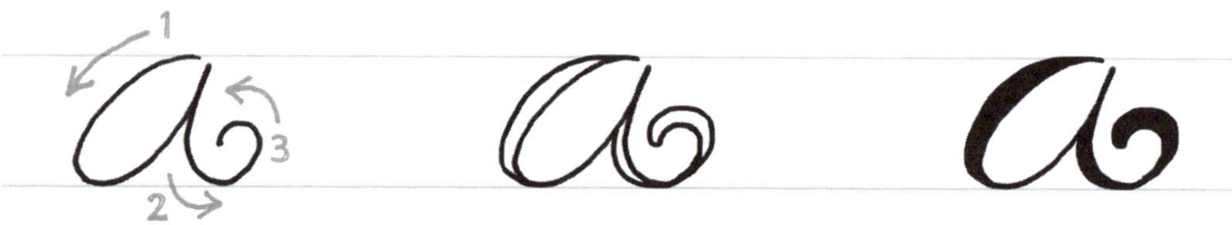

ERSTELLEN SIE EIN WORT IN SCRIPT-SCHRIFT

Script-Schriftzüge sind einzigartig, da man die Buchstaben miteinander verbinden kann.

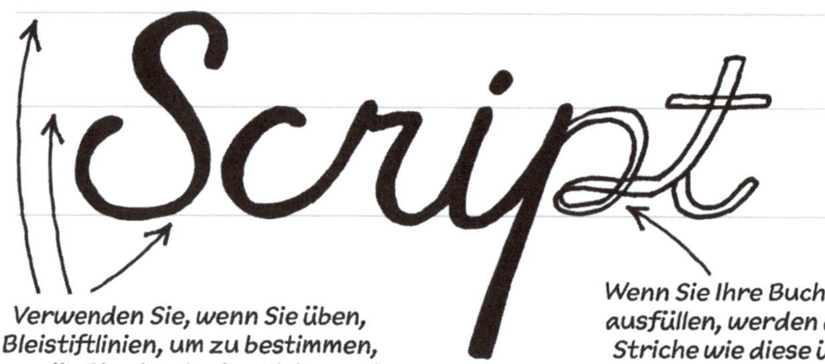

Verwenden Sie, wenn Sie üben, Bleistiftlinien, um zu bestimmen, wo die Oberkante der Klein- und Großbuchstaben und die Grundlinie des Worts liegen.

Wenn Sie Ihre Buchstaben erst einmal ausfüllen, werden alle merkwürdigen Striche wie diese überschneidenden Linien abgedeckt. Es steht Ihnen also frei, jede beliebige Grundstruktur zu erzeugen, die zur Formung Ihrer Buchstaben nötig ist.

SUSA LIGHT von Hubert Jocham ist eine hilfreiche Schrift, die Sie als Vorlage verwenden können, wenn Sie Script-Schriftzüge erstellen.

GROSSBUCHSTABEN

A B C D E F G H I J

K L M N O P Q R S

T U V W X Y Z

KLEINBUCHSTABEN

abcdefghijklmn

opqrstuvwxyz

ZIFFERN & SATZZEICHEN

1234567890

? ! & % $ @ # ( ) + -

*CONDENSED-SCHRIFTEN ZEICHNEN

Schmale Schriften eignen sich gut, um lange Überschriften auf geringem Raum unterzubringen. Und so erstelle ich Condensed-Schriftzüge:

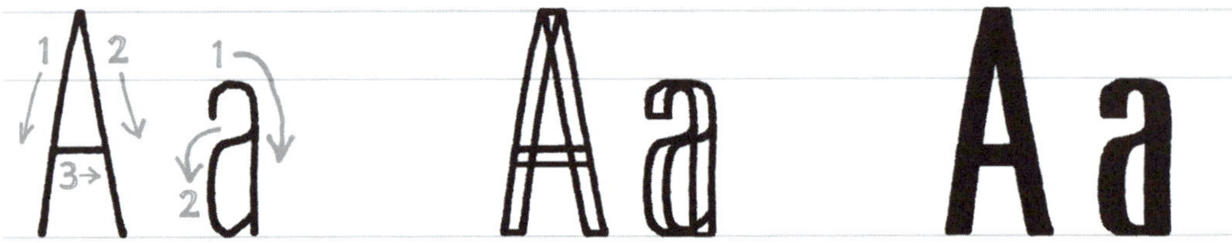

SCHRITT 1

Zeichnen Sie als Grundgerüst Buchstabenformen mit einfacher Linie.

SCHRITT 2

Verdoppeln Sie die Linien und verschließen Sie die Enden anhand des rechts gezeigten Schriftbeispiels.

SCHRITT 3

Füllen Sie den fertigen Buchstaben und passen Sie die Form nach Bedarf an.

*EXTENDED-SCHRIFTEN ZEICHNEN

Breit laufende Schriften sind ideal für kurze Überschriften auf großer Fläche. Und so erstelle ich Extended-Schriftzüge:

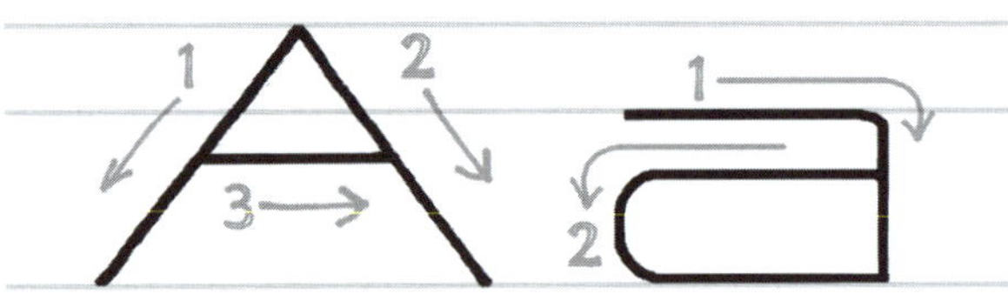

SCHRITT 1

Zeichnen Sie als Grundgerüst Buchstabenformen mit einfacher Linie.

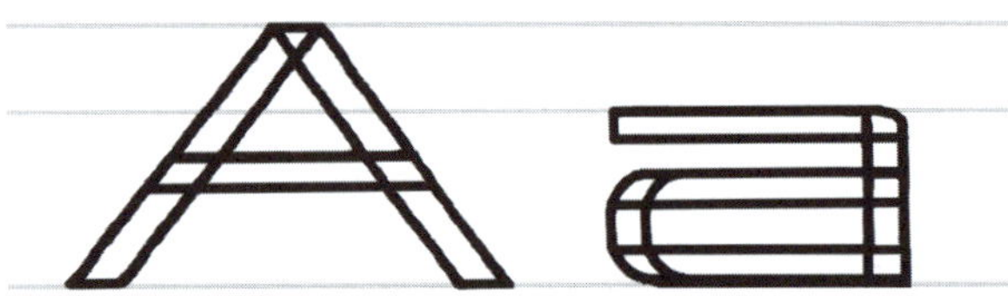

SCHRITT 2

Verdoppeln Sie die Linien und verschließen Sie die Enden anhand des rechts gezeigten Schriftbeispiels.

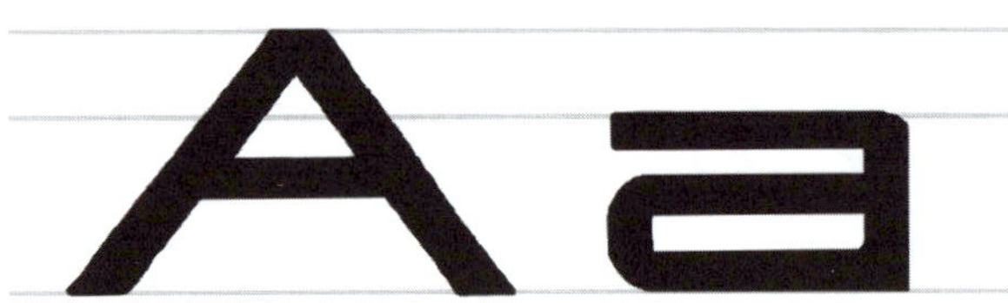

SCHRITT 3

Füllen Sie den fertigen Buchstaben und passen Sie die Form nach Bedarf an.

MYRIAD CONDENSED von Adobe ist eine nützliche Schriftvorlage, die Sie zur Erstellung von schmalen Schriftzügen verwenden können:

GROSSBUCHSTABEN

ABCDEFGHIJKLMNOPQRSTUVWXYZ

KLEINBUCHSTABEN

abcedefghijklmnopqrstuvwxyz

ZIFFERN & SATZZEICHEN

1234567890?!&%$@#()+-

EUROSTILE EXTENDED von Linotype ist eine nützliche Schriftvorlage, die Sie zur Erstellung von breiten Schriftzügen verwenden können:

GROSSBUCHSTABEN

ABCDEFGHIJKLMN
OPQRSTUVWXYZ

KLEINBUCHSTABEN

abcedefghijklmnopq
rstuvwxyz

ZIFFERN & SATZZEICHEN

1234567890?!&%$@#()+-

*3D-SCHRIFTEN ZEICHNEN

Setzen Sie 3D-Schriftzüge ein, um Tiefe und Gewicht zu erzeugen. Es erfordert mehr Zeit, aber die Wirkung ist den Aufwand wert. Und so erstelle ich 3D-Schriftzüge:

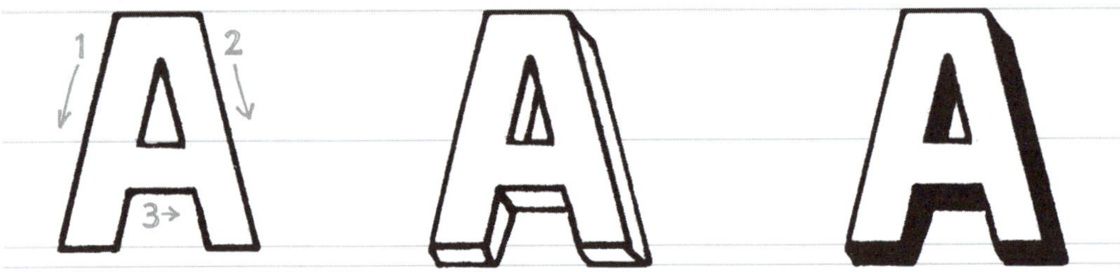

SCHRITT 1
Zeichnen Sie als Erstes den Blockbuchstaben.

SCHRITT 2
Fügen Sie für den 3D-Effekt horizontale und perspektivische Linien hinzu.

SCHRITT 3
Für die Tiefenwirkung füllen Sie die 3D-Bereiche des Buchstabens.

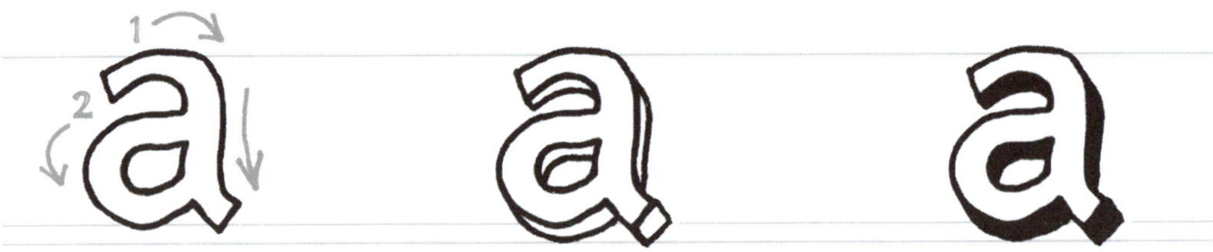

3D-BUCHSTABEN-KONSTRUKTIONSDIAGRAMM

Hier ein paar Tipps, wie man konsistente 3D-Schriftzüge erstellt:

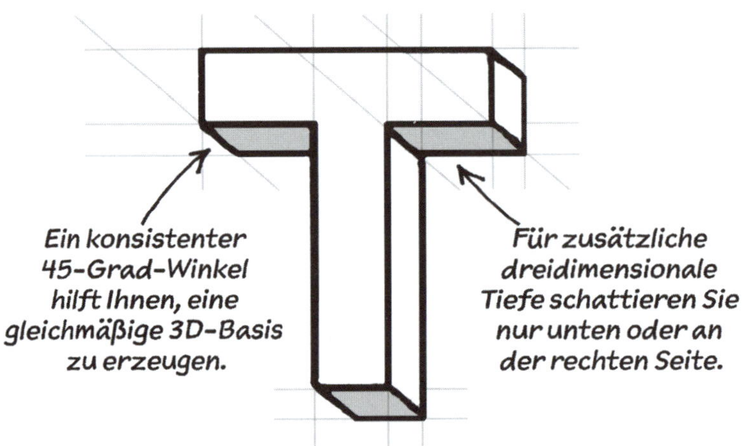

FUTURA SHADED von Scangraphic ist eine nützliche Schriftvorlage, die Sie zur Erstellung von 3D-Schriftzügen verwenden können:

GROSSBUCHSTABEN

ABCDEFGHIJKL
MNOPQRSTUV
WXYZ

KLEINBUCHSTABEN

abcdefghijklmn
opqrstuvwxyz

ZIFFERN & SATZZEICHEN

1234567890
?!&%$@()+-

*ÜBUNG: LANGSAM, SCHNELL UND MITTEL

Meine Freundin Brandy Agerbeck stellt eine nützliche Übung in ihrem Buch *The Graphic Facilitator's Guide* vor, um das Tempo bei der Schriftzugerstellung zu erhöhen. In dieser Übung teilen Sie ein Blatt Papier in drei Teile auf.
Schreiben Sie nun das Alphabet auf drei Arten:

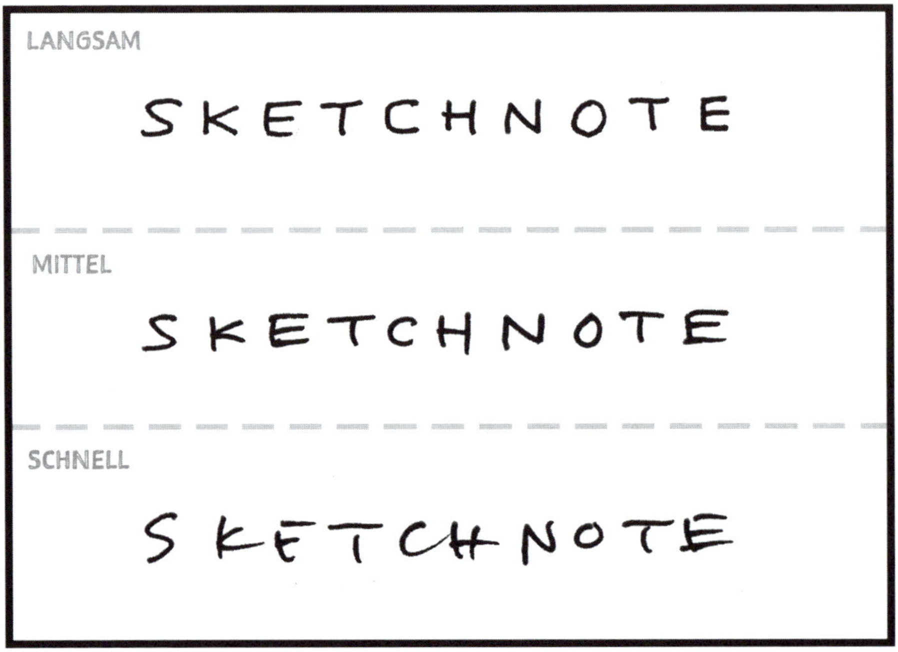

Betrachten Sie die langsame und schnelle Option. Langsam ist hübsch, aber zu langsam für Sketchnotes. Schnell ist etwas schlampig, aber eben schnell.
Versuchen Sie, den Mittelweg zwischen schnell und langsam zu finden, während Sie die mittlere Variante schreiben. Das ist die Geschwindigkeit, die Sie bei Sketchnotes erzielen sollten.

Übung ist die beste Methode, das Tempo und die Qualität Ihrer Handschrift zu verbessern. Je öfter Sie konsistent an Schriftzügen arbeiten, desto besser werden Sie darin.

MENSCHEN ZEICHNEN FÜR FORTGESCHRITTENE

In *Das Sketchnote Handbuch* habe ich die Dave-Gray- und die Stern-Methode vorgestellt, um Menschen zu zeichnen. Hier eine neue Methode zum Ausprobieren:

*ZWEI-STIFTE-MENSCHEN

Mein Freund Jason Alderman verwendet zwei Stifte, wenn er Menschen zeichnet. Er zeichnet eine lockere skizzenhafte Person mit einem hellen Farbstift, dann zeichnet er stärkere schwarze Linien, um die Details über den Farblinien festzulegen.

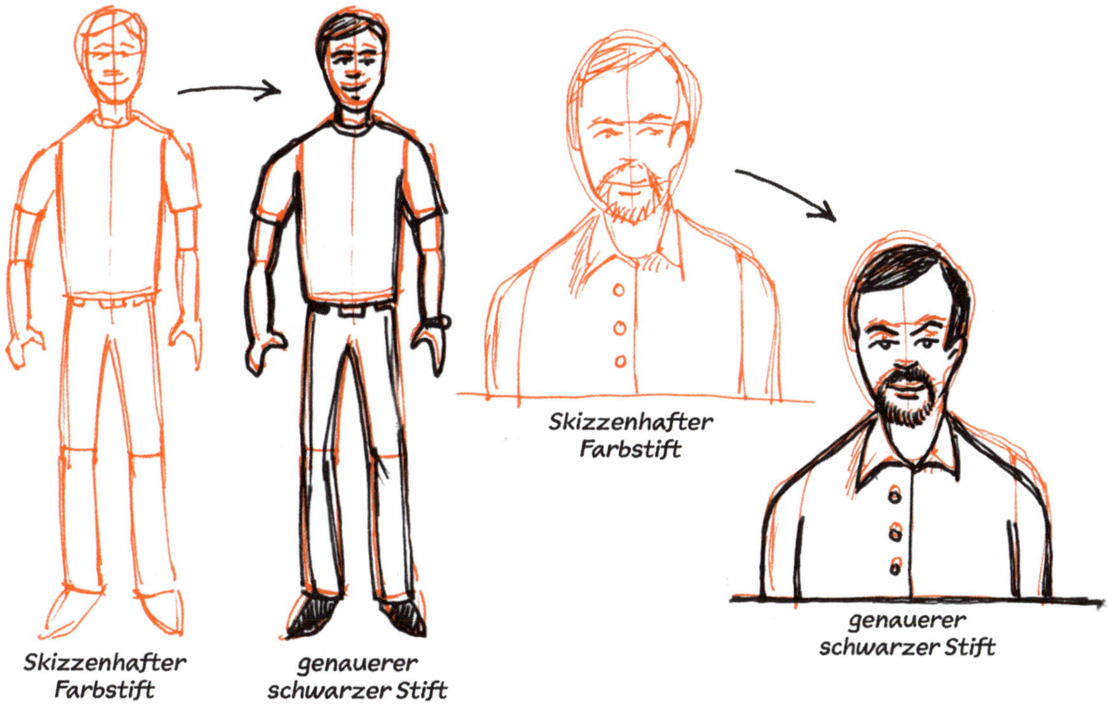

ÜBUNG 9.1

JEDE MENGE LEUTE ZEICHNEN

Zeichen Sie 50 Personen in verschiedenen Posen: sitzend, laufend, vor einer Tafel moderierend, in Gruppen zusammenarbeitend und so weiter.

FRAGEN:

Wie haben sich Ihre zeichnerischen Fähigkeiten zwischen der ersten und fünfzigsten Zeichnung verändert?
Haben sich aus dieser Übung Muster ergeben?

GESICHTER ZEICHNEN FÜR FORTGESCHRITTENE

Gesichter sind oft nicht so leicht zu zeichnen. Ich habe eine Sammlung von Tipps zusammengestellt, die das Zeichnen von Gesichtern etwas leichter macht:

*ZEICHNEN SIE DIE KOPFFORM

Betrachten Sie die Kopfform der Person. Ist sie oval oder rechteckig? Hat sie ein langes Kinn, eine breite Stirn, große Augen oder volle Lippen? Zeichnen Sie die Form und fügen Sie dann die Details hinzu.

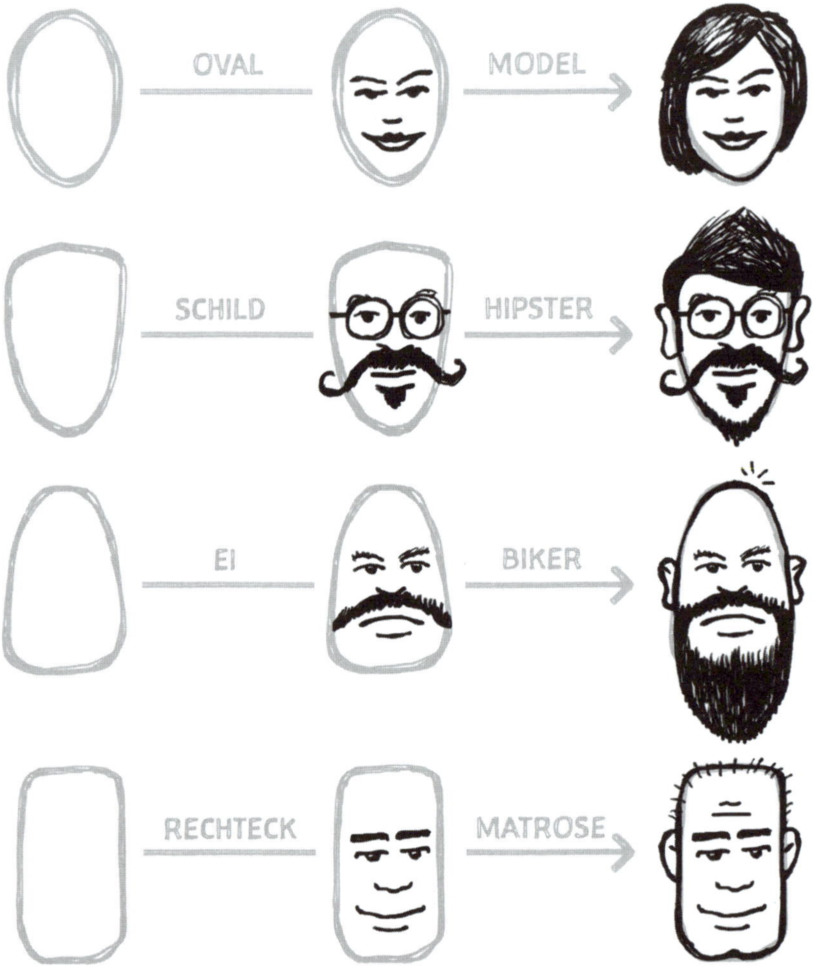

*BETONEN SIE DOMINANTE MERKMALE

Suchen Sie nach den hervorstechendsten Eigenschaften und betonen Sie diese. Es kann ein Vollbart sein, fusseliges Haar (oder gar kein Haar), eine lange Nase oder buschige Augenbrauen. Was immer es ist, halten Sie es fest und zeichnen Sie davon ausgehend das restliche Gesicht.

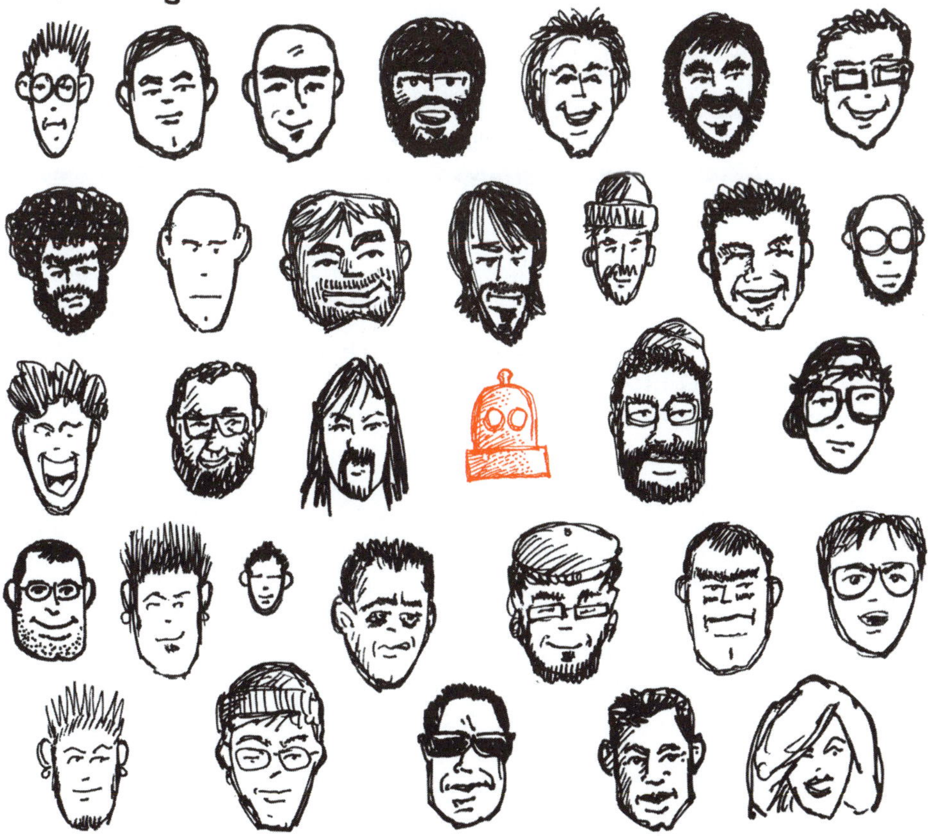

ÜBUNG 9.2

JEDE MENGE GESICHTER ZEICHNEN

Zeichnen Sie 50 detaillierte Gesichter. Verwenden Sie die Gesichter von Freunden, der Familie oder TV- oder Filmstars als Vorlage.

FRAGEN:

Wie haben sich Ihre zeichnerischen Fähigkeiten zwischen der ersten und fünfzigsten Zeichnung verändert?
Haben sich aus dieser Übung Muster ergeben?

*BAUEN SIE DAS GESICHT IN ABSCHNITTEN AUF

Eine weitere Methode, ein Gesicht zu zeichnen ist, es in Bereiche aufzuteilen.

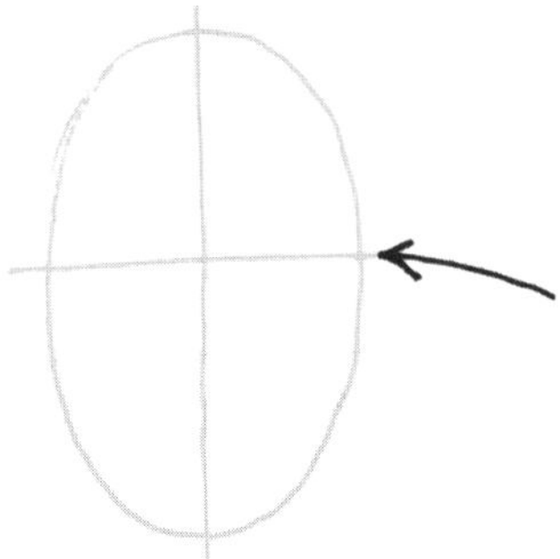

Zeichnen Sie mit dünner Linie eine Kopfform und halbieren Sie sie mit einer dünnen horizontalen und vertikalen Linie.

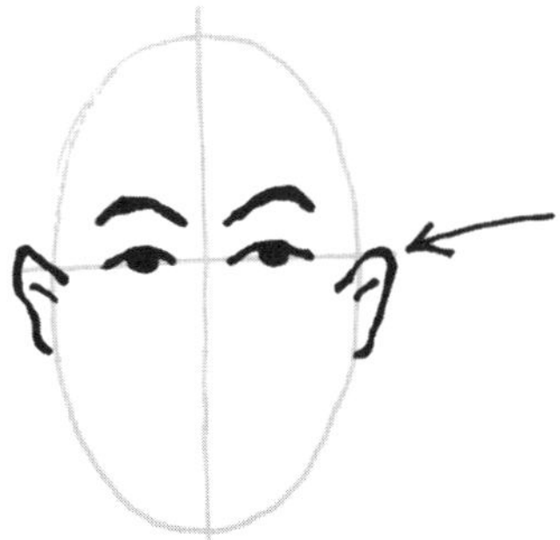

Diese horizontale Linie ist die ungefähre Position der Augen und Ohren.

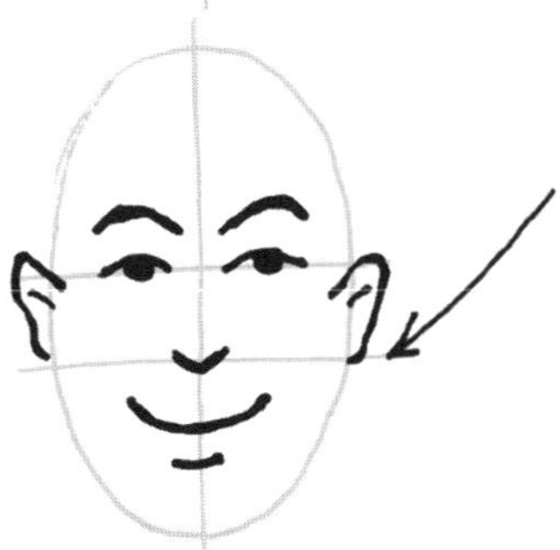

Halbieren Sie nun den Bereich unter der Augen- und Ohrlinie mit einer dünnen Linie. Das ist die Nasenlinie. Der Mund liegt genau zwischen Nase und Kinn.

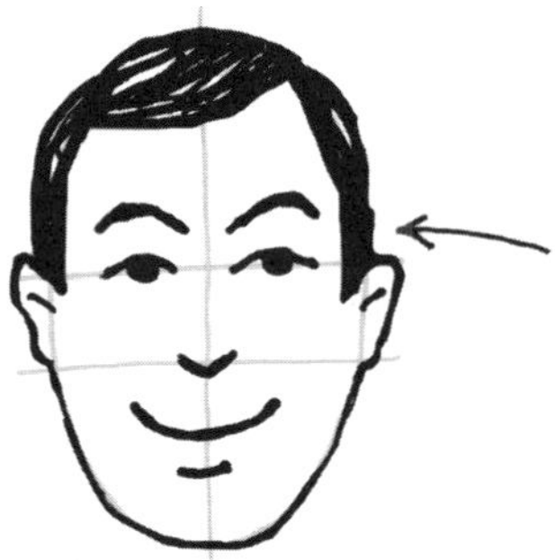

Indem Sie dünne Linien mit Bleistift oder Farbstift zeichnen, können Sie nun Gesichtszüge mit dunkleren oder dickeren Stiftlinien hinzufügen.

METAPHERN FÜR FORTGESCHRITTENE

In diesem Abschnitt tauchen wir tiefer in Metaphern oder Redewendungen ein, die Eigenschaften einer Idee verwenden, um eine andere, nicht verwandte Idee zu beschreiben. Ich habe Tipps und Übungen gesammelt, um Ihnen zu helfen, einprägsame und effektive Metaphern zu finden.

*SCHLÜSSEL, UM METAPHERN ZU ERZEUGEN

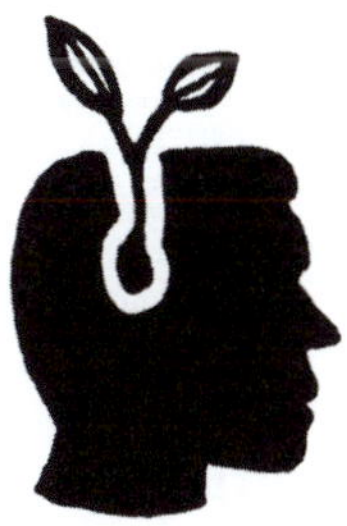

VERWENDEN SIE VERRÜCKTE BILDER, UM IDEEN IN IHR GEDÄCHTNIS ZU PFLANZEN.

Verrückte Bilder können als hilfreiche, gedächtnisverstärkende Eselsbrücken dienen.

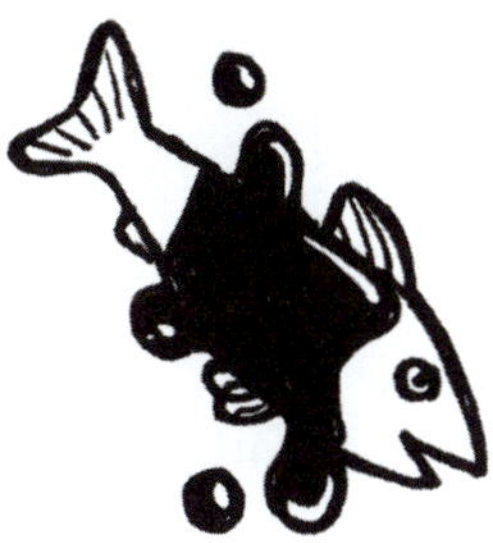

KOMBINIEREN SIE ABSURDE, UNZUSAMMENHÄNGENDE IDEEN.

Durch das Unerwartete einer merkwürdigen Ideenkombination bleibt das Konzept bei Ihnen haften wie ein mit Schokolade überzogener Laugenfisch.

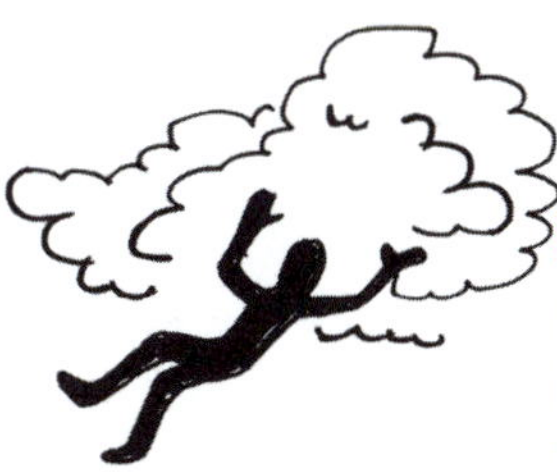

SEIEN SIE WITZIG.

Eine lustige Metapher bringt Sie nicht nur zum Lachen, sondern hilft Ihnen, sich komplexe Ideen zu merken.

ARBEITSBLATT 9.1

METAPHER-ARBEITSBLATT

Diese Tabelle enthält einige Metaphern als Vorlage. Die Hälfte der Zellen haben festgelegte Metaphern, um Sie zu einer Zeichnung herauszufordern, während die andere Hälfte für Sie offen bleibt, damit Sie Ihre eigenen Metaphern zeichnen können.

LAMPENFIEBER 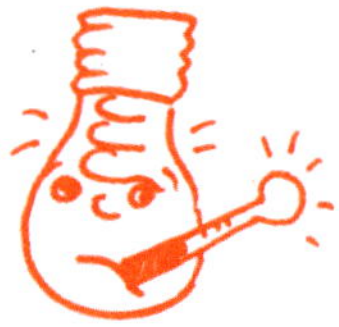	LAHME ENTE 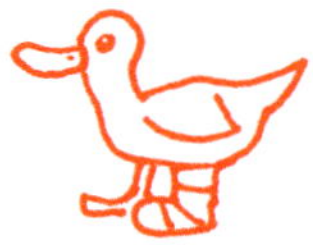	VOR WUT KOCHEN 	TUNNELBLICK 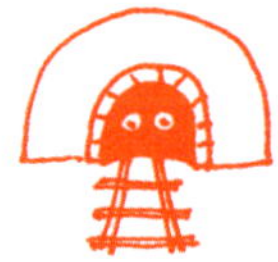
KALTE FÜSSE BEKOMMEN	HEILIGER GRAL	GOLDENES HERZ	MANTEL DER VERSCHWIEGENHEIT

ÜBUNG 9.3

METAPHER-ÜBUNG

Erzeugen Sie mehrere unterschiedliche Ideen für jede oben gezeichnete Metapher.

FRAGEN

Wie haben Sie die Metapher-Übung gelöst? Welche Metaphern möchten Sie in Ihren Sketchnotes verwenden?

ICONS FÜR FORTGESCHRITTENE

Mit Icons lassen sich Ideen auf kompakte Weise festhalten. Es hat sich bewährt, Icons zu erstellen, bevor man sie braucht. Auf diese Weise kann man verschiedene Varianten in Betracht ziehen, bis man die beste findet. Mit dieser Praxis können Sie eine visuelle Icon-Bibliothek in Ihrem Gedächtnis oder am Ende Ihres Notizbuches zum Nachschlagen anlegen.

EINFACH	MITTEL	KOMPLEX
	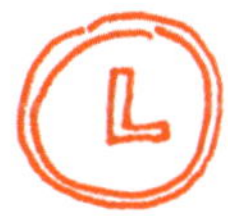	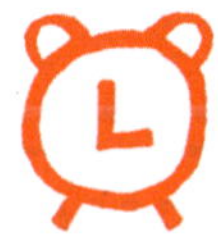
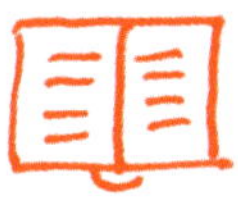		

A Arbeitsblatt 9.2

ERZEUGEN SIE EINE ICON-BIBLIOTHEK

Erstellen Sie hinten in Ihrem Skizzenbuch oder in einem speziellen Notizbuch eine Icon-Bibliothek von Ideen, auf die Sie häufig stoßen. Unterteilen Sie die Seiten in ein Raster, das Platz für 4 oder 5 Icons pro Reihe bietet. Schreiben Sie das Konzept darüber und zeichnen Sie mehrere Ideen für das Icon unter die Beschreibung.

AUSZEICHNUNG	ANALYTIK	ZITAT	SCHLÜSSEL
	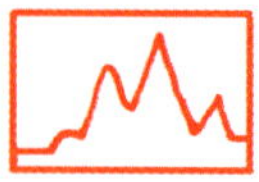	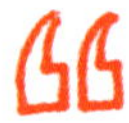	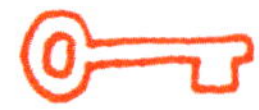
GESCHENK	BILDUNG	GIFTIG	DOWNLOAD
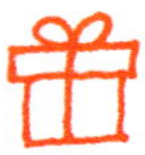		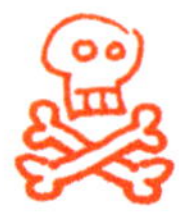	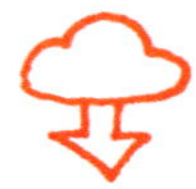

ERLEDIGTES THEMA 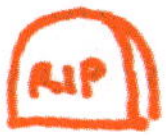	ALARM 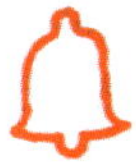	PREIS 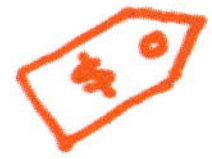	EINSTELLUNGEN 
MARKIERT 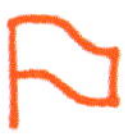	FILTER 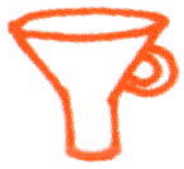	AUFLADEN 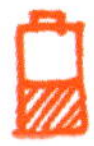	PINNNADEL 

NEUE FÄHIGKEITEN ZU LERNEN, KANN HART SEIN

Sie schaffen das!

DENKEN SIE DARAN:

Experimente NICHT AUFGABEN!

PROBIEREN SIE NEUES AUS,
FÜRCHTEN SIE KEINE FEHLER,
UND HABEN SIE SPASS!

INDEX

3D-Buchstaben, 188–189

A

Ablauf, Dokumentation, 96-100
Agerbeck, Brandy, 190
Agile Planung, 84-87
Alderman, Jason, 138, 191
Arbeitsblätter
    Icon-Erstellung, 31-33
    Ideengeneration, 24-26
    Metapher, 196
Audio, Sketchnotes, 158-160

B

Behebung von Fehlern, 175
Bennett, Jeff, 102
Berman, Craighton, 16
Bildesheim, Oliver, 118
Bildquellen, 177
Bildungsbezogene Icons, 31
Bonnema, Laurens, 67, 86
Boudwin, Marichiel, 102, 127
Breite Schrift, 186, 187
Briefe schreiben, 52-53
Bücher, Sketchnotes, 161-163

C

Casabona, Joseph, 154
Century Schoolbook Font, 181
Cerantola, Claudia, 52
Chaotische Sketchnotes, 42
Chew, Boon Yew, 134
Chua, Sacha, 74, 162
Clarke, Todd, 19, 163
Clayton, Michael, 153, 208
Computerbasierte Fehlerbehebung, 175
Condensed Schriften, 186, 187
Container, 13
Cox, Ruud, 151
Crofts, A. V., 134

D

Daniels, C. Wess, 50
Dave-Gray-Methode, 9, 191
Denkblasen, 13
Diagramme, 13, 72
Dokumentation mit Sketchnotes, 92-111
    Abläufe dokumentieren, 96-100
    Icons für, 110
    Ideen kommunizieren, 106-107
    Gebrauchsanleitungen, 104-105
    Rezepte, 102,103, 108-109
    Schritt-für-Schritt-Anleitung,
        101-103
    Vorteile von, 95
    Übungen für, 103
    vorgestellte Sketchnoter zu,
        108-109
    Zusammenfassung der
        Hauptpunkte zur, 111

E

E-Mail, teilen mit, 179
Erb, Veronica, 23
Erklärungs-Sketchnotes, 104
Esch, Jessica, 138, 179
Esser, Thiago, 51
Eurostile Extended Font, 187

F

Fehler beheben, 175
Fehler per Computer beheben, 175
Fehler, Umgang mit, 175–176
Film-Sketchnotes, 151–152
Flächen freihalten, 172
Flickr-Gruppe für Buch, xv
Flores, Marem, 78
Formen
    Fehler abdecken mit, 175
    Köpfe zeichnen mit, 192
    Sketchnotes teilen, 178–179
Fortschritt vs. Perfektion, 42
Fotos
    Reiseplanung, 79
    Reise-Sketchnotes, 121
Freiflächen, 172
Freiformformat, 17, 22–23, 26
Fünf-Jahres-Plan, 76–77
Futura Shaded Font, 189

G

Gebrauchsanleitungen, 104–105
Gemeinschaftsarbeit, 106
Generieren von Ideen.
        Siehe *Ideengenerierung*
Geschäft
    Icons für, 33
    Reisesketchnotes für, 120, 122
Gesichter, zeichnen, 9, 192–194
Gewerbe, Icons für, 30, 31–33
Gewerbe, Icons für, 33
Gliederungspunkte in Sketchnotes, 13
Google-Bildsuche, 177
Graham, Derek, 55
Graphic Facilitator's Guide, The
    (Agerbeck), 190
Gray, Dave, Methode, 9, 191
Guintu, Dante, 94

H

Haftnotizen, 64
Hagan, Margaret, 106
Henriquez, Jay, 21
Hey, Jono, 104
Holgate, Claire, 93
Humor, 195

I

Icon-Bibliothek, 30, 36, 60–61, 197–199
Icons, 12, 28–33
    Arbeitsblätter zur Erzeugung, 31–33
    Bibliothek von, 30, 36, 60–61,
        197–199
    für Dokumentationen, 110
    für Industrie, 30, 31–33
    für Kulinarisches, 142
    für Medien, 166
    für Reisen, 78, 82, 130
    Ideengenerierung, 28, 30
    Nachschlagewerk für, 36
    Sprache lernen mit, 60–61
    Projektplanung, 90
    Qualitätsniveau für, 30
    To-do-Listen, 70

Ideen
  erforschen, 16
  generieren, 14–37
  kommunizieren, 106–107
  Mapping, 38–65
  nummerieren, 17
  Resonanz von, 6
  speichern, 170
  umreißen, 170
  verknüpfen, 47
  Wiederholung von, 171
Ideen-Mapping, 38–65
  Beschreibung von, 39–40
  Erstellungsprozess von, 42–48
  Icon-Bibliothek für, 60–61
  Karteikarten für, 57–59
  Präsentationen basierend auf, 54–56
  Schreiben auf Basis von, 50–53, 62–63
  Sprachen lernen mit, 57–61
  Übungen für, 49, 53, 56, 59
  vorgestellte Sketchnoter zu, 62–63
  Vorteile von, 41
  Werkzeuge für, 64
  Zusammenfassung der Hauptpunkte zu, 65
Ideengenerierung, 14–37
  Arbeitsblätter für, 24–26
  Beschreibung von, 15
  Freiformformat für, 17, 22–23, 26
  Icons für, 28–33, 36
  Macht von Sketchnotes zur, 16
  Problemlösung durch, 34
  radiales Format für, 17, 20–21, 25, 27
  Rasterformat für, 17, 18–19, 24, 27
  Übungen für, 27
  vorgestellte Sketchnoter zu, 34–35
  Zeitrahmen und, 15
  Zusammenfassung der Hauptpunkte zu, 37
Internetquellen, 177

J

Jocham, Hubert, 185
Juristische Icons, 32

K

Karteikarten, 64
Kleon, Austin, 9, 146, 159
Koekemoer, Mark, 156
Kopfformen, 192
Kritzeln, 172
Kücklich, Julian, 157
Kulinarische Sketchnotes, 132–143
  gemeinsam erstellen, 138
  Erstellungsprozess von, 136–137
  Icons für, 142
  Übungen für, 139
  vorgestellte Sketchnoter, 140–141
  Vorteile von, 135
  Zusammenfassung der Hauptpunkte, 143

L

Lähmende Wirkung einer leeren Seite, 17
LeFrank, Deborah, 114
Lernkurve, 169
Lewis, Makayla, 117
Lim, Winnie, 101
Lineares Sketchnote-Muster, 11

M

Mapping von Ideen. Siehe Ideen-Mapping
Martinez, Heather, 93, 138
Medienbasierte Sketchnotes, 144–167
- Audio und, 158–160
- Bücher und, 161–163
- Erstellungsprozess von, 148–150
- Filme und, 151–152
- Icons für, 166
- Informationsvideos und, 156–157
- Musik und, 158–160
- Sportevents und, 154, 155
- TV-Serien und, 153, 155
- Übungen für, 152, 155, 160
- vorgestellte Sketchnoter zu, 164–165
- Vorteile von, 147
- Zusammenfassung der Hauptpunkte zu, 167

Menschen, zeichnen, 9, 191
Metaphern
- Arbeitsblatt für, 196
- Schlüssel zur Erstellung, 195
- Übungen zu, 196

Modulares Sketchnote-Muster, 11
Möhlmann, Thorsten, 154
Musik-Sketchnotes, 158–160
Muster
- Notizen auf Ideen-Maps, 48
- für Sketchnotes, 11

Myriad Condensed Font, 187

N

Neill, Doug, 164–165
Nischen auf Seiten, 174
Norris, Benn, 117, 121
Notizen Plus, 4
Nummerierung von Ideen, 17

O

Okur, Aclan, 83

P

Palmer, Jake, 93, 94
Personas, Sketchnotes und, 85
persönliche Reise-Sketchnotes, 117–119
Pfad-Sketchnotemuster, 11
Planung mit Sketchnotes, 66–91
- Flexibilität und, 68
- Icons für, 90
- Projektplanung, 83–87
- Reiseplanung, 78–82
- To-do-Listen erstellen, 70–73
- Übungen für, 73, 76, 81
- vorgestellte Sketchnoter zu, 88–89
- Vorteile von, 69
- Zukunftsplanung, 74–77
- Zusammenfassung der Hauptpunkte, 91

Podcasts, Sketchnotes von, 158
Pollitt, Don, 34–35
Pomeroy-Tso, Jackie, 62–63
Popcorn-Sketchnote-Muster, 11
Poznanski, Aga und Piotr, 58
Präsentationen
- Ideen-Mapping für, 54–56
- Sketchnotes teilen von, 178–179

Problemlösung, 34
Projektplanung, 83–87
- agiles Scrum, 84, 86
- Icons für, 90
- Personas für, 85
- Retrospektive, Prozess, 87

R

Radiales Sketchnote-Muster, 11
Radialformat, 17, 20–21, 25, 27
Rasterformat, 17, 18–19, 24, 27
Recherchesammlung, 43
Referenzquellen, 177
Reisesketchnotes, 112–131
  Ausflüge planen mit, 78–82
  Fotos schießen von, 121
  Freiflächen lassen für, 125
  geschäftlich, 120, 122
  Icons für, 78. 82, 130
  Objekte einkleben, 118
  persönlich, 117–119
  Skizzenbuch und Stift für, 116
  Schritte zur Erstellung, 123–125
  Übungen, 119, 122
  vorgestellte Sketchnoter, 128–129
  Vorteile von, 115
  Zusammenfassung der Hauptpunkte zu, 131
Resonanz von Ideen, 6
Restaurant, Gerichte, 139
Retrospektive, 87
Rezepte, 102, 103, 108–109
Rhone, Patrick, 208
Rockwell Font, 183
rohdesign.com, Website, xv
Rowland, Francis, 127

S

Säulen-Sketchnote-Muster, 11
Schmale Schriften, 186, 187
Schreibblockade, 41, 50, 62
Schreiben
  Ideen-Mapping für, 50–53, 62–63
  Sketchnote-Briefe, 52–53
Schriften, Websites, 177
Schriftzüge erstellen, 10, 180–190
  3D-Schrift, 188–189
  Condensed Schrift, 186–187
  Extended Schrift, 186–187
  Script-Schrift, 184–185
  Serifenschrift, 180–181
  Slab-Serifen-Schrift, 182–183
  Tempo und Qualität, 190
Schritt-für-Schritt-Anleitungen, 101–103
Script-Schriftzüge, 184–185
Scrum-Methodologie, 84–87
Serifenschriftzüge, 180–181
Seymus, Ican, 75, 208
Shipton, Chris, 157
Sketchnote Army, Website, xv
Sketchnote Handbuch, Das (Rhode), xiii, 3, 191
Sketchnotes
  Definition von, 4
  Dokumentation mit, 92–111
  Elemente von, 12
  Kulinarisches, 132–143
  Ideengenerierung mit, 14–37
  Ideen-Mapping mit, 38–65
  Medien, 144–167
  Muster für, 11
  Objekte aufkleben in, 118
  Planung mit, 66–91
  Reise, 112–131
  Skizzenbuch für Reisen, 116
  Teilen, 178–179
Slab-Serifen-Schriftzug, 182–183
Smartphones, 176
Smith, Sam „Pub" 140–141
Soziale Medien, 178

Spalton, Chris, 128–129
Sparks, David, 71
Sportevents, 154, 155
Sprachen lernen, 57–61
  Icon-Bibliothek für, 60–61
  Vokabelkarten für, 57–61
Sprechblasen, 13
Sprint-Planung, 84, 86
Stern-Methode, 9, 191
Stitt, Julie, 88–89
Sultan, Umm, 172
Susa Light Font, 185

T

Teamarbeit, 106
Themenüberschrift, 45
Tiffin, Skyler, 40
Titelseiten, 173
To-do-Liste, 70–73
  Diagramme hinzufügen zu, 72
  Icons für, 70
Torrance, Scott, 145
Toselli, Mauro, 103, 105, 108–109
TV-basierte Sketchnotes, 153–155
Twitter info für Autor, xv
Typografie, 12
  Schriftensammlungen, 177
  Techniken für Schriftzugerstellung, 10, 180–190

U

Über dieses Buch, xiii–xv
Umreißen von Ideen, 170
Unterschriften, 13

V

van Mosseveldе, Tyra, 127
Vartabedian, Bryan, Dr., 107
Verkostungserlebnis, 139
Vertikales Sketchnote-Muster, 11
Vestergaard, Mathias, 21
Videos, Sketchnotes von, 156–157
Visuelle Karten, 5, 16
Vokabelkarten, 57–59

W

Walker, Melinda, 161
Website des Autors, xv
Whiteboards, 106, 107
Wiatr, Guillaume, 19
Wiederholung von Ideen, 171
Wilkins, Amy, 23

Z

Zeichnen
  fünf Elemente des, 8
  Gesichter, 9, 192–194
  Menschen, 9, 191
  Schrift, 10, 12, 180–190
Zeitrahmen, 15
Zukunftsplanung, 74–77
Zusammenarbeit, 106

Machen Sie bei mir *und* der SKETCHNOTE-COMMUNITY mit!

Es gibt eine freundliche Gemeinschaft von Gleichgesinnten, die Ihre Sketchnotes liebend gern sehen würde. Hier zwei großartige Tipps, wo Sie Ihre Sketchnotes teilen können:

DIE FLICKR-GRUPPE

The Sketchnote Handbook & *The Sketchnote Workbook* Flickr-Gruppe bietet einen Ort, um Ihre Arbeiten zu teilen – Sketchnotes von Arbeitsblättern und Übungen und Beispiele Ihrer eigenen unabhängigen Sketchnote-Tätigkeiten:

→ **flickr.com/groups/thesketchnotehandbook**

SKETCHNOTE ARMY

Sketchnote Army ist eine Website, die Sketchnote-Arbeiten von Leuten auf der ganzen Welt vorstellt.

→ **sketchnotearmy.com**

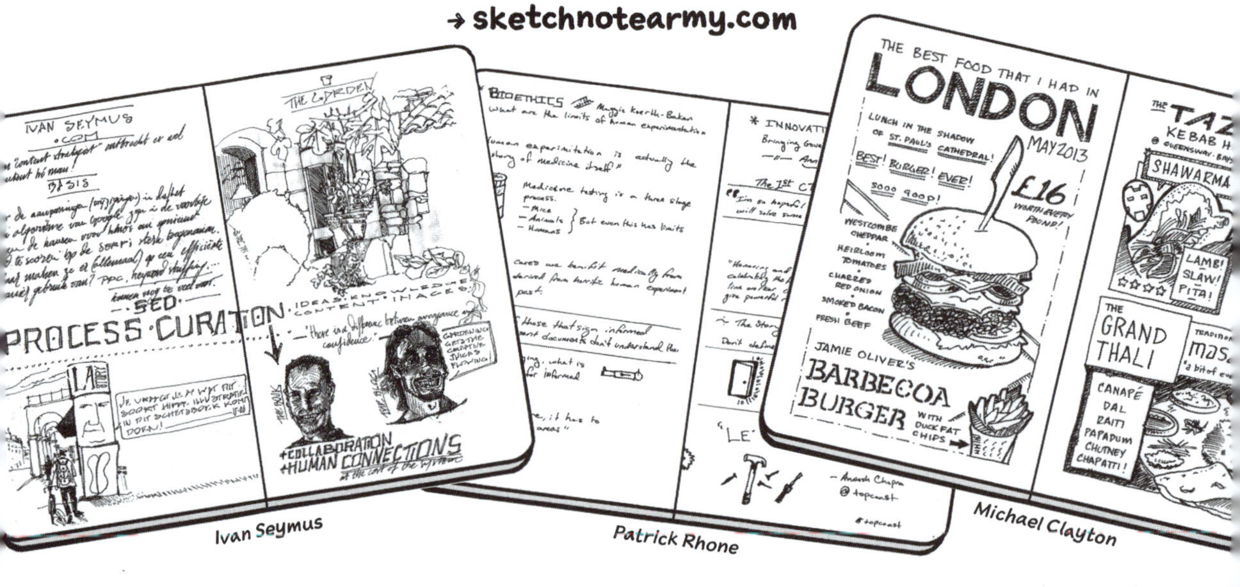

Ivan Seymus   Patrick Rhone   Michael Clayton